2025
대한민국
대전망

KOREA AHEAD 2025

# 2025 대한민국 대전망
# 광복 80주년 NEXT STEPS

## 지은이

이영한(에디터) · 한상진 · 표학길 · 양명수 · 김형준 · 남성욱
윤순구 · 안병억 · 최윤정 · 신희동 · 이경전 · 문형남 · 박상준
김유현 · 강건욱 · 왕수봉 · 윤석명 · 함인희 · 이정옥 · 이재인
김현수 · 임상섭 · 오재학 · 김소임 · 채지영 · 윤소영 · 차학봉

## 집필위원회

이영한(위원장) · 문형남 · 유환식
김소임 · 윤석명 · 김현수 · 신희동
**본문 디자인** 기획실 뜰 **표지 디자인** 플랜티 **인쇄** 봉덕인쇄
**초판1쇄 펴낸날** 2024년 10월 14일
**가격** 19,800원

**펴낸이** 이영한
**펴낸곳** 케이북스(주)
**홈페이지** KBOOKS.IM

출판등록 2024년 1월 25일 제 2024-000036호
주소 서울특별시 강남구 테헤란로 323 708호
이메일 openawindow11@gmail.com
팩스 070-7545-7527

ⓒ 이영한 등 27인

종이책 ISBN 979-11-989311-1-5
전자책 ISBN 979-11-989311-2-2

과학 혁신력 · 경제 활력 · 사회 균형력 · 환경 회복력 · 문화 포용력

# 2025
# 대한민국
# 대전망

대한민국 대표 지식인 집단지성 총서, 2025년 전망 통합 교과서

AI CEO, 정서지능·직주락(職住樂) 혁신지구, 전관 관계 개똑지, 해무정론, 거품붕 디리스킹 디커플링

**KOREA AHEAD 2025**

케이북스
KBOOKS.IM

서문

광복 80주년 NEXT STEPS
2025년 대한민국호 시험대

2025년은 광복 80주년의 해다. 새해는 '광복(光復)'의 뜻을 유난히 다시 새겨야 할 해가 될 것이다. 36년 일제 강점기를 거쳐, 1945.8.15 민족 해방과 함께 민족 남북 분단, 6.25 동족상잔(同族相殘), 남은 남대로 북은 북대로 80년이 되었다. 1948년 건국한 대한민국은 4.19 혁명과 5.16 군사 정변, 그리고 제3공화국의 경제개발 성과로 국가 기틀을 다졌다. 무역 강국, 문화 강국, 군사 강국으로 급성장했다. 그리고 아시아권에서 민주적 절차에 따른 평화적 정권 교체가 자리 잡은 민주주의 모범 국가다.

대한민국은 모두가 80년 동안 할 만큼 다 했다. G2, G3인 중국과 일본 강국의 틈새에서 세계 5위권의 강국으로 성장했다는 것은 기적이다. 외국인들은 감동할 수밖에 없을 것이다. 대한민국은 1960년대 이후 일본에서 기술과 자본을 도입하여, 이를 기반으로 비약적인 경제 성장을 이루었고, 이어 1980년대 후반에는 전자 산업 등 세계 시장에서 일본을 제쳤다. 1990년대 이후 중국과는 커플링하면서 세계 강국으로 우뚝 섰다. 21세기 초 일본 여성을 중심으로 일어난 '한류 열풍'

이 이제 K-팬덤으로 세계 도처로 불같이 번지고 있다.

『2025 대한민국 대전망』의 메인 테마는 "광복 80주년 NEXT STEPS"이다. 다가올 또 다른 몇 십년의 첫 해인 2025년에 첫 발걸음을 어떻게 디뎌야 할지? 필진 27명은 고민했다. 1년 동안 바로 보고(正見), 바로 생각하고(正論) 바로 썼다(正筆). 총 28개 주제로 구성되어 있다. 『전환기 한국, 지속가능발전 종합전략』, 『포스트 코로나 대한민국』, 『2023 대한민국 대전망』, 『2024 대한민국 대전망』에 이어 『2025 대한민국 대전망』은 새로운 각오로 케이북스 KBOOKS.IM에서 출간한다.

「에디터 노트」에서는 지속가능발전 5개 지지대의 건전성을 총괄 진단했으며, 「대한민국 조망」에서는 거시적으로 사회와 문화, 경제, 정치를 조망하여, '광복 80년', '한중 역커플링', '중용의 덕'을 주시했다. 「정치외교」에서는 '국가 우선주의'의 득세로 가변성과 불확실성이 높은 글로벌 상황에서 외교 전략으로 '안보(安保)'와 '교린(交隣)' 양수겸장(兩手兼將)의 이원적(二元的) 입장에서 전망했다.

「과학 혁신력과 경제 활력」에서는 2025년을 AI 슈퍼사이클의 시작점으로 파악하고, 반도체 산업의 전망과 다가올 AI 기반 경제의 모습을 전망했다. 또한 최근 일본과 대만의 반도체, AI 산업의 흐름을 조망했다. 「사회 균형력」에서는 대표적 사회 문제인 연금, 차세대 MZ, 다문화, 저출생을 전망했다. 「환경 회복력」에서는 혁신 중인 도시공간, 숲과 목재, 교통 SOC 투자에 대해, 「문화 포용력」에서는 2025년 개봉될 영화 비평과 K-팬덤의 신경향, 최근 강조되고 있는 문화의 힘을 전망했다. 마지막으로 「2025, 부동산 향방?」에서는 부동산 시장을 중심으로 2025년 주택, 상업용 부동산 등 전망과 주택 정책을 중심으로 민생 주택 문제의 해법을 제시했다.

코로나19 이후 미루고 또 미루어 놓은 누적된 난제들이 다시 미룰 수 없는 한계 상황이 2025년에는 닥칠 것이다. 중국의 경기 하강 추세, 미국의 경기 둔화와 침체 조짐, EU의 심각한 경기 침체 등 대외 여건이 매우 좋지 않다. 국내적으로는 가계, 기업, 정부 통틀어 7000조 원이 넘는 천문학적 부채, PF 부실로 인한 금융권과 건설업 동반 부실화, 경착륙과 연착륙의 기로에 서 있는 부동산 시장, 표퓰리즘과 국가적 리더십의 부재 등으로 매우 어려운 지경이다. 절치부심 중국의 기술 자립화의 위력, 최근 주식시장에서 썰물같이 빠져나가는 외국인 자금, 세계적인 신용 평가사들의 한국에 대한 경고 등 2025년은 대한민국호의 새로운 시험대가 될 것이다. 2025년은 혹독한 한 해가 될 수 있다는 우려도 있다. 2024년보다 더 나을 것 같지는 않다.

함석헌 선생께서는 우리나라 근대사를 '세계사의 하수구'라고 했다. 우리는 '세계사의 하수구에서 핀 연꽃'과 같이 광복 80년 동안 세계 현대사에 빛나는 기적을 일군 저력이 있다. "누가 만든 대한민국인데"라는 말이 있다. 그토록 땀을 흘려가며 만든 대한민국을, 왜 그대들은 부정하고 무너뜨리냐는 말이다. 우리에게는 모정(母情)으로 국가를 위해 애원하고 헌신하고 희생한 유전인자가 살아 있다. '빛이 다시 우리에게로', 광복의 힘이 2025년에 왕성하길 바란다. 그늘로부터 빛으로, 역류(逆流)로부터 순류(順流)로, 아마도 대한민국은 '역경(逆境) 속에 선방(善防)'할 것이다. 광복 80주년 2025년은 새로운 기적 역사의 출발점이 될 것이다.

2024년 10월

**집필위원회**

위원장

　　**이영한**(서울과학기술대 건축학부 명예교수, 지속가능과학회 회장)


위원

　　**문형남**(숙명여대 글로벌융합대학 학장, 지속가능과학회 공동회장)
　　**유환식**(전 SBS 미디어넷 대표이사)
　　**김소임**(건국대 영어문화학과 교수)
　　**윤석명**(한국보건사회연구원 명예연구위원)
　　**김현수**(단국대 도시계획부동산학부 교수)
　　**신희동**(한국전자기술연구원 원장)

차례

# 서문 4

## 제 1 편

제 2 편

## 정치외교

제 3 편

## 과학 혁신력과 경제 활력

제 1 편

# 에디터 노트

# 대한민국 조망

## 01 지속가능발전

# 2025년 지속가능발전 5개 지지대 건전성

**이영한** 서울과학기술대 건축학부 명예교수, 지속가능과학회 회장

광복 80주년 2025년, 대한민국은 엄중한 시험대에 올라섰다. 경제 국가주의 파고, WTO 체제로부터 관세 시대로의 전환 등, '수출 입국(輸出 立國)'으로 살아온 우리는 높아지는 국경 장벽을 어떻게 넘어야 할지? '커플링', '디리스킹', '디커플링' 그리고 경제 안보 시대에 국가의 역할은? 지속가능발전 5개 지지대¹의 건전성을 살펴볼 때, '문화 포용력'과 '과학 혁신력'은 상(上)급, '경제 활력', '환경 회복력'은 중(中)급, 그리고 '사회 균형력'은 하(下)급으로 판단된다. 과학 혁신력을 선봉장으로 하고, 맏형 격이라 할 수 있는 문화 포용력이 중심에서 건재하고 있어, 대한민국은 "역경(逆境) 속에 선방(善防)"할 가능성이 높다.

서울과학기술대 건축학부 명예교수(주택도시대학원장, 기획실장), 지속가능과학회장, 케이북스(주) 대표이사, 우리도시건축사사무소 대표, 전 EBS 사외이사, 서비스산업총연합회 초대 운영위원장 겸 총무 부회장, 최고위건축개발과정 CADO 초대 책임교수, 건축적 리더십 아카데미 AAL 초대 위원장, 『전환기 한국 지속가능발전 종합전략』, 『포스트 코로나 대한민국』, 『2023 대한민국 대전망』, 『2024 대한민국 대전망』, 『주거론』, 『주택디자인』, 『공동주택디자인』 집필위원장 겸 대표 저자, 국민포장 수상, 서울대 공학사 · 공학석사 · 공학박사(건축학과), 한국방송통신대 문학사(중어중문학과, 일본학과). 이영한(Younghan Lee, 李榮漢)

---

1 한국 지속가능발전 모델을 '과학 혁신력(Scientific Innovation)', '경제 활력(Economic Vitality)', '사회 균형력(Social Balance)', '환경 회복력((Environmental Resilience)', '문화 포용력(Cultural Inclusion)'의 5개 지지대로 제시함(이영한, 2015. 38) & (이영한, 2023, 17).

AI 슈퍼사이클의 시작점, '중국 기술 자립화'에 주요 국과 기술 동맹으로 대응

"향후에는 기술경쟁력 확보 여부에 따라서 5세대 또는 그 이후 세대의 HBM으로 시장을 선점하는 기업이 글로벌 주도권을 확보하게 될 것이다"(신희동, 2022, 182). 2023년 7월 신희동 한국전자기술연구원 원장의 전망이다. HBM 생산 여부에 따라서, 2023년 하반기 이후 삼성전자와 SK하이닉스의 영업 실적은 극명한 차이를 보였다. SK하이닉스 주가도 급등했다. 앞으로 HBM과 같은 신제품이 지속적으로 나올 수 있을까?

중국 화웨이가 올해 9월 세계 최초로 두 번 접는 트리폴드폰 '메이트 XT'를 출시했다. 2018년 미국 트럼프 대통령은 중국과의 무역전쟁 선포와 하이테크 기업 제재 및 고율 관세를 부과했다. 중국은 그 후 5년간 절치부심하여 메이트 XT를 시장에 내놓았다. 우리는 이 폰의 의미를 잘 살펴야 한다. 이 제품이 '중국 자체 기술'에 의해서 설계되고 생산되었으며, '기술 자립의 상징'이라는 것이다. 외부 세계의 예상보다 중국이 매우 빨리 기술 자립 시대를 열고 있다. 삼성전자가 화웨이와의 기술 전쟁에서 어떻게 우위를 확보하는냐는 미래 대한민국에 무거운 과제다.

바이든 정부는 중국 전기차 관세를 현재 25%에서 100%로 올리기로 했다. EU도 현재 10%에서 47.6%로 4배 이상 올릴 예정이다. 올해 들어 중국 비야디(BYD)의 신형 전기차인 시걸(Seagull)이 미화 1만 달러 가격으로 시판 중이다. 저성장 시대의 저렴한 자동차로 대박이 나

고 있다. '전기차 제왕'이었던 미국 테슬라 전기차의 아성도 흔들리고 있다. 올해 상반기 누적 판매량 증감률에서 비야디는 전년 대비 **28.4%** 증가한 반면에, 테슬라는 **6.6%** 감소했다. 비야디의 급성장에 따라 폭스바겐은 구조 조정 중이다. 독일 내 **2**개 공장을 폐쇄하고 독일인 직원의 **1/5**인 **2**만 명을 해고할 예정이다. 중국 전기차의 글로벌 시장 점유율(**2024**년)은 **58.5%**이며, 성장률은 **28.6%**로 급성장 중이다.[1]

우리는 중국 화웨이, 비야디를 보며 당혹감을 감출 수 없다. AI 슈퍼사이클의 시작점에서 중국의 반도체·AI 등 첨단기술의 급속 성장에 따라서 '제조 기술 강국 한국'의 국제 경쟁력이 상당 부분 훼손될 우려가 있다. 문제의 심각성은 제품 설계와 생산 등 대부분 공정에서 중국 독자 기술이 확보되어, 한국의 관련 기업과의 상호 기술 협력하는 '커플링'의 여지가 적어지고 있다는 점이다. 결국은 한국 제품과 중국 제품은 세계 시장에서 무한 경쟁할 수밖에 없는 상황으로 가고 있다. 국내 시장에서도 **2023**년 중국의 이커머스 기업인 알리익스프레스, 테무 등을 이용한 한국 소비자 구매액이 **2022**년보다 **120%** 이상 증가했다. 올해 안으로 중국차 BYD가 국내 시장에 선보일 것이다. 어떻게 해야 할까?

올해 **9**월에 현대자동차가 제너럴모터스(GM)와 미래차 동맹을 맺었다. 테슬라, BYD를 추격하고, 토요타, BMW 등 글로벌 자동차사와의 경쟁력을 강화하기 위해서다. 경제 안보 시대에 한국과 미국의 자동차 **1**위 기업의 전략적 동맹은 의미가 크다고 할 수 있다. 이 사례

---

[1] 에너지 전문 시장조사기관 SNE리서치에 따르면, 2024년 글로벌 전기차 시장 점유율은 중국 58.5%(성장률 28.6%), 북미 12.0%, 유럽 22.4%, 아시아(중국 제외) 5.3%이다.

가 반도체, AI, 배터리, 우주 산업 등 첨단 분야로 확산될 필요가 있다. 중국 전기차 100% 관세로 미국 시장 진입이 봉쇄됨에 따라, 한국의 자동차사는 그 공백을 더 적극적으로 공략할 필요가 있다. 2025년에는 기술 혁신과 교역 확대를 위하여 한미 기술 동맹으로 키를 확고히 잡고 나아가야 한다.

## 경제 활력 : 지속가능발전 건전성 중(中)급

**경제성장률 2% 내외로 전망, 과감한 선별적 구조 조정으로 초저성장 돌파해야**

"2024년 성장률 전망치도 2%를 넘지 못할 것으로 본다…전반적인 경제 상황은 2023년보다 나아질 것 같지 않다"(이영한, 2023, 16~17). 2023년 7월 필자의 전망이다. 2024년 경제성장률이 1분기 1.3% 성장하고, 2분기 0.2% 역성장했다. 역성장의 가장 큰 요인은 건설업 부진(1분기 5.5%, 2분기 −6.0%)이다. 하반기에도 건설업 부진이 이어질 것으로 예상되기 때문에, 수출액이 크게 증가하지 못하면, 성장률 2%를 초과하기가 만만치 않은 상황이다. 2025년 경제성장률은 2%내외로 전망한다. 잘해야 2%를 초과할 것이다. 전반적인 경제 상황이 2024년보다 크게 나아지지 않을 것이며, 오히려 일부 부문에서는 올해보다 더 악화될 수 있다.

첫째, 감당하기 어려운 천문학적 규모의 부채가 계속 증가하고 있고, 이로 인해 내수가 급격히 위축되고 있다. 부채 원리금 및 이자 상환에 허리띠를 졸라매야 하는 상황이다. "2024년 금리 수준은 3%

대 박스권일 것이다"(이영한, 2023, 305). 2023년에 많은 전문가들이 2024년에 금리 인하로 고금리 수준을 탈피할 것으로 전망했으나, 아직도 기준 금리는 3.5% 그대로다. 올 하반기 금리가 인하되더라도 베이비 스텝(0.25%) 수준일 가능성이 높다.

현재 상황으로 볼 때 2025년 금리가 2.5% 아래로 내려가기는 쉽지 않아 보인다. 기준금리의 하락이 시중 금리에 바로 연동되어 내리는 데는 난관이 놓여 있다. 금융권은 PF 사업 부실로 인해 연체된 대출금의 규모가 천문학적으로 증가하고 있고, 스트레스 DSR 등 시행으로 대출금이 축소되는 상황이다. 이 난관을 관리해나가기 위해서는 시중 대출금리를 높이는 길밖에 없을 것이다. 요즘 보면, 기준금리가 3.5%로 동결되었는데도 시중 금리가 높아지고 있다. 2025년에는 기준 금리와 시중 금리의 비연동화(非連動化)와 예금·대출 금리차의 확대가 나타날 수 있다.

경기진작 효과가 큰 건설업의 심각한 침체다. 지방에서의 주택 미분양, 준공후 미분양, 미입주율 급증, 서울에서의 부동산 PF 부실 및 정비사업 추진 지체 등 해결 난망의 문제들이 누적되고 있다. 정부 부채의 증가와 재정수지 악화로 확장 재정도 쉽지 않다.

둘째, 수출 전망도 녹녹치 않은 상황이다. 중국의 지속된 경기 하강과 미국의 경기 침체 우려와 관세 강화 움직임에 따라 수출 여건이 좋아 보이지 않는다. 또한 삼성전자 등 반도체 기업의 수출이 크게 늘어나기 쉽지 않다. 미국 빅테크 기업의 거품이 빠지고 있다는 분석이 설득력을 얻어가고 있다. MS 등 기업들은 감원 등 감량 경영 중이며, 삼성전자도 해외 일부 사업 직원을 최대 30% 감원하기로 했다는 보도가 있다.[2] 최근에는 평택 파운드리 생산 라인의 일부를 셧다운한 것으로 파악되고 있다. 삼성전자가 어려우면, 대한민국도 그렇게 된다.

국제통화기금(IMF)은 2025년 경제성장률을 세계 평균 3.2%, 미국 2.7%, 유로존 1.5%, 일본 1.0%, 중국 4.1%(2024년 4.6%)로 예측했다. IMF의『한국 연례협의 보고서』(2023. 11. 19)는 한국의 2024년~2028년 GDP 성장률을 2.1~2.3%로 전망했다. 우리는 2%를 넘으면 "Good", 혹시 2%를 넘지 못하더라도 "Not Bad"라고 해야 할 판이다.

경제 상황을 가장 정확히 파악하고 있는 인사는 아마도, 중앙은행 총재일 것이다. 한국은행 이창용 총재는 8월 27일 "전 세계 최상위권 수준의 가계부채가 더 증가했다가는 금융위기를 초래할 수 있는 수준에 이를 것"이라고 진단했다. 유럽중앙은행(ECB) 크리스틴 라가르드 총재는 9월 20일, 세계 경제가 경제 민족주의, 세계 무역 붕괴 등으로 대공황을 초래한 1920년대의 압력에 버금가는 '균열'에 직면해 있다고 경고했다. 미국 연준은 9월 18일 예상을 깨고 빅컷(0.5% 인하)를 단행했다. 2025년 경제를 전망하는데 있어서, 이들 메시지를 잊지 말아야 한다. "유비무환(有備無患), 왼손에 Plan B를"

2025년에는 미루어 둔 한계 기업 및 산업 현장 등을 선별하여 과감히 구조 조정하고, '경제 안보 시대' 경제 패러다임이 무엇인지를 찾을 필요가 있다. 국가 산업의 국제 경쟁력 경력 강화를 위하여 민관이 어떻게 힘을 합해야 하는지? 국가 차원에서 민간의 자율성과 창의성을

---

2 《로이터》, "주력 사업인 반도체 사업 이익이 지난해 불황으로 인해 15년만에 최저치로 떨어졌다", (2024. 9. 12) 《조선비즈》 재인용

뒷받침할 수 있는 가장 효과적인 방안이 무엇인지?를 중장기적 차원에서 모색할 필요가 있다. 지금까지 WTO 체제에서 민간의 자율성을 최대한 보장하고 지원하는 민관 '협력(協力)', '작은 정부'가 과연, 경제 안보와 국가 우선주의 시대에 한계는 없는지? 중국의 관민 원팀(one team)과 경쟁할 수 있는 '민관 합력(合力) 모델'이 필요한 것은 아닌지? 제3 공화국에서와 같은 관이 주도하는 산업 정책의 필요성은 없는지? 그리고 저성장 시대에 '살아가는 지혜'의 국민적 공유가 중요한 한 해가 될 것이다.

## 사회 균형력 : 지속가능발전 건전성 하(下)급

### 흔들리는 사회적 균형추, 차세대 MZ세대를 주시해야

지속가능발전 5개 지지대 중에서 가장 취약한 것이 바로 '사회 균형력'이다. 대표적으로 자산의 절대적 비중을 차지하고 있는 부동산이 문제다. 주택 가격의 양극화가 심화되고 있고, 안전자산으로 부동산 가치가 급속히 붕괴되고 있다. 주택 가격에서는 지방과 서울, 서울 내에서도 강남권과 비강남권의 격차가 역사상 최악이다. 주택 가격이 천정부지로 치솟아 유주택자와 무주택자의 자산이 심각한 불균형 상태다. 이로 인해, 사회적으로 심한 갈등이 유발되고, 사회 통합이 저해되고 있다.

9월 4일 발표된 윤석열 정부의 연금모수개혁안은 반가운 소식이었다. 주요 내용은 '소득대체율 42%-보험료율 13%'의 모수 개혁안, 연금재정의 자동조정장치와 국가 지급보장 도입, 연령별 국민연금 보험료 차등 부담, 국민연금 의무 납입 연령 5년 상향 조정 검토, 퇴직연금 강제가입 추진 등이다. 개혁안의 핵심이며 쟁점 사항은 모수 개혁이다. '소득대체율 42%-보험료율 13%'는 다른 대안이었던 '소득대체율 44%-보험료 13%'과 큰 차이가 없다고 판단되어, 2025년에 연금개혁안은 결국, 통과될 것으로 생각된다. 이 안에 대해 다른 입장이 팽팽하게 상존할 수 있으나, 더 나은 세상을 위해 일단 시작하는 것이 좋을 것이다. 5년 주기로 국민연금 재정계산을 시행하니, 현재 안을 시행한 후에 필요하면 차기 정부에서 2028년에 개선하면 될 것이다.

합계출산율 세계 최하위, 노인 자살률 세계 1위, 영끌 세대, 극단적 팬덤, 증가하는 이주민 등 사회적 문제들이 2025년에 더 악화되지 않길 바란다. 한때 3포세대로 별칭되던 MZ세대, 이들이 사회의 중심으로 진입하고 있다. 이젠, 차세대. 시대에 뒤처지지 않으려면, MZ세대가 가는 길을 따라가 보는 것이 중요하다. 다음 세상은 MZ세대가 그리는 대로 바뀌게 되어 있다. 이들이 변방이 아니라, 이들을 중심에 놓고 세상을 보는 지혜가 요구된다.

## 환경 회복력 : 지속가능발전 건전성 중(中)급

### 탄소중립 최하위국가에서 청정에너지 수출 국가로

올여름 한반도 주변 바다의 표층 온도가 1990년 이후 가장 뜨거운 것으로 관측되었다. 8월 하순~9월 초순의 온도는 26.0도로 최근 26년 동안 평균 온도 대비 1.6도 상승했다. 정부 간 기후변화협의체(IPCC)는 이를 '이상 고온수 현상(Marine Heatwaves)'으로 정의하고 극한 기후 현상이 더욱 높은 강도로, 잦은 빈도로 발생할 것으로 전망했다. 기후변화로 한국의 기후가 변하고 있는 것은 팩트다. 그러나 다행히도, 한국은 살인적인 폭염, 대홍수나 가뭄 혹은 태풍 등 기후변화에 의한 피해가 다른 나라에 비하여 적은 편이다.

러시아·우크라이나 전쟁으로 에너지 안보 위기가 발생하여 '2050 탄소중립' 이행 계획이 세계적으로 중지·연기되었다. 에너지 증산이 급한 유럽 국가들은 10년 이상 장기간이 걸리는 원전 건설에 앞서 먼저 가스발전소 건설, 석탄발전소 일시 재가동 등으로 대처하고 있다. 탄소중립 우등국가인 독일은 올 7월에 가스발전소 신규 건설계획을 발표했고, 영국은 2030년부터 내연 신차의 판매금지 약속을 2035년 이후로 연기했다. 탄소중립 대응 최하위 국가로 비난받던 한국은 좀 시간을 벌게 되었다.

세계적으로 원전이 청정에너지로 인정받게 되면서, 한국은 오히려 청정에너지 수출국가로서의 가능성이 높아졌다. 윤석열 정부는 문재인 정부의 '탈원전' 정책을 폐기하고 적극적으로 원전 산업을 되살렸다. 만일, 문재인 정부 다음 정부가 문 정부의 '탈원전'을 고수했다면, 아마도 한국에서 원전 산업 생태계는 고사되었을 것이다. 올해 7월, 한수원이 유럽에서 원전 강국인 프랑스를 제치고, 체코 원전 건설 우선 협상 대상자로 선정되었다. 청정에너지 수출국가로서 자긍심을 가질 수 있는 의미있는 성과로, 민관 합력의 값진 결실이라 할 수 있다. 한국의 원전 산업이 지속가능발전하기 위해서는 국제 기준에 맞는 핵폐기물 등 처리 기술을 갖춘 '새 원전'를 열어야 한다.

# 문화 포용력 : 지속가능발전 건전성 상(上)급

## K-팬덤을 이끄는 차세대 MZ, K-styling 투어 중인 Z세대

"2024년 이제는 인바운드의 가세 열기도 대단할 것이다"라고 필자는 전망했다(이영한, 2024, 25). 올해 상반기(2024. 1.~2024. 7.) 방한 관광객수(846만 명)는 전년 동기 관광객수(507만 명)보다 67%가 증가했다. 한류 관광객이 폭발적으로 증가하는 중이다. 지난 1년 동안 한국을 찾은 외국 관광객은 1202만 명[3]이다. 여성(823만 명)의 비중이 60%로 남성보다 압도적으로 높다. 여성의 연령대별 비중을 보면, 20대가 18.5%, 30대가 12.5%로, 20대, 30대 여성이 전체 방문객의 31%를 차지하고 있다. 이에 비해 남성은 30대가 9.1%, 20대가 8.3%다.

지난 1년 동안 해외를 방문한 국민 관광객 2551만 명의 세대별·성별 비중이 균등한 것[4]에 비하여, 외국 관광객의 세대별·성별 비중은 매우 특이하다. MZ세대라고 불릴 수 있는 20대, 30대가 절반을 차지하고 있으며, 특히 Z세대인 20대 여성의 방문 비중이 압도적으로 높다. 차세대인 MZ세대의 관광객들이 주류를 이루고 있다는 사실은, 매우 긍정적으로, 미래 대한민국에 대한 희망의 메시지다. MZ세대는 국내외를 막론하고 '디지털 네이티브'다. MZ세대, 특히 Z세대는 소셜 미디어와 인터넷을 통하여 쉽게 한류 콘텐츠를 접하고, 전 세계적으로 견고하게 K-팬덤을 형성했다. 그리고 그들은 "가장 가고 싶은 나라,

---

3 한국관광공사(2024. 9.), 한국관광데이터랩 홈페이지, 2023. 8.~2024. 7.
4 지난 1년 동안 국민의 해외관광객은 2551만 명이다. 남성 비중(49.7%)과 여성(50.3%) 비중의 차이가 거의 없으며, 연령대별 분포도 큰 차이가 없다. 20대~50대의 비중은 각각 17%~19%에 분포한다.

코리아"를 찾는다.

한국 방문 외국인을 대상으로 한국 여행, 일본 여행, 중국 여행에 대한 긍정 및 부정 조사 결과[5]에 따르면, 한국 여행은 부정 12.2%, 긍정 28.0%, 중립 59.8%로, 일본 여행(부정 11.8%, 긍정 26.4%), 중국 여행(부정 19.0%, 긍정 15.9%)에 비해 긍정 비율은 높고, 부정 비율은 낮게 나타났다. 또한 외국 관광객의 재방문율(2020~2022)도 65.4%로 코로나19 이전(2017~2019) 56.5%보다 더 높아졌다.

서울 시내를 돌아다니다 보면, MZ세대 외국인 관광객이 많이 보이는 곳이 있고, 도심인데도 외국인 관광객이 나타나지 않는 곳이 있다. 디지털 변혁에 따라서 공실이 급증하는 등 공간 수요가 가속으로 변화되는데, 더 지속가능한 곳은 어디일까? 외국 관광객이 붐비는 곳이 앞으로 더 매력있고 활력이 있을 것이다. 앞으로는 한 도시 내에도 지역에 따라서 흥하거나 쇠퇴하는 현상이 빠른 속도로 극명하게 나타날 것이다. 미래 지역의 흥(興)과 쇠(衰)를 추정하는데 있어서, MZ세대 외국인 관광객이 모이는 곳은 하나의 지표로 활용될 수 있겠다. 이들은 매력적인 곳을 찾아다니고, 10년, 20년 방한을 지속할 것으로 보이기 때문이다.

최근 각광받는 것 중의 하나는 'K-styling' 투어다. 한국 스타일로 메이크업과 코디를 하고 여행하는 것이다. 각자의 특징을 나노단위로 분석해서, 자기에게 가장 잘 어울리는 스타일과 색조를 찾아내는 '셀프 분석 서비스'가 전 세계에서 주목받고 있다. 'personal color' 진단,

---

5  한국관광공사(2023. 12.), 2023년 글로벌 소셜데이터 기반 방한 주요국의 한국·중국·일본 여행 행태 및 KTO사업 테마별 트렌드 분석

골격 진단, 뷰티 컨설팅 등 전문 숍들이 성업 중이다. MZ세대 외국인 관광객의 행태를 주시하면, 미래가 보일 수 있다.

### 1) '안보'와 '디지털'의 강자 코리아, 자리 지키기

'포스트 코로나 시대'[6]보다는 '애프터 코로나(After COVID-19) 시대'가 더 적절하다. 질병관리청은 2024년 10월부터 코로나19 백신 접종을 재개한다고 발표했다. 2023년 5월 WHO와 각국 정부가 코로나19 종식을 선언했으나, 여전히 코로나19는 현재 진행형이다. 우리는 2019년 11월을 원점으로 하는 '코로나19 이후 시대', 즉 애프터 코로나 시대에 살고 있다. 최근 몇 년 동안 전 세계적으로 일련의 흥망성쇠 변화는 코로나19의 영향권 내에 있다. 코로나19를 다시 꺼낸 이유는 현재 공사(公私) 대소사(大小事)가 코로나19와 연관되어 있어, 현재 여러 현상을 제대로 분석하기 위해서는 코로나19로 거슬러 올라가 봐야 한다. 그리고 현재 뉴노멀은 중장기적으로 10년, 20년 이상 계속될 것이다. 현재는 애프터 코로나 시대의 전반기로 봐야 한다.

애프터 코로나 시대를 이전 시대와 단절시킨 핵은 '안보'와 '디지털'이다. 코로나19는 인류가 구축한 생존 방식인 '만남의 시스템'을 붕괴시켰다. 전 세계적으로 발생한 공급망 단절로 인해 '국가 안보'가 세계

---

[6] 그동안 코로나19 종식 선언 이후를 "코로나19가 끝났다"는 의미를 가진 '포스트 코로나(Post COVID-19)', '탈 코로나'로 명명되었다.

질서의 핵심 개념이 되었다. 사회적 거리(1.5m 이상) 이격이나 직장이나 학교 폐쇄, 재택 근무로 '디지털 변혁'이 일어났다.

코로나19 발생 이후, 짧은 기간에 각 분야에서 흥망과 성쇠가 있었다. 각 국가들은 '국가 안보'와 '디지털 변혁'에 대한 대응 능력에 따라서 승패가 결정되었다. 미국은 흥한 국가에 속한다. 안보를 무기로 국제적으로 G2 중국을 밀어내려 하고 있다. 또한 디지털 제조 산업의 주도권을 쥐기 위하여 한국, 대만, 네델란드, 일본 등과 폐쇄적(closed) 협력 체제를 구축 중이다. 중국은 흥하거나 성한 나라로 볼 수 없을 것이다. 코로나19 기간에 시진핑의 통치 체제는 더욱 견고해졌다. 현재 미중 전략 경쟁, 부도 직전의 대형 부동산 기업 등 국내외적으로 큰 위기에 봉착했지만, 시진핑 체제는 건재하고 있다. 또한 최첨단 기술을 독자적으로 개발하여, 기존 글로벌 시장에 충격파를 던지고 있다. 일본은 성하지도 쇠하지도 않은 나라로 볼 수 있겠다.

안타깝게도, EU 국가들이 큰 타격을 입었다. 유럽권의 덕목인 '사회적 민주'와 '친환경'이 흔들리고 있다. 유럽권은 제2차 세계대전 이후 자본주의와 공산주의을 넘어서 '사회적 민주'라는 새로운 이념으로 국가를 운영해왔다. 1980년대부터는 '친환경', '지속가능발전'의 사회를 지향해 오고 있다. 유럽의 지속가능발전 모델은 '경제 활력', '사회 균형력', '환경 회복력'의 3개 지지대로 구성되어 있다. 유럽 국가들에서는 '혁신'이란 용어가 사라진 것이다. 혁신은 바로 과학이다. 방심이었을까? 그들의 모델에서 '과학 혁신력'을 도외시한 것은 큰 실수였다고 판단된다. 유럽에는 18, 19세기 과학혁명과 산업혁명을 이끌어 온 저력이 아직 남아있겠지만, 글로벌 기술 전쟁 시대에 '과학 혁신력'에 기대어 새로운 돌파구를 찾기에는 많은 시간이 필요할 것이다.

흥한 국가로는 한국과 대만을 들 수 있다. TSMC 등 대만의 반도체 산업은 코로나 기간에 획기적인 성장을 한다. 한국은 6.25 전쟁이후 70여 년 동안 힘겹게 지키면서 성장시켜온 방산 산업이 이제는 수출로 효자 산업이 되었다. 디지털 변혁에 따라 반도체 수요 폭증으로 삼성전자 등 반도체 기업은 코로나 기간에 급성장했으며, 이와 함께 전 세계적으로 강력한 K–팬덤이 형성되었다. 한국과 대만은 코로나 19 대응에서도 세계적으로 모범 국가로 평가되었다.

2025년 한국에서는 삼성전자, 현대차, LG에너지솔루션 등 초일류 기업의 경영 성과가 초미의 관심사다. 군사 안보 시대, 에너지 안보 시대에 방산산업과 원전 수출에서 두각을 나타내고 있다. 폴란드 방산 수출에 이어 올 7월 체코 원전 건설의 우선협상대상자로 선정된 것은 의미가 크다. 동유럽은 러시아와 군사적으로 대치하고 있고, 아직 개발 가능성이 높아 한국의 교역 지대로 가능성이 높다. 동유럽이 역사적으로는 서유럽 모델에 따라서 발전해 왔지만, 후진국에서 선진국 대열로 급성장한 한국 발전 모델이 동유럽 발전에 더 효과적일 수도 있을 것이다. 그리고 새로운 교역 지경으로 잠재력이 높은 글로벌 사우스가 있다.

애프터 코로나 시대에, 앞으로 어떻게 대응하고 혁신하느냐에 따라서 현재의 국가 위상은 변동될 것이다. '일취월장(日就月將)'할 수도 있고, '호사다마(好事多魔)'가 될 수도 있으며, '전화위복'(轉禍爲福)일 수도 있다. 도전과 응전의 궤적인 역사는 진화 중이며, 지금은 애프터 코로나 시대의 전반기다.

## 2) '안보'와 '교린'의 양수겸장(兩手兼將)으로, '커플링', '디커플링', '디리스킹'

"한중(일) 정상회담을 2024년 벚꽃 피기 전에 개최하는 것이 필요하다. 이것이 연횡의 첫걸음일 것이다"(이영한, 2023, 26). 2023년 7월, 필자의 전망이다. 전망대로 윤석열 대통령, 리창 총리, 기시다 후미오 총리가 참석한 '한중일 정상회의'가 2024년 5월 26~27일에 서울에서 개최되었다.

"미국과는 좋은 인연이다. 정부가 원하는 '글로벌 포괄적 전략 동맹'은 바람직하다. 내용이 좀 덜 채워졌다고 하더라도 가능하면 '동맹'이라는 대못을 박는 것도 중요하지 않을까?"(이영한, 2023, 24). 2023년 4월 한미 정상의 워싱턴선언에서 핵협의그룹(NCG) 신설을 발표했다. 2024년 7월 「한반도 핵억제 핵작전 지침」이 서명·승인되었다. 한미동맹은 한미의 일체형 핵확장 억제의 토대를 마련하여 핵기반 동맹으로 격상되었다. 이것이 군사 분야에서 대못인지 여부는 확실하지 않다.

2025년 대미, 대중, 대EU 관계는 미 대선에서 누가 당선되느냐에 크게 영향을 받을 수 있다. 이 책이 출간되어 독자의 손에 있을 땐, 이미 대선 결과가 나왔을 것이다. 공화당 도널드 트럼프 후보와 민주당 카멀라 해리스 후보는 출신, 직업, 성별, 나이 등에서 분명히 다르며, 이들 후보에 대한 미국인뿐만 아니라 세계인의 선호도도 분명히 구별된다. 친트럼프 성향의 한국인은 그리 많지 않은 듯하다. 현재 지지도 여론조사를 보면 근소한 차이(47:48 등)를 보이고 있으며, 유동층이 상대적으로 적다. 현재 해리스 후보가 조금 앞서는 지지율 조사 보도가 있기도 하다. 2016년 대선에서 트럼프 후보는 불리한 여론조사 결과를 뒤엎고 당선된 경험이 있다. 감세 공약 내용과 유럽 우경화의 여파 정도가 관전 포인트가 될 수 있을 것이다. 흔한 얘기로 "뚜껑을 열어봐야" 알 것이다.

경제 활력, 사회 균형력, 환경 회복력 등 지속가능발전 지지대로 두 후보를 평가할 경우, 비교적 균형있고 종합적 관측이 가능할 것이다. 세금 및 관세 등 경제 공약, 이주민 등을 포함한 국민 통합의 비전, 기후변화 대응 등 그리고 바이든 대통령 임기 성과에 대한 평가, 특히 2024년 하반기 경기 침체 여부 등이 주요 변수가 될 것이다. TV 토론의 영향은 적을 것으로 생각된다. 투표 유동층이 상대적으로 적고, 두 후보가 결정적 실수를 할 가능성이 작으며, 각각 토론에서 장기가 있기 때문이다.

올해 9월 19일 미 연준은 빅컷(0.5%P의 기준금리 인하)을 단행했다. 미 중앙은행의 2대 목표는 소비자물가 2% 이내 유지와 완전 고용 기준인 실업률 4.2% 이내로 고용시장을 관리하는 것이다. 빅컷으로 시장에서는 고용시장 불안 등 경기 침체 우려가 상존하고 있다. 남은 선거기간 동안 경기 상황에 따라서 선거가 크게 좌우될 수도 있다.

해리스가 대통령이 되면, 바이든 정부의 기조를 유지하면서 세계 평화 공존과 인권에 무게를 더할 것으로 보여, 한국에서는 변화 요인이 적을 것으로 보인다. 트럼프가 당선되면, '미국 우선주의(America First)'을 기조로 트럼프식 'Give & Take' 방식으로 협상을 밀어붙일 것이다. 나토 등 군사 동맹, 러·우 전쟁, 그리고 친환경, 이민 등에서 탈 바이든 정부의 정책을 이미 공표했다. 이러한 변동 상황을 기회로 잘 활용하면 오히려 득실 게임에서 유리할 수도 있다.

2025년은 세계 질서의 변곡점이 될 것이다. '커플링', '디커플링', '디리스킹'의 실체가 드러날 것이다. 그동안, 미국과 EU의 대중국 노선을 "갈등은 있을 수 있으나 충돌은 방지한다"는 '디리스킹'으로 말해왔다. 올 5월 바이든 정부는 중국산 전기차 관세 100% 발표했다. 트럼프 후보도 중국산 제품에 대해 관세 100%를 주요 대선 공약으로 공표했다. 중국산 제품 수입 금지 성격의 '관세 100%'가 '디리스킹'인가 '디커플링'인가? EU의 대중국 전기차 관세 47.5%는 아직 '디리스킹' 단계라고 할 수 있겠지만, 중국 자동차의 상륙으로 유럽의 자동차 산업이 더 무너질 때 어떻게 할까? 중국산 제품이 유럽 시장의 안방을 차지하여, EU 통합의 목적인 유럽 내 거대 단일 시장 형성의 의미가 퇴색될 때, EU는 어떻게 할까?

한국은 이러한 대중국 '디커플링화' 추세에 어떻게 대응해야 하는가? 그동안 중국의 GDP가 증가하면 한국의 GDP도 증가한다는 것이 한중 관계의 공식이었다. '커플링'이었다. 한국과 중국이 세계 시장을 놓고 밀고 밀리는 경쟁을 한다면, 이것도 '커플링'인가? 한중 교역 관계는 '커플링'에서 '디리스킹', '디커플링'으로 전환 중이다.

### 3) '한중 교린(韓中 交隣)', 경제를 넘어서 다각도로 유대를 강화해야

중국을 가장 잘 알고 있는 나라는 아마도 한국일 것이다. "썰물처럼 빠져나간 외국의 자본과 인력이 쉽게 돌아올 것 같지 않다. 대외의 존도가 낮아지고 내수시장의 비중이 커지며, 자급자족 경제 체제가 강화될 것이다.....현재 외부에서는 우려가 크지만, 그들은 중국 특유의 근성으로 끈질기게 그들 플랜에 따라서 현재의 위기적 상황을 헤쳐나가지 않을까?"(이영한, 2024, 25). 2023년에 필자의 전망이었다. 중국 BYD에서 보듯, 중국은 절치부심하며 그들대로의 플랜에 따라서 크게 움직이고 있다.

최근 한국이 초저성장을 극복하려면, 한중 수출 비중 감소 기조를 반전시켜야 한다. 대중 수출 비중은 2023년 19.8%로 2021년(25.3%) 이후 급감하여, 2004년 수준이다. 한중은 '교린'이다. 이제는 성급하지도 말며 손 놓지도 말고 지속가능한 대중국 전략을 마련해야 할 것이다. 한미일 협력 체제의 원칙을 훼손하지 않는 범위 내에서, 주요 민간경제단체 등이 나서서 한중 협력 사업의 단초를 마련할 필요가 있다. 일중(日中)경제협회의 활동[7]을 참조할 수 있다.

차세대인 MZ세대의 상호 국가 이미지 개선 노력도 매우 중요하다. 중국의 MZ세대는 한국의 MZ세대와 같이, 디지털 네이티브이며 K-팬덤의 주력(主力)이다. 2025년에 그들의 방한은 증가할 것이다. 만일, 한국인들이 중국을 비난하면, 중국인도 한국을 비난하게 되어 있다. 100년 제국주의 침략에 맞서 살아야 했던 중국인의 애국주의는 매우 강건하다. 섣부른 자극은 백해무익이다. 서구인들의 대중국 이미지는 코로나19 이후에 크게 악화되었다. 중국과 한국은 유사한 문화권이기에 서구인들에 비친 중국의 낯선 모습들에 더 포용적일 수 있지 않을까?

2024년 봄 한중일 정상회의에 이어, 2025년 시진핑과 윤대통령의 만남을 고대해본다. 올해 11월 미대선 후, 국제 질서의 판이 움직일 수도 있다. '국가 안보'보다 '국가 실익'에 따라 판이 이동할 수도 있다. 두 정상의 만남이 비록 선언적 메시지로 끝나더라도, 만남 자체가 '한

---

7 일중경제협회 일본측 대표단은 리창 국무원 총리 등 정부 고위직 인사를 만나 제3국 시장에서의 협력 가능성을 논의했다(박상준, 2024, 192).

중 교린'에 의미가 크다. 미국도 '한중 교린' 명분에는 이의를 제기하기 힘들지 않겠는가? 오히려 미국에도 좋을 수가 있다. 경색된 한중관계는 위에서부터 풀어야 풀린다.

미 대선에서 누가 되든, 2025년에 세계무역기구(WTO) 체제는 가고, '관세' 시대가 시작될 것이다. 관세를 내지 않으려면, '공장 이전'을 해야 할 것이다. "고래 싸움에 새우등 터진다"고들 말한다. 고래 싸움에 앞장서지 말고 뒤에서 서서 살펴 기회를 만들어 가는 것이 지혜다. 미국 주도의 대중국 압박에 따라 새로 생긴 공터도, 미국과 EU의 엑소더스로 발생한 중국 내의 빈터도 기회일 수 있다.

참고문헌

박상준(2025), 『2025 대한민국 대전망』, 케이북스.
이영한(2015), 『전환기 한국 지속가능발전 종합전략』, 한울아카데미.
이영한(2023), 『2024대한민국대전망』, 지식의날개.

## 2. 사회문화

## 한국사회의 역동성과 문화발전의 창의성: 광복 80주년에 BTS를 다시 본다

한상진 서울대 사회학과 명예교수

BTS는 김구의 문화국가 선견지명이 현실로 드러난 구체적
사례다. 김진현은 우리에게 천명(天命)수행 능력이 있음을
보여주는 증거로 BTS를 꼽았다.
그렇다면 BTS 현상이란 과연 무엇인가?

서울대학교 사회학과 명예교수, 중민재단 이사장, 중국 길림대 객좌교수. 중국 북경대학교, 뉴욕 컬럼비아대학, 베를린 사회과학 센터, 파리 고등사회과학원의 초빙교수, 한국정신문화연구원장, 김대중대통령자문정책기획위원회 위원장 역임. 주요 저서는 『한국사회와 관료적 권위주의』, 『중민이론의 탐색』, 『탈바꿈: 한반도 제2광복』, 『민주화 세대』, 『Habermas and Korean Debate』, 『Divided Nation and Transitional Justice』, 『Asian Tradition and Cosmopolitan Politics』, 『Beyond Risk Society』, 『Confucianism and Reflexive Modernity』 등

## 시작하는 글

2025년이 되면 광복 80주년이 된다. 새삼스럽게 광복이란 무엇인가를 생각해 본다. 사람들은 흔히 광복을 일제로부터의 해방, 독립, 주권 회복과 같은 것으로 생각한다. 역사학자들로 마찬가지다. 그러나 광복은 독립을 포함하는 한층 더 포괄적이고 차원 높은 개념이다. 큰 빛을 전제하기 때문이다. 빛나게 복원해야 할 우리의 어떤 큰 소명, 주체성, 긍지, 비전, 사명이 광복의 개념에 녹아 있다. 우리의 역사와 문화를 관통하는 자각과 도전, 어둠에 가득찬 세계를 광명으로 이끄는 밝은 빛의 이미지가 광복의 개념에 녹아 있다. 그러나 불행히도 광복의 개념이 아직 정립되어 있지 않다. 여기에 분단된 한반도의 남쪽에 사는 우리의 정신적 혼란, 방황, 결함이 있는 것이 아닌가 생각한다.

중국에서도 1911년 신해혁명을 전후하여 광복의 용어가 인구에 회자된 적이 있다. 일제에 대한 도전, 청나라 문명에 대한 성찰과 함께 중화문명을 창신하자는 소박한 갈망이 여기에 표현되었다. 오늘날 중국을 이끄는 대중의 소망을 우리는 중국몽(中國夢)이라고 부른다. 이 꿈이 광복의 개념에 닻을 내리고 있다.

그렇다면 대한민국은 어떠한가? 1919년 3.1 독립선언문은 "새 문명의 밝아오는 빛"을 결론으로 제시한다. 여기서 시작한 광복의 개념이 상해 임시정부를 거쳐 대한민국 건국으로 이어졌건만, 광복의 뜻에 대한 기본개념조차 정립하지 못한 우리의 현실은 분명 서글프다. 산업화, 민주화, 정보화의 눈부신 성취에도 불구하고 우리가 오늘날 겪고 있는 극심한 혼란, 분열, 증오는 우리의 미래를 통합의 방향으로 이끌 광복 개념이 8.15 광복절 행사를 제외하고 정치에서 거의 실종된 것과 무관하지 않다고 생각한다.

## 백범 김구의 좌절된 광복과 문화국가 개념

나는 여기서 백범 김구 선생의 광복 개념을 잠시 재조명하고 싶다. 그는 임정을 이끌고 초라하게 귀국했지만 아마도 광복의 꿈과 구상이 있었을 것이다. 그러나 광복의 조건들이 국제정치, 국내정치, 사회혼란 속에서 소멸하는 현실을 보고, 최후에 도달한 것이 결국 '문화국가'의 개념이었다. "오직 한없이 가지고 싶은 것은 높은 문화의 힘이다. … 나는 우리나라가 남의 것을 모방하는 나라가 되지 않고 높고 새로운 문화의 근원이 되고 모범이 되기를 원한다. 그래서 진정한 세계의 평화가 우리나라에서 우리나라로 말미암아서 세계에 실현되기를 원한다"(김구, 2011).

탁월한 선견지명이다. 무장독립투쟁에 온 삶을 바친 그의 머리 안에 문화국가의 개념이 있었다는 것도 불가사의하지만, 더욱 놀라운 점은 그의 예상이 적중하여 오늘날 한류가 세계에 퍼지고 있다는 것이다. 비록 그의 삶은 분단된 현실에 부딪쳐 난파되었지만, 그는 비관주의를 넘어 우리 내부의 활력을 미리 포착했고 희망을 주는 긍정적 역사관을 제시했다. 나는 이런 눈으로 2025년의 의미를 보고 싶다.

## 김진현의 대한민국 통사

이 글을 이끄는 또 하나의 에피소드를 언급하겠다. 언론계, 학계, 공직 세계를 두루 경험한 김진현 원로는 구순(88세)의 나이에 유언을 남기는 듯한 비장한 톤으로 간절하고 절박한 호소를 담아 2024년 『대한민국 100년 통사(1948~2048)』를 출간했다. 7월 31일 서울프레스센터에서 열린 출판기념회에는 다수의 전 국무총리를 위시하여 반기문 전 유엔사무총장, 김성수 전 대한성공회 대주교를 비롯하여 저명한 사회원로들이 자리를 꽉 채웠다. 그는 우리가 걸어온 성공적인 근대화의 길을 살피면서 동시에 도착과 왜곡이 심해 국민의 삶을 위협하는 극심한 위험사회가 도래했다고 논했다. 특히 공공의식이 사라진 정치권의 썩은 리더십이 공동체의 와해와 사회위기를 불러왔다고 질타했다.

맞는 말이다. 우리의 현실을 보자면, 여당/야당, 진보/보수를 막론하고 너무도 엉망인 한국 정치가 사회 전반에 미치는 악폐가 갈수록 심각하기에 2025년을 전망하는 일이 사실 두렵기도 하다. 그럼에도 불구하고 우리는 출구가 없는 비관적 전망에 사로잡혀서는 안 된다. 김구 선생이 그렇듯이, 필사적으로 희망의 거점을 확보해야 한다. 그렇다면 질문은 오늘의 혼란에도 불구하고 우리가 성취한 발전의 내생적 조건은 과연 무엇이고, 이것이 오늘날 어떤 상태에 있는가, 이런 발전역량이 소진되지 않고 우리 사회 안에 남아 꿈틀거리고 있다면, 이것을 어떻게 조명하고 조직할 것인가, 그리하여 민주화 40년의 역사를 역주행하는 양대 거대 권력의 적대적 공생체계를 어떻게 무너뜨릴 것인가에 있다고 감히 말할 수 있을 것이다.

그러나 이것이 쉬운 일은 아니다. 정재정 교수는 김진현 원로의 책이 '성찰 사관'에 충실하다고 평가했다. 서울대 사회학과 48년 후배, 남은영은 또 다른 서평을 통해 "근대화의 도착을 바로잡을 수 있을지 생각하면 어깨가 무거워진다."고 했다. 그것도 솔직한 고백 같다. 김진현 원로에 의하면, "대한민국의 삶은 곧 인류 생존문제군(환경, 생명자원,

안보…)의 진앙지에서의 삶이요 가장 예민한 실험장에서의 삶이다. 현재 진행 중인 대한민국에서의 삶은 미래 인류 삶의 '추세결정자(trend setter)'의 삶이다." 즉 근대 문명의 모순을 극복할 수 있는 잠재력이 우리에게 있다는 것이다. 그런 선각자의 눈으로 그는 천명을 논한다.

> "'자강의 길'을 행해 인간 본연, 인류 보편의 윤리로 통합해 해결의 길을 여는 것이 대한민국에 주어진 천명(天命)이다. … 이 삶의 천명을 거부하면 절명으로 간다. 앞으로 10년 이내 빠르면 5년 이내에 천명의 수행이냐, 절명의 길이냐가 확실히 가려질 것이다. 자강의 결의를 다지고 천명의 길을 개척하는 선구자가 되어야 한다"(김진현 2024, 134).

우리는 여기서 김구 선생과 김진현 원로 사이의 미묘한 공명을 느낀다. 광복의 빛이 '우리나라에서 우리나라로 말미암아' 세계로 뻗어나가기를 갈망했던 김구의 뒤를 이어 김진현은 근대를 넘어 새로운 문명을 여는 선구자의 역할이 우리의 천명이라고 설파한다. 차이가 있다면 김구는 그가 갈망했던 문화국가의 구체적 사례를 제시하기 힘든 시대에 살았지만, 김진현은 우리 내부의 발전 역량을 두루 살피면서 특히 BTS를 위시한 한류의 지구적 확산에 주목한다는 점이다.

> "BTS가 상징하는 한류의 성공으로 대한민국의 휴머니즘이 지구를 덮고 BTS가 스웨덴 환경운동 소녀 그레타 툰베리의 지구사랑의 소리와 합작하면 대한민국은 21세기 문제군 해결의 새 열쇠를 만든 선구자로 세계 중심에 선다"(김진현, 2024, 134).

바로 이 지점에서 나는 2025년의 의미를 전망하고 싶다. BTS는 문화국가를 향한 김구의 선견지명이 현실로 드러난 구체적 사례다. 김진현은 우리가 천명을 수행하는 능력이 있음을 보여주는 증거로 BTS의 세계화를 꼽았다. 그렇다면 BTS 현상이란 과연 무엇인가? 이에 관해 많은 저술, 관찰, 주장이 있지만, 나는 사회학적 관점에서 광복 80년에 보는 BTS의 의미를 시민사회의 역동성과 문화발전의 창조성으로 압축하고자 한다.

## BTS 현상과 시민의 자신감 확산

무엇보다 우리는 BTS 현상의 배경으로서 산업화, 민주화, 개인화, 정보화의 결실이 결합하면서 모든 금기와 터부를 물리치는 자유로운 세대가 등장한 점에 주목할 필요가 있다. 쉽게 말해, '하면 된다', '할 수 있다'는 자신감이 계속 성장해 왔다는 것이다. 1960년대 이래 산업화가 빈곤으로부터의 해방을 뜻한다면 이것을 이끈 에너지는 '잘 살아보자!'는 열망이었다. 이와 함께 엄청난 지각변동이 일어났고 국민적 자신감이 형성되기 시작했다. 민주화가 독재의 종식과 자유의 실현을 뜻한다면, 이것을 이끈 에너지는 '우리 손으로 지도자를 뽑자!', '우리의 힘으로 정치를 바꾸자!'는 열망이었다. 이와 함께 우리는 1980년~1990년대를 통해 전환기의 격동과 민주주의 승리를 경험했다. 이로써 오래된 권위주의 체제를 떠받들었던 인습과 고정관념, 터부가 무너지고 역동적이고 자유분방한 세대가 등장했다. 그 뒤를 이어 등장한 개인화 세대는 정치적 민주화로부터 더 전진하여 생활세계의 권력에 도전했다. 가족, 사랑, 결혼, 출산, 육아 등과 함께 공동체에 작용하는 미시 권력을 해체하면서 '내 인생의 주인은 나 자신이다!', '나의 선택, 취향, 선호에 충실한 나 자신의 삶을 살자!'는 열망으로 자기 결정권을 실천했다. 이로써 집단의 결정과는 다른 개인의 선택이 훨씬 더 중요한 새로운 시대가 열리게 되었다. 이런 일련의 변화는 세계 역사에서 유례없이 신속하고 광범하게 대한민국에서 일어났다고 해도 과언이 아니다. 이것은 엄청난 시민적 자신감, 긍지, 역량의 증진을 뜻하는 것이다.

이에 더하여 정보화는 오늘날 우리의 삶을 근본적으로 탈바꿈하는 구조변동을 가져오고 있다. 이를 이끈 국민적 에너지는 일찍이 김대중 전 대통령이 갈파했듯이, '산업화에는 뒤졌지만 정보화에는 앞서가자!'는 열망이다. 그는 2001년 2월 9일, 초고속 정보통신망 기반 완성 기념 연설에서 박정희 대통령이 이끌었던 "경부고속도로의 개통이 1970년대 산업화의 시발점이었듯이, 오늘 정보고속도로의 완공은 21세기 지식정보강국을 향한 역사적 출발점"이라고 선언했다.

이로부터 우리가 지식정보 강국으로 성장한 과정은 실로 경이롭고 인상적이다. 한 보기로, 19세기 후반, 일본은 서구열강의 개방 요구에 적응하여 서구 문물을 수용하고 부국강병의 길을 열어 아시아의 패권을 장악한 반면, 우리나라는 쇄국 정책과 국정 파탄으로 결국 일본 식민지로 전락한 뼈아픈 경험이 있다. 그러나 21세기 정보화 시대를 보면, 19세기 후반과는 판이하게 다르다. 우리가 일본보다 훨씬 더 능동적으로 정보화 구조변동을 수용하고 추진하여 탈바꿈 효과를 선취하는 추세가 뚜렷하다. 한국의 시민사회는 일본은 말할 것도 없고 세계 어디보다 더 역동적이고 진취적이며 생기가 넘친다. 디지털 정보로 무장한 자유로운 젊은 세대가 밑으로부터 사회변동을 이끈다.

BTS의 성공은 우리가 산업화, 민주화, 개인화를 거쳐 디지털 소통 혁명의 선두 주자로 올라서면서 누적적으로 성장한 국민적 자신감을 표현한다. 이 점을 예시하기 위해 2006년 필자가 행한 전국 국민의식 조사 자료를 소개하겠다. 그 당시 겨울연가나 대장금 같은 드라마, H.O.T나 비 같은 가수, 엽기적 그녀, 쉬리 같은 영화가 해외에서 인기를 끌었다. 이런 상황에서 한류에 대한 국민 반응을 측정해 보았다. "한국 대중음악을 이끌어가는 젊은 세대들이 자랑스럽다"는 견해에 79.5%가 동의했고 "한국 가수들의 노래 실력은 세계적인 수준이다"는 견해에 71.4%가 동의했다. "세계문화를 이끌어갈 경쟁력이 우리나라에 있다"는 견해에는 81.7%가 동의했다. "동양문화에는 서양문화에 없는 독특한 잠재력이 있다"는 견해에는 무려 91.8%가 동의했다. 다른 한편, 한류의 발전에 영향을 미치는 요인들에 대한 평가는 표 1과 같다.

표 1_ 한류발전에 영향을 미치는 요인들

| 1 | 매우 큰 영향을 미쳤다 | 대체로 영향을 미친 편이다 | 별로 영향을 미치지 못한 편이다 | 전혀 영향을 미치지 못했다 |
|---|---|---|---|---|
| 개인의 자유가 존중되는 사회로의 변화 | 19.3 | 68.2 | 12.1 | 0.5 |
| 남의 눈치를 보지 않고 자신을 주장하는 세대의 등장 | 25.7 | 57.5 | 15.8 | 1.1 |
| 신속한 정보 교류를 가능하게 하는 정보 기술의 발달 | 40.3 | 53.0 | 6.5 | 0.2 |
| 외국문화를 빠르게 소화하는 한국인의 능력 | 26.6 | 59.8 | 12.7 | 0.8 |

이상의 논의를 정리해 보자면, 한류 성공은 인간의 자유가 존중되는 사회로의 변화에 따른 자유분방한 젊은 세대의 등장, 정보기술, 디지털 역량의 비약적 성장, 서구문화와 동양의 내면을 결합시킨 창조적 예능 활동, 전통과 현대의 조화, 즉 중국보다 더 유교적이면서도 현대의 자유주의와 개인화의 흐름을 역동적으로 묶어내는 문화적 창조 능력 등에 기인한 것이다.

## 사회학적 관점에서 본 BTS의 성공 비결

BTS 성공을 말할 때, 사람들은 흔히 기업의 경영실적에 주목한다. 경영전략, 성과, 수익, 또는 세계 대중음악 장르에서 차지하는 위치 등에서 성공의 지표를 찾는다. 그러나 사회학적 관점에서 보자면, BTS 성공은 결국 7명의 멤버들이 중심이 되어 펼치는 세계적 공연무대가 흥행을 거듭하고, 적극적인 팬, 특히 아미(ARMY)라고 불리는 열성적인 팬덤 집단이 세계적 규모의 자발적 연대와 활동으로 BTS의 가치를 세계 곳곳에 확산시키고 있기 때문에 가능한 것이다. 참고로 2022년 현재 아미의 규모는 멕시코에 10여만 명으로 가장 많고, 페루에 4만여 명, 인도네시아에 3만8천여 명, 미국에 2만7천여 명의 순으로 전 세계에 퍼져 있다. 이것은 곧 공급자의 의도에 못지않게 수용자의 반응이 중요하다는 것을 뜻한다. 그렇다면 아미를 포함하여 세계 곳곳의 수많은 팬들이 BTS에 왜 그토록 열광하는가?

BTS(방탄소년단)의 '방탄'이란 뜻은 젊은 세대가 음악의 가치를 보호하기 위해 사회적 편견과 억압에 맞서 싸운다는 입장을 가리킨다. 이것은 BTS를 만들고 성장시킨 방시혁의 철학과도 같은 것이다. 그는

2019년 2월 26일 서울대 졸업식의 축사를 통해 자신을 분노의 화신으로 소개했다. "적당히 일하는 무사안일에 분노했고 최고의 콘텐츠를 만들어야 한다는 소명으로 타협 없이 하루하루가 마지막인 것처럼 달려왔다"고 회고하면서 "음악 산업이 안고 있는 악습들, 불공정한 거래 관행, 사회적 저평가" 등을 언급하며 "우리의 피, 땀, 눈물의 결실인 콘텐츠는 부당하게 유통돼 부도덕한 사람들의 주머니를 채우는 수단이 되고 있다"는 분노를 표출했다. BTS는 단순한 소비문화가 아니라 불공정, 악습에 저항하고 공평과 정의를 지향하며 각자도생의 위험사회에서 힘들어하는 젊은이들에게 희망과 위안, 삶의 의욕을 심어주는 예술 활동이라는 것이다.

이를 위해 BTS는 위버스(Weverse)라는 독자적인 플랫폼을 만들어 팬들과 적극적으로 소통했다. 남미, 남아프리카, 미국 흑인문화의 비트(Beat), 리듬, 소리, 가사 등을 전자 악기로 떼 내 재구성하여 세계 도처에서 정서적 공감을 가져오는 참신한 스타일, 장르를 개척했다. 또한 BTS 멤버들을 각자 자신의 체험을 가사의 스토리로 전환하여 방황하는 젊은이들에게 자기긍정, 자기혁신의 메시지를 전달하고 핵심적인 사회적 쟁점을 시각적 미학으로 표현하고자 노력했다. 한 보기로, 박지민의 개인 앨범 "Serendipity"(뜻밖의 발견)은 푸른 곰팡이와 삼색 고양이에 관한 스토리를 절묘하게 엮어 사랑의 메시지로 승화한 대표적인 작품이다.

BTS와 아미의 정치적 사회적 발언도 흥미로운 부분이다. 2020년 5월 25일, 미국 미네소타 미네아폴리스 경찰서에 구금 중이던 46세의 아프리카 계통 미국 남성 조지 플로드(George Floyd)가 폭력으로 살해된 사건이 터졌다. 《뉴욕타임스》에 의하면 2020년 여름 미국 140

개 도시에서 항의 시위가 있었고 21개 주에서는 치안유지를 위해 군대가 동원되었다. 이런 상황에서 BTS가 랩이나 힙합(Hip Hop) 같은 미국 아프리카계 흑인음악에서 많은 영감을 얻었음에 착안하여 미국의 흑인 아미 집단이 위의 인권유린 사태에 대한 입장을 표명해줄 것을 요청했다. 이에 BTS는 6월 4일 트위터를 통해 "우리는 인종 차별에 반대합니다. 우리는 폭력에 반대합니다. 나, 당신, 우리 모두는 존중받을 권리가 있습니다. 함께 하겠습니다."는 입장을 천명했다. 아울러 흑인 인권운동 지원에 100만 달러를 기부했는데, 아미는 200만 달러를 모금하여 기부했다. 사뭇 감동적인 스토리가 아닐 수 없다.

## 맺는 글

이렇게 볼 때, BTS의 세계화는 김구 선생이 꿈꾸었던 광복 또는 문화국가의 한 귀중한 사례가 아닌가 생각된다. BTS는 단순한 노래, 춤, 연기가 아니다. 시대정신, 가치, 메시지를 창출한다. 위험시대에 대한 적극적 대응으로써 불안한 개인들에게 위로, 배려, 용기, 희망을 주는 독특한 가사, 리듬, 율동을 제공하며 힘들어 하는 개인들의 상처를 치유한다. 차별, 불의, 폭력에 저항하고 서로가 버팀목이 되어 공동체를 구성하고 연대를 이룬다. 이런 의미가 있기 때문에 김진현 원로는 BTS를 희망의 거점으로 제시했을 것이다.

결론적으로 중요한 점은 BTS 현상은 보다 광범한 시민사회의 역동성과 문화발전의 창의성을 보여주는 하나의 보기라는 것이다. 2025년 시민사회는 계속 꿈틀거릴 것이다. 정당을 우리 손으로 바꾸자는 열망으로 전례 없이 많은 시민들이 정당에 가입하는 현상도 흥미로운 추세다. 다만 이런 흐름을 정당의 생명인 자유로운 공론장으로 흡수하여 증오와 배척 대신 공존과 협력으로 이끄는 정치적 리더십이 극도로 취약한 것이 한국 정치의 커다란 약점이고, 때문에 많은 시민들이 미래를 불안하게 보고 있다. 그러나 우리사회에는 민주주의의 퇴행을 막는 회복력이 살아 있는 것도 사실이다. 이런 희망의 눈으로 2025년을 내다보자.

참고문헌

김구(2011). 『내가 원하는 우리나라』. 지성문화사.
김진현(2024). 『대한민국 100년 통사 (1948~2048)』. 대한민국역사박물관.

# 3. 경제

## 미 대선과 한중 역(逆)커플링, 2025년 한국 경제

**표학길** 서울대 경제학부 명예교수

미국의 경기 침체 징후가 2024년 하반기에 나타나고 있다.
미대선의 결과, 해리스가 당선되면 기존의 한미관계의
틀이 지속할 것으로 보이나, 트럼프가 당선되면 안보적으로,
경제적으로 지금보다 어려운 난관에 봉착할 수 있다.
대중 무역은 '역커플링'의 시대가 도래하고 있어,
한국 기업들은 이에 대비해야 한다.
2025년 한국 경제는 인기 영합주의에서 탈피한
선진 자본주의 체제를 공고히 하는 정치 경제의
국민적 역량에 달려있다.

서울대학교 경제학부 명예교수, 서울대학교 아시아센터 초청교수, 전 국제통화기금(IMF), 도쿄대학교 경제학부 초청교수. 한국계량경제학회장, 한국국제경제학회장. 『국제무역론』, "Chapter 23 Productivity and Economic Development" in Oxford Handbook of Productivity Analysis. 서울대학교 학사, 미국 클라크대학교 박사.

# 11월 미대선을 앞둔 2024년 하반기의 경기 동향

2024년 11월 미대선을 3개월 앞둔 8월 1일 미국 시장에서 예상을 깨고 경기침체 징후가 나타났다. 다우존스지수가 1.21%, S&P 500 지수가 1.37%, 나스닥 종합 지수가 2.30%씩 하락했다. 미국 연방준비제도이사회가 2024년 9월에 금리 인하 속도를 '빅 스텝(기준금리를 0.5% 포인트 인하)'을 밟을 수 있다는 전망이 나오면서 '금리 인하는 경기 둔화 또는 침체'라는 공식이 글로벌 자본시장에 이러한 우려를 확대시키고 있는 것으로 해석할 수 있다.

미국 공급관리협회(ISM)가 집계한 제조업 구매자관리지수(PMI)는 기준금리 인상이 본격화한 2022년 11월 이후 줄곧 50 이하를 밑돌았다. 통상 제조업 PMI가 42.5 밑까지 떨어지면 제조업은 물론 전체 경제까지 수축하는 것으로 본다. PMI가 중요한 것은 단순 경기 전망을 바라보는 측면을 넘어서 증시에 미치는 영향도 적지 않기 때문이다. 이 주가 폭락은 7월 제조업 PMI가 46.8로 예상보다 낮게 나왔기 때문이었다. 실제 2024년 8월 3일 발표된 제조업 PMI 중 하위항목인 고용 PMI는 7월에 43.4를 기록하면서 코로나19가 본격 확산하기 시작했던 2020년 6월(42) 이후 가장 낮은 수치를 기록했다. 8월 제조업 PMI도 전망이 밝지만은 않다. 지난주에 이미 예비치가 발표됐는데 시장 예상치인 49.5와 7월 최종치인 49.6보다도 낮은 48.0이었다. 8월 2일 발표된 중국 국가통계국의 제조업 PMI도 3개월째 50을 하회하며 경기 수축 국면을 벗어나지 못하고 있다.

8월 1일 미국증시의 폭락에 이어 8월 2일 아시아 증시는 '검은 금요일'을 맞이하였다. 한국 증시의 코스피는 4년 만에 최대 낙폭(코스피는 전 거래일보다 101.49 포인트 하락한 2676.19로)으로 마감했다. 일본 닛케이 지수는 5.81%, 대만 자취안 지수는 4.43% 급락했다. 한국 증시가 상대적으로 더 큰 폭으로 하락한 것은 한국 증시에 연기금과 같은 대형자본이 부족한 상태에서 개인 투자자들이 공포에 사로잡혀 주식을 매도하는 '패닉 셀(Panic Sell)' 현상이 더 자주 발생한다고 판단된다.

일본은 10년 넘게 장기적으로 기업지배구조 개선 노력을 이어온 결과 자본 시장 선진화는 물론 가계 소득 확대도 이뤄냈다는 평가를 받고 있다. 한국에서도 김병환 금융위원장은 '기업 밸류업 상장기업 간담회'에서 기업 밸류업 프로그램의 확산·내실화를 통한 상장 기업과 증시의 경쟁력 제고가 중요하다고 밝혔다. 물론 이번에 있었던 아시아 증시 등의 '검은 금요일' 파동은 다음 날(8월 5일~6일) 거의 다 회복되는 수준으로의 변동이 이루어졌으나 11월 3일 미대선을 앞둔 증시의 변동성은 크게 증폭되고 있는 것이 사실이다.

## 2024년 11월 미대선 결과

조 바이든 미국 대통령의 후보 사퇴로 경쟁이 재편된 가운데 아직 승패를 알기 어려운 시점이지만 《뉴욕타임즈》와 시에나칼리지가 최근 2024년 8월 5일부터 9일까지 실시한 지지율 조사에서 해리스 부통령은 50%를 받았고 트럼프 전 대통령은 46%를 받았다. 그는 바이든 대통령 임기 중에 하락하기 시작한 민주당 연합의 핵심 부분, 특히 흑인과 젊은 유권자들에게 더 나은 성과를 보이고 있다. 또한 바이든 대통령의 가장 열렬한 지지자 중 일부였던 고령 유권자들에게도 지지를 받고 있는 것으로 보인다.

《파이낸셜 타임즈(FT)》와 미시간 대학교 로스경영대학원이 지난 8월 1~5일 실시한 여론 조사에서 누가 더 경제를 잘 다룰 것으로 믿느냐에 대한 질문에서 해리스 부통령이 42%, 트럼프 전 대통령이 41%이 지지를 받았다. 매달 실시 중인 이 조사에서 민주당 후보가 경제 분야 신뢰도에서 근소한 차이지만, 공화당 후보를 앞선 것은 이번이 처음이라고 했다.

최근 미국 민주당 전당대회에 맞추어 5%의 독립적인 후보 인기도를 유지하던 케네디 후보가 트럼프 진영에 합류함으로써 해리스·트럼프 대결은 더욱 박빙의 경쟁 양상으로 치닫고 있다. 중동에서의 이란·이스라엘 전쟁, 더 격화되고 있는 러시아·우크라이나 전쟁 등 국제 안보 환경이 더욱 악화될 수 있는 시점에서 미국 대선의 결과를 예측하기는 어려운 것이 사실이다.

## 미국 대선 결과의 한국 경제 영향

미국 연방준비제도이사회는 2024년 9월에 들어서면서 미국경제의 인플레 압력이 줄어들고 실업률이 상승함에 따라 금리 인하를 단행할 것으로 시사하고 있다. 대선 전에도 트럼프 전 대통령은 공공연히 금리 인하 압력을 행사하고 있으나 해리스 부통령은 절대로 연준의 정책 결정에 개입하지 않겠다는 점을 천명하고 있다. 따라서 2024년 11월 대선 이후의 경제 전망은 미국의 점진적 금리 하향 기조에 맞춰 한국 경제도 경기 회복 과정을 밟아 나갈 것으로 전망된다. 한국은행 금융 통화위원회도 절제된 금리 하향 기조를 유지해 나가며 급격한 금리·

환율의 변동을 피해 나갈 것이다.

해리스가 대통령에 당선된다면 트럼프 전 대통령식의 대중 무역의 축소라든가 급격한 대외 경제정책의 변화를 미연에 방지해 나가는 쪽으로 전개될 공산이 크다고 보겠다. 그는 바이든 행정부가 유지해왔던 동맹 관계의 강화와 안정적 대외 무역 기조를 유지해 나갈 공산이 크고 따라서 한국 정부의 대응 방안도 연속성을 갖고 안정적으로 유지 관리될 것으로 예상된다.

반대로 트럼프가 대통령에 당선된다면 그의 대외 정책 기조는 동맹 중심에서 신고립주의로 전환될 것이며, 경제정책도 중국이나 러시아와의 긴장 관계를 확대 재생산시킬 가능성이 높다. NATO를 비롯한 아시아 동맹국들에 대한 방위비 분담을 각국의 GDP 3%까지 높이겠다는 대선공약을 무기로 각국에 방위비 분담 재협상 압력을 행사할 가능성이 높다. 북한 김정은과의 유대관계를 과시하기 위해 무리한 핵 협상을 시도할 가능성도 있다. 한국 정부는 안보상으로나 경제적 측면에서 지금보다 훨씬 어려운 난관에 봉착할 수 있다.

## 한·중 '역커플링 시대' 대비

한국 경제는 중국이라는 세계 최대의 교역국, 제조업 국가와의 무역과 투자가 급증해온 덕에 많은 경제적 혜택을 향유해 올 수 있었다. 이제 미국의 대선 결과는 세계 경제를 양두체제에서 다두체제로 이행시켜 나가게 될 것이다. 가령 한해 약 1000억 달러에 불과했던 중국-러시아 교역이 2023년에는 2500억 달러 수준으로 급증하였다. 이제 지정학적 위기는 국가 간 교역에서 상수(常數)가 되고 있다. 미국과 중국 간의 패권 경쟁으로 인해 글로벌 공급망도 '분업의 시대'에서 '분절의 시대'로 재편되면서 한중 협력을 방해하고 있다.

한국이 중국과 성장 과실을 함께 누릴 수 있었던 것은 중간재(부품·완제품) 교역 덕택이었다. 한국이 '세계의 공장' 중국에 부품과 완제품을 공급하면서 양국 간에는 중간재를 매개로 한 커플링(coupling) 구조가 형성되었다. 그러나 중국의 산업 기술이 빠르게 발전하면서 일부 첨단 분야 중국 기술은 우리를 능가하고 있다. 많은 국내 기업들이 탈중국 대열에 가담하고 있고 이제는 중국이 중간재도 잘 만들고 있어 한국 기업들이 중국의 부품을 수입해 가공해야 할 지경에 이르고 있다.

한국무역협회의 한국의 대중국 수출 통계를 보면 전품목을 대상으로 할 때 2010년에는 25.1%의 비중을 차지하였으나 2023년에는 19.7%로 하락하였다. 중간재를 대상으로 할 때 2010년에는 32.1%를 차지하던 대중국 수출 비중이 2023년에는 26.6%로 하락하였다. 한국과 중국은 스마트폰·자동차·조선·철강 등 대부분 산업에서 치열한 경쟁을 벌이고 있으며, 경쟁의 양상은 업종별로 시시각각으로 변해가고 있다. 소위 '역(逆)커플링'의 시대가 도래하고 있으며 한국 기업들은 이에 대비해 나가야 한다. 한국의 기업들이 보다 고도의 과학기술로 무장했을 때 중국은 한국 기업들을 상대로 '커플링'이든 '디커플링'이든 협력을 구해올 것이다.


## 2025년 '최저임금 1만 원 시대' 진입

2025년에 적용할 최저임금이 올해보다 1.7% 인상된 1만30원으로 결정되면서 한국은 '최저임금 1만 원 시대'에 진입하게 되었다. 지난

8월 5일 경제협력개발기구(OECD)의 '빈곤 탈출에 필요한 노동시간' 자료에 의하면 지난해 기준 한국에서 자녀 2명을 두고 부부 중 1명만 최저임금 소득 활동할 경우 '상대적 빈곤선'을 넘기 위해선 필요한 노동시간은 주당 49시간이었다고 한다. '상대적 빈곤선'이란 전체 인구의 중위 소득의 50%에 해당하는 소득으로 정의한다. '주당 49시간'은 OECD 평균인 54시간보다 5시간 적다. 즉 OECD 평균보다 적게 일해도 빈곤선을 탈출할 수 있다는 의미이다.

이를 한국처럼 중앙정부가 정한 최저임금이 단일 적용되는 국가들과 단순 비교하면 스페인(55시간), 폴란드(51시간)보다 적고, 프랑스(41시간), 뉴질랜드(47시간)보다 많았다. 경제인총연합회에 따르면 지난해 숙박·음식점업의 최저임금 미만율은 37.3%로, 최저임금의 상승으로 영세 자영업자들의 어려운 경제 상황은 더욱 악화되고 있다.

## 인기영합주의의 기로에 선 한국경제

2025년은 윤석열 정부의 마지막 남은 임기(2년)가 시작되는 해이다. 또한 2025년에는 2027년 대선을 위한 각 당의 준비 체제가 시동이 되는 해이기도 하다. 결국 민주당에서는 '기본소득제'라는 또 다른 형태의 '인기 영합 정책'을 경제 정책 기조로 내세울 가능성이 높다. 문재인 정부의 '소득주도성장 정책'이 소득이 창출되는 정책에 집착한 반면 '기본소득제'는 한 걸음 더 나아가 어떻게 소득이 창출되었든지 그 결과의 배분을 기본소득부터 시작하자는 훨씬 강경한 인기 영합 정책인 것이다.

한중 '역커플링 시대'에, 한국과 중국이 경합을 벌이고 있는 자동차, 핸드폰, 조선, 철강, 반도체 등의 산업에서 최저임금 수준과 같은 산업경쟁력 결정 요인이 경쟁력을 크게 좌우하게 될 것임을 의미한다. 특히 기술 발전 속도가 급속히 이루어지고 있는 반도체, 자동차 산업 등에서는 국제 안보 환경의 양상에 따라 산업 내에서의 '커플링'이나 '디커플링'이 한순간에 이루어질 수 있기 때문에 양국 체제를 벗어나 다자 체제의 국제무역환경에 대비해 나가야 할 것이다.

이러한 관점에서 볼 때 2025년~2027년 한국경제의 과제는 어떻게 다극 체제로 전환 중인 세계 경제의 동향에 순응하면서 인기 영합주의의 계속된 유혹과 압력에서 벗어나 선진 자본주의의 국민적 합의를 정착시킬 수 있을 것인가에 달려있다. 최선의 경제정책은 인기 영합주의에서 탈피한 정상적 선진 자본주의 체제를 공고화하는 정치경제의 국민적 역량에 달려있다.

# 4. 정치

## 중용의 덕, 정치 회복의 길

**양명수** 이화여대 기독교학과 명예교수

전 세계적으로 극우세력이 정권을 잡거나 약진하는
일이 벌어지고 있다. 그들은 군중의 증오심을 키워
세를 불림으로써, 다양성의 통합보다는 배제와 대결의
정치를 펼친다. 그 결과 정치가 실종되고 대화와 타협이
멀어지며 민주주의가 위기에 처하고 전쟁의 위험이
커지고 있다. 2024년 현재의 한국 사회에서도
복수의 정치가 펼쳐지고 있는데, 중용의 덕으로
복수의 악순환을 끝내고 배려와 대화의 선순환으로
들어가기를 기대한다.

이화여자대학교 기독교학과 명예교수, 이화학술상 수상. 미국 기독교윤리학회(SCE)의
Global Scholar 선정, 교토 대학·제네바 대학·로잔느 대학 등에서 동서양 사상 강연.『아
무도 내게 명령할 수 없다. 마르틴 루터의 정치사상과 근대』『퇴계사상의 신학적 이해』『성
명에서 생명으로: 서구의 기독교적 인문주의와 동아시아의 자연주의적 인문주의』 서울대
학교 법과대학 학사, 감리교신학대학교 대학원 석사, 프랑스 스트라스부르대학교 신학박사.

전 세계적으로 극우 정당이 득세하는 현상이 벌어지고 있다. 유럽에서는 이탈리아, 헝가리, 폴란드에서 극우세력이 집권하여 유럽연합의 이념과 마찰을 빚는 경우가 많아지고 있다. 유럽 각국의 분위기를 반영하듯, 2024년 6월에 치러진 유럽연합(EU)의 의회 선거에서도 극우세력이 약진했다. 독일과 프랑스에서 극우 정당이 크게 성장하고 있으며, 영국에서는 2024년 8월에 무슬림과 이민자들에 반대하는 폭력적 시위가 전국으로 확산되었다.

중국과 러시아 그리고 인도의 현 정권 역시 민족적 정체성이 강화된 강한 나라(strong nation state)를 주장하는 점에서 국제정치의 지형에서 극우적 성격을 띠고 있다. 또한 미국 우선주의(America First)를 내세우며, 범지구적 협력을 위한 각종 국제조약을 파기하는 미국의 트럼프 역시 극우의 성향을 가졌다고 볼 수 있다.

극우세력은 배타성이 강하고, 다양성의 통합보다는 배제와 차별을 통해 세력을 규합하는 경향을 지닌다. 그들은 인류 보편의 가치보다는 배타적 애국주의나 국가주의 같은 혈통적 이데올로기를 내세워 인간의 본능을 자극한다. 극우세력이 인종차별을 서슴지 않는 까닭도 인간의 본능으로부터 강렬한 지지를 이끌어낼 수 있기 때문이다.

극우세력의 의식 속에는 협력과 화합보다는 대결과 배제가 자리 잡고 있다. 그들은 상호협력을 통해 공존과 번영을 꾀하기보다는 힘의 우위를 통해 타자를 지배함으로써 생존하고 번영하는 방식에 매진한다. 그 점에서 극우세력은 생물학적 자연사(自然史)에 충실한 집단이라고 할 수 있다. 힘이 지배하는 국제질서 속에서, 극우는 많은 지지사를 확보할 수 있다. 그러나 자연사에 충실한 만큼 야만의 문을 두드리는 것이 극우세력이다. 전 세계적으로 극우세력이 커가는 것은 지구촌이 피를 부르는 힘 대결의 시대로 접어들었음을 의미한다.

한국은 상황이 좀 복잡하지만 대결의 정치를 벗어나지 못하는 점에서, 극우의 약진이 불러온 세계적인 위기 상황과 닮은 점이 많다.

## 극우세력과 정치의 실종

인간의 생존방식 또는 자기보존 방식은 경쟁과 협력이다. 남과의 경쟁에서 이겨야 살아남지만, 동시에 남과 도움을 주고받음으로써만 인간은 살아남을 수 있다. 인간이 처한 가장 기본적인 역설(paradox)은 타자는 경쟁의 대상이면서 동시에 협력의 상대(파트너)라는 점이다. 경쟁과 협력의 생존방식은 개인뿐 아니라 국가에게도 해당된다. 특히 20세기 들어 두 차례의 세계대전을 겪은 인류는 모두를 파멸로 이끌 전쟁을 막기 위해 전 세계 국가들로 구성된 연합체의 필요성을 느끼고, 국제연합을 만들어 대화와 협력의 장을 마련했다. 그리고, 20세기 중반 이후로는 환경 위기를 해결하기 위해 지구촌 전체의 협력이 불가피해졌으며, 다양한 국제기구를 통해 범지구적 협력을 이끌어내려고 노력하고 있다.

그 결과 현대 국가는 다른 국가와 생존경쟁을 벌이면서 동시에 국제 사회의 구성원으로 다른 나라들과 협력을 통해 생존과 번영을 추구한다. 남을 이기고 정복해서 생존하기보다도 협력을 통한 생존방식이 크게 중요해진 것이 이 시대의 특징이다. 상호협력의 지도 원리는 유엔총회에서 채택한 "세계 인권 선언"이 말해주듯, 자유와 평등의 이념에 기초를 둔 인권사상이다. 개인의 인권을 존중하고 그 영역을 확대하는 문제는 국제적 협력뿐 아니라 국내 정치의 지도 원리이기도 하다.

그러므로 현대국가는 힘의 우위를 통한 자기보존의 본능과 인류를 위한 보편가치의 실현이라는 서로 다른 두 종류의 힘에 의해 움직여진다. 전자는 안으로 뭉치고자 하는 본능적 구심력이라면, 후자는 세계평화와 인권의 실현을 위한 이념적 당위에 의해 작동하는 원심력이라고 할 수 있다. 전자는 국민에 대한 의무로서 자연사에 해당된다면, 후자는 인류에 대한 의무로서 정신사(精神史)에 해당한다. 인류는 생존경쟁의 자연사 속에서도 협력을 통한 상호공존의 능력을 키워왔고, 약자와 소수자를 보호하기 위한 제도를 발전시켜 왔다. 문명이란 약육강식의 자연사 속에서 지극히 작은 자 하나를 존중하는 정신사의 발전과정이라고 할 수 있다.

그런데, 자연사와 정신사는 갈등을 일으키는 경우가 많고, 서로 반대 방향으로 보이는 원심력과 구심력을 적절히 조화시키는 일은 쉽지 않다. 극우세력이 내세우는 애국주의와 국가주의는 원심력이 너무 강하게 작동한다고 느낄 때에 구심력을 강화하는 반작용이라고 볼 수 있다. 역사와 문화를 공유하는 한 공동체의 정체성이 위협받을 때에, 자연사의 유전자 적합성에 따라 행동하는 것은 본능적이고 자연스러운 일일 수 있다.

유럽에서 극우 정당이 득세하는 데에는 난민 문제가 큰 역할을 하는데, 다른 국가의 난민들을 받아들여 시민권을 부여하는 일은 인권이라는 보편가치를 실현하는 일이다. 그러나 난민을 포용하여 인류에 대한 의무를 이행하는 일에는 많은 비용이 들고 이질적 문화를 수용해야 하는 부담도 있게 마련이다. 한편, 탄소배출과 오염물질을 줄여 환경을 보호하기 위해 국내 산업에 각종 규제를 가하는 것은 인류의 보존이라는 보편가치에 이바지하는 것이다. 그러나 그런 노력에는 비용이 발생하고 국내의 경제 성장에 악영향을 미칠 수 있다. 극우 세력은 자국의 이익을 위해 환경보호를 위한 국제조약을 무시하기도 한다.

삶의 상당한 부분은 강한 자만 살아남을 수 있는 생존경쟁 속에서 이루어진다는 점에서, 인류는 여전히 생물학적인 자연사 속에 살고 있음을 부인할 수 없다. 극우 세력은 자연사의 생존 원리에 충실하고자 한다. 그러나 그들은 약육강식의 자연사에만 집착하여 힘 숭배에 빠져 있다. 그들의 애국심은 타자를 압도적으로 종속시킴으로써 얻어지는 제국주의 질서에 대한 갈망이며, 그것은 곧 절대 폭력에 대한 숭배이다. 그들은 대화와 타협이 아닌 힘의 대결을 생각하기 때문에, 갈등을 증폭시키고 협치를 불가능하게 만들어 정치의 실종을 초래한다.

독일의 총리 올라프 숄츠가 극우 정당인 독일 대안당(AfD)을 연정의 파트너로 삼을 수 없다고 선포한 것은 그 점을 잘 보여준다. 독일의 내각은 대체로 연합정권의 형식으로 구성되는데, 좌파가 제1당이 되어 연정을 주도하더라도 우파의 좋은 정책을 계승하고, 우파가 연정을 주도할 때에도 좌파의 좋은 정책은 그대로 계승하면서 정쟁을 넘어 국가를 위한 협치의 전통을 유지하고 있다. 우파인 기민당(CDU)의 헬무트 콜 수상이 좌파 정당인 사민당(SPD)의 빌리 브란트가 주도했던 동방정책을 계승해서 독일의 통일을 완성한 일이나, 역시 우파인 기민당의 메르켈 총리가 좌파 정당들의 환경정책과 경제정책을 채용하여 오랜 기간 국민의 지지를 이끌어낸 일은 유명하다. 현재의 총리인 숄츠는 사민당 출신으로서 메르켈 정부에서 재무장관을 지냈고, 지금은 독일의 최고 국정 책임자로서 전임자 메르켈의 정책을 많이 계승하고 있다.

그처럼 연정에 익숙한 독일에서도 극우 정당과는 결코 연정을 펼칠 수 없다는 선언이 정당성을 얻고 있다. 극우 정당을 지지하는 국민의 의사를 그대로 국정에 반영할 수 없다는 얘기인데, 그것은 보편적 인권을 무시하고 다양성을 배제하는 극우세력이 공동체를 분열시키고 민주주의를 위협한다는 판단 때문이다.

프랑스에서는 유럽의회 선거에서 극우세력이 크게 이긴 후, 좌파와 우파 및 마크롱 대통령의 중도파가 연합 전선을 펼쳐 프랑스 의회 선거에서 국민연합을 제3당으로 밀어낼 수 있었다. 지난 6월에 프랑스 파리에서 극우 정당에 반대하는 대규모 시위가 벌어질 때에 평범한 한 중년 남성이 이렇게 말하는 것을 들었다. "이민자와 난민들도 우리와 똑같이 잘 살 권리를 갖고 있습니다." 난민의 유입 때문에 당장 겪고 있는 어려움에도 불구하고 그들을 옹호하는 이러한 발언은 결국 자유, 평등, 개인의 존엄성이라는 보편가치의 실현을 통한 다양성의 조화가 국가공동체의 생존과 번영의 길임을 알려준다.

개인에게나 국가에게나 경제력이나 국방력 같은 물리력의 우위가 생존조건을 이루는 면이 있다. 그러나 현대를 살아가는 인류에게 보편가치의 실현을 위한 상호협력은 새로운 생존조건이 되었다. 변화된 생존조건은 문명의 진보를 향해 열려 있다.

## 정치에 필요한 영성, 중용의 덕

극우세력의 가장 큰 문제는 그들이 군중의 증오심과 복수심을 이용하고 있다는 점이다. 그들이 협치가 불가능한 대결의 정치를 펼치는 까닭은 증오심을 정치 에너지로 사용하기 때문이다. 증오심과 복수심은 인간 공동체를 파괴하는 핵심 요인으로서 국내 질서와 국제 질서를 야만의 시대로 돌린다. 대화와 타협의 정치와 외교는 사라진다. 정치의 실종은 국내적으로는 민주주의의 위기를 가져오고, 대외적으로는 호전적인 언사와 무력 전쟁의 위협으로 나타난다.

증오는 증오를 낳고, 복수는 복수를 낳아 파멸에 이른다. 증오의 정치를 펼친 나치의 등장은 베르사이유 조약에 원인이 있다는 분석이 많다. 1차 세계대전에서 큰 피해를 입은 프랑스가 독일에게 과도한 전쟁배상금과 모욕적인 주둔 정책을 강요했다. 프랑스의 복수가 독일 국민들에게 모욕감과 증오심을 불러일으켰고, 나치는 독일인들의 좌절감을 국가적 에너지로 만들었다. 국민의 단결된 증오심을 이용해서 나치는 유대인 대학살과 세계대전이라는 가공할 범죄를 저지른 것이다. 유대인 대학살도 믿기 어렵지만, 나치의 소련 침공 이후 전쟁이 끝날 때까지 불과 2~3년 사이에 죽은 소련 사람이 2천만 명이라면 믿을 수 있겠는가?

인류 역사상 가장 큰 비극인 2차 세계대전은 복수가 더 큰 복수를 낳는 복수의 악순환 속에서 발생한 것이다. 오늘날 팔레스타인의 분쟁을 비롯해서 모든 분쟁의 역사는 복수심을 접지 못하는 인간의 한계를 보여준다. 인간에게 복수는 종종 정의로 여겨진다. 당한 만큼 상대에게 갚아주는 것은 응보적 정의라는 생각 때문이다. 증오의 악순환을 멈추고 상호 배려의 선순환으로 들어가는 길은 거의 불가능할 정도로 매우 험난하다. 극우세력은 평화공존을 정의에 어긋난다고 여긴다.

몇 차례의 중동전쟁을 통해 큰 피해를 입고 이스라엘 군에게 시나이 반도까지 빼앗긴 이집트의 사다트 대통령은 1977년에 이스라엘을 방문해서 홀로코스트 박물관을 둘러보았다. 거기서 수많은 유대인들의 비참한 죽음을 확인한 그는 거대한 증오심의 희생자인 유대인들과 평화롭게 지내기로 결심하고, 당시의 이스라엘 총리인 베긴과 평화협정을 맺는다. 얼마 지나지 않아 그는 이집트에서 자신의 군대를 사열하던 중에, 부대 행렬에 끼어 있던 극우세력인 이슬람 형제단 단원의 총격을 받고 즉석에서 사망했다. 반대로, 이스라엘 총리가 살해된 경우도 있다. 1993년에 팔레스타인 해방기구(PLO)의 지도자 아라파트와 오슬로 평화 협정을 맺었던 이스라엘의 라빈 총리는 이스라엘 극우청년에 의해 암살되었다. 그 후에 이스라엘은 극우인 네타냐후가 집권했고, 팔레스타인 역시 무장단체 하마스가 자살테러를 통해 오슬로 평화협정에 반대하는 의사를 표시했다.

평화를 막는 장애물은 참을 수 없는 복수심이요, 복수를 정의로 여기는 본능적 감정이다. 그러나 복수는 정의가 아니다. 인류가 오래전부터 정의를 매우 중요한 도덕적 덕목으로 여겨왔다면, 그것은 정의라는 덕목에는 뚜렷한 공동체적 목적이 들어 있기 때문이다. 정의란 악을 징계함으로써 공동체의 평화를 유지하고 결속력을 유지하기 위한 사회적 덕목이다. 그런 각도에서 보면 복수는 정의가 아니다. 복수에는 증오심이 수반되어 있고, 증오심은 상대에게 전염되어 또 다른 복수를 낳아 공동체의 안정을 해치기 때문이다.

국가 간의 복수에 대처하는 국제사회의 힘은 아직 미약하다. 그러나 적어도 국가 공동체 안에서 악을 징계하는 일이 복수가 되지 않게 하는 장치가 바로 사법제도이다. 국가 공권력이 제3자로 개입하여 증오심이라는 당사자들의 주관적 감정을 배제한 채 법에 따라 판결하고 처벌한다. 그 점에서 문명사회는 국가와 함께 출현했다고 말할 수 있을 정도이다. 그런데, 사람의 증오심은 쉽게 없어지지 않아서 국가 공권력과 법을 이용해서 복수하기도 한다.

　그리스의 비극 작가 아이스킬로스는 법적 판단을 넘어선 고도의 정치 행위만이 복수의 악순환을 끝내고 공동체를 보존할 수 있다고 보았다. 서구 정치철학의 효시인 플라톤보다 백 년 전에 활동한 그는 합리적 이성이 아닌 종교적 계시의 관점에서 정치의 본질을 보았다.

　그의 오레스테이아 3부작에는 잇단 복수극의 얘기가 나온다. 아버지 아가멤논이 자기 딸을 죽여 제물로 바치고, 아가멤논의 아내는 딸에 대한 복수로 남편 아가멤논을 살해한다. 한편 아가멤논의 아들 오레스테이아는 아버지를 죽인 어머니를 살해함으로써 피의 복수를 감행한다. 법정이 열리고, 검사 측인 복수의 여신들은 오레스테이아를 처형해야 한다고 주장한다. 법에 의한 심판이요 복수이다. 반면에 아폴론 신은 오레스테이아를 변호한다. 아테네 시민 12명으로 이루어진 배심원단의 의견은 6:6으로 갈라져 결론을 내리지 못한다. 마침내 도시국가 아테네를 관장하는 신 아테나가 나선다. "증오심 속에서 복수가 이어져 나라가 파멸에 이르면 안 된다. 서로 아끼고 기쁨을 같이 나누기 바란다. 인간 세상의 구원이 거기에 있다." 오레스테이아는 신의 은총에 의해 죽음을 면하고 시민권을 회복한다.

　아테나의 개입은 법적 판단을 넘어선 고도의 정치 행위의 개입을 의미한다. 어느 선에서는 피의 보복을 멈추어야 하고 상대를 품어야 한다. 그것을 용서라는 말로 표현한다면, 용서는 잘못을 덮어두는 게 아니라 잘못한 사람을 품는 것이다. 그런 식으로 상대를 살려두고 대결의 구도를 대화의 장으로 바꾸려는 노력, 그것이 정치의 회복이고, 정치의 회복이 지도자의 역할이다. 그러나 그런 지도력은 인간의 능력 바깥이다. 그런 뜻으로 아이스킬로스는 인간이 아닌 신 아테나를 해결사로 등장시킨 것이다.

다른 말로 하면 합리성(rationality)을 넘어선 영성(spirituality)이 문제를 해결한다는 말이다. 영성은 궁극적 선과 일치하는 마음으로서 초합리적인 것이지 비합리적인 것이 아니다. 대결과 복수를 일삼는 인간 세상에서 비난과 폭력의 악순환을 배려와 공존의 선순환으로 바꾸려면 영성이 필요하다. 정치인들에게도 영성이 필요하다. 우리에게 익숙한 용어인 중용이 바로 영성을 가리킨다고 보면 된다. 근대 이후에 정치는 지식이 많은 테크노크라시 곧 기술 관료들의 몫이 되었지만, 아리스토텔레스나 공맹(孔孟) 같은 고대 정치학자들은 정치인들에게 중용(中庸)이란 덕성을 요구했다. 중용은 양쪽의 중간이 아니라 초월이다. 중간은 사이비이다. 자기를 버리고 하늘의 도와 일치되어 세상과 인간에 대한 사랑을 잃지 않고 갈등의 해결책을 찾는 노력, 그것이 오래전부터 정치에 요구된 중용의 마음이다.


## 정치의 회복을 위하여

2024년 현재 한국은 대결의 정치 속에 빠져서 헤어 나오지 못하고 있는 것 같다. 정치의 임무란 원래 사회의 갈등을 조정해서 화합을 이끌어내는 데에 있는데, 정권 탈환에 몰두한 정치권이 오히려 사회의 갈등과 분열을 북돋우고 있다. 일제 강점기와 한국 전쟁의 상처 속에서도 경제 성장과 민주화를 이루면서 사회 각 분야에서 발전을 이루어 온 것이 한국의 근대사인데, 유독 정치는 퇴보의 모습을 보이고 있다. 서로를 적으로 여기는 정치 현실은 남북 분단에서 비롯된 측면도 크다. 체제가 다른 남북이 대립하고 있는 상황에서 오해를 받지 않으려면 선명성이 중요해지고, 대화와 타협의 여지는 그만큼 작아진다.

한국에 극우를 표방하는 정당은 없다. 그러나 극우적 시각을 가진 세력이 있다. 그들의 인생관은 기본적으로 남을 이겨 살아남는 자연사적 생존전략에 기초를 두고 있으며, 협력과 공존은 뒷전이다. 앞에서 보았듯이 극우세력은 사실상 힘 숭배에 빠져 있으며, 타자를 압도하여 종속시키는 신화적 절대 폭력의 숭배자라고 할 수 있다. 그 결과 극우세력은 민주적이기보다는 권위주의적이고 전체주의적 성격이 강하다. 보편적 가치 추구를 통한 평화공존은 그들에게 비현실적 환상에 불과하다. 다만 서구와 달리 한국의 극우세력은 애국주의나 민족주의 보다는 반공으로 대변되는 경직된 자유주의 이데올로기를 가장 큰 가치로 여기면서 남북 분단의 현실에서 생명력을 얻는다.

극우성향의 정치인들은 물론이고, 너나 할 것 없이 정치권 전체가 대결의 구도에서 좀처럼 헤어나지 못하고 있다. 주고받는 공방 속에서 책임자를 가리기 쉽지 않은 경우가 많고, 서로 상대가 먼저 도발했다고 믿는다. 대화와 타협을 모르고 일방적 비난과 복수의 악순환이 이어지는 한국 정치권의 현실은 정치의 실종이라고 할 만하다.

가장 크게 염려되는 것은 대결의 정치 때문에 한국 사회 내의 증오심이 커진다는 사실이다. 정당은 정권 창출을 위해서 군중의 증오심을 이용한다. 지지자를 확보하는 가장 중요한 방법이 대중의 증오 감정을 건드리는 것이다. 증오심만큼 사람을 한편이 되게 만드는 것은 없다. 그래서 정책보다는 네거티브가 선거의 승패를 좌우하고, 사실관계를 막론하고 상대에게 흠집을 내는 증오의 수사학(hatred political rhetoric)이 난무한다. 정당에 대한 대중의 열렬한 지지는 정책에 대한 합리적 동의보다는 타 정당에 대한 증오심에 기반을 두고 있다. 정권이 바뀌면 전 정권의 실적을 전면 부정하고, 법의 이름으로 전 정권의 인사들을 모욕하는 복수의 정치를 펼친다. 법치주의의 미명하에 정치는 실종되고, 국가의 사법제도는 복수의 도구로 전락한다. 복수는 지지자들의 환심을 사지만 반대편 지지자들에게는 증오심을 키운다. 정권이 바뀌면 다시 복수의 정치가 펼쳐진다. 복수는 복수를 낳고, 정치권의 이전투구는 국민 전체를 진영논리에 빠뜨려 선악을 구분하지 못하게 만든다.

사회에 증오심이 팽배해지면 일반적 신뢰가 떨어져 서로 믿고 살 수 없는 세상이 된다. 불신이 큰 만큼 갈등을 조절하고 해결하는 능력은 현저하게 떨어지고, 각 분야에서 사회비용이 커진다. 돈과 힘이 최고라는 생각이 지배하며 기회주의가 생존 원리가 되고 사람을 우습게 보는 사회가 된다. 부모들은 자식이 무시당하며 살지 않도록 사교육에 엄청난 돈을 쓴다. 그런 사회는 아무리 국민소득이 증가해도 사람이 살만한 세상과 거리가 멀고, 아무리 과학기술이 뛰어나도 문명사회가 아닌 야만의 자연 상태에 가깝다. 공동체의 결속력이 떨어져 결과적으로 국가 안보를 위협한다. 안보를 위해서는 경제력과 국방력도 중요하지만 무엇보다도 공동체에 대한 자부심에서 생겨나는 결속력(solidarity)이 중요한데, 증오와 혐오가 많은 사회에서 그런 결속력을 기대하기는 어렵다.

증오심을 경계해야 한다. 정의와 복수를 혼동하면 안 된다. 물론 정의는 실현되어야 하고, 타협해서는 안 되는 경우도 많다. 그러나 정말 정의를 실현하려면 상대를 모욕하지 않도록 조심해야 한다. 모욕은 복수를 잉태한다. 사람을 모욕하지 말고 그 사람의 잘못만 처벌해야 한다. 우리말에도 "죄는 미워하되 죄인은 미워하지 말라"는 격언이 있다. 죄와 죄인을 구분해서 대한다. 증오심 없이 정의를 실현한다. 그 것이 영성이고 중용의 덕이다.

그러한 영성과 중용은 한 사회의 내공과 실력을 보여주는 것이다. 한 사회의 실력은 사회구성원인 개인들에게서 나오는 것이지만, 때로는 사회 전체의 분위기가 먼저 바뀌면서 개인들에게 그런 내공과 실력이 갖추어지기도 한다. 사람이 사회를 만들지만 사회가 사람을 만들기도 하는 것이다. 그처럼 사회의 분위기가 바뀌는 데에 정치권이 중요한 역할을 할 수 있다. 그들의 활동은 매일 매시간 보도되고, 그들이 맡은 역할 자체가 대화와 타협을 통해 갈등을 조정하는 일이기 때문이다. 한국 사회가 사람 살만한 세상이 되기 위해서, 한국인들이 자존감을 가지고 성실하게 살 수 있기 위해서, 그리고 국가 안보를 위해서, 정치권의 변화를 기대해 본다.

## 나가며

2024년 7월에 프랑스 파리에서 올림픽이 열렸다. 문명충돌의 시발점이 될지도 모를 러시아 우크라이나 전쟁이 한창인 중에 인류의 화합과 평화를 기원하는 지구촌 행사가 열린 것이다. 개막식 행사로 센 강 위에서 비틀즈 멤버인 존 레논의 "이매진"(Imagine)이 연주되었다. 노랫말대로 국가가 없고 종교도 없고 사유재산도 없이 평화롭게 하나가 된 세상에서 인류애로 살아가는 것, 그것은 노래 제목대로 상상이다. 인간은 국가 없이 살 수 없고, 종교 없이 살 수 없고, 사유재산 없이 살 수 없다. 그러나 상상이 현실을 바꾸어 좀 더 나은 미래의 문명사회를 만든다.

지극히 작은 자 하나가 존중받고 사람들이 서로를 귀히 여기는 세상을 꿈꾸며, 한국 사회는 정치권이 조장하는 증오심을 경계해야 한다. 악순환되는 복수의 정치가 쉽게 사라질 것 같지 않지만, 그래도 중용의 정치를 통해 대화와 배려의 선순환으로 들어갈 한국 정치를 기대해 본다.

# 제 2 편

# 정치외교

'안보(安保)'와 '교린(交隣)' 겸장(兼將)

# 5. 정치

## 분점 정부와 집권 3년 증후군, 2025년 정치 전망

**김형준** 배재대 석좌교수

2025년 정치를 전망하는 본질적인 질문은 크게 세 가지다.
첫째, 지난 2024년 총선에서 기록적인 참패를 당한
윤석열 정부가 거대 분점 정부(divided government),
초여소야대 상황에서 이를 어떻게 극복할 것인가?
둘째, 집권당인 국민의힘에서 당정 관계는 어떻게 전개될까?
현재 권력(윤석열)과 미래 권력(한동훈)간의
갈등이 분출될 것인가? 셋째, 민주당의 '이재명 일극체제'는
유지될 것인가? 민주당이 추진하는 윤석열 대통령
탄핵 시도는 어떻게 될까?

배재대학교 석좌교수, 스웨덴 스칸디나비아 연구소 초빙교수, 전 한국선거학회 회장, 전 한국정치학회 부회장. 『한국 민주주의 기원과 미래』 『젠더 폴리시스』 『한국사회의 갈등 고찰과 정치 발전 방향 모색』 한국외국어대학교 학사, 미국 오하이오대학교 석사, 미국 아이오와 대학교 박사(정치학).

## 시작하며

2025년은 윤석열 정부가 반환점을 돌아 집권 3년에 본격적으로 접어드는 해다. 통상 5년 단임제인 한국 정치에서 임기 반환점을 돌면 집권당에선 현재 권력과 미래 권력의 충돌이 본격화되면서 당정 관계에 레임덕이 온다. 야당에서도 대권 경쟁이 본격화된다. 1987년 민주화 이후 역대 대통령은 예외 없이 집권 3년 시기에 위기를 맞이했다. 측근 비리나 권력형 게이트, 인사 · 정책 실패, 여권 분열에 발목이 잡혀 급속히 내리막을 걷는 과정이 반복됐다. 이를 '집권 3년 증후군'이라 불렀다.

집권 3년 증후군으로 대통령 국정 운영 지지도는 곤두박질쳤다. 여당은 민심 이반으로 집권 3년에 치러진 각종 선거에서 패배했다. YS 정부는 1996년 4월 총선, DJ 정부는 2001년 10월 3개 국회의원 재보궐 선거에서 모두 패배했고, MB 정부는 2011년 4월 국회의원 재보궐 선거에서 전통적인 우세 지역인 분당에서 패배했을 뿐만 아니라 보수 성향이 강한 강원 도지사 재보궐선거에서도 완패했다. 노무현 정부는 2006년 광역단체장 선거(16석)에서 단 한 석만 얻어 참패, 노무현 전 대통령은 이런 '집권 3년 증후군'을 '저주'라고 일컬었다.

## '분점 정부 시대' 돌입

지난 2024년 총선에서 여당이 역대급 참패를 당했다. 국민의힘과 비례 위성정당인 국민의미래는 108석(지역구 90석 · 비례대표 18석)을 얻는 데 그친 반면, 범야권은 192석의 압승을 거뒀다. 더불어민주당(161석)이 위성정당 더불어민주연합(14석)과 함께 175석을 차지하면서 단독으로 과반 의석을 확보했다. 윤석열 정부는 야당 협조 없이는 국정과제 입법과 예산, 인사권 행사 등에서 제동이 걸릴 수밖에 없게 됐다. 더구나 야권은 180석 이상을 차지했기 때문에 국회 선진화법을 무력화시킬 수 있는 힘을 갖게 됐다. 야권은 패스트트랙을 단독으로 추진할 수 있어 모든 법률안을 신속 처리 안건으로 지정해 본회의에 상정할 수 있게 됐다. 윤석열 정부의 기록적인 총선 참패로 2025년 정치는 행정 권력과 의회 권력이 국가 통치권을 두고 극렬한 싸움을 벌이는 '분점 정부 시대'에 돌입할 것으로 전망된다.

'용산 대통령'(윤석열)과 '여의도 대통령'(이재명)의 힘겨루기가 고착화될 것이라는 것을 함축한다. 그 과정에서 거대 야당이 정부 여당의 정책을 모조리 거부하는 비토크라시(vetocracy)로 윤석열 정부는 식물 정권으로 전락할 지도 모른다. 집권 3년 증후군이라는 '보편성'에 '초여소야대 정국'이라는 윤석열 정부의 '특수성'은 2025년 국정 운영 전망을 비관적으로 몰아가고 있다.

## 낮은 윤대통령 국정운영 지지도와 조기 레임덕 우려

윤석열 대통령이 집권 2년 동안 보여준 국정 운영의 행태를 통해 인식 체계를 분석해 보면 몇 가지 특징적인 면이 발견된다. 성공에 대한 확신, 정치에 대한 불신, 방향만 옳으면 방식은 다소 서툴러도 괜찮다는 생각, 반국가 세력이 대한민국의 근간을 흔들고 있고, 적대적 반국가세력과는 협치가 불가능하다는 생각이 강하다. 윤 대통령의 이런 인식 체계는 변화될 것 같지 않다. 오랜 기간 형성된 인식 체계와 이에 따른 특성(character)은 쉽게 변하지 않기 때문이다. 대통령의 이런 독특한 인식 체계를 변화시키지 않으면 20~30%대의 낮은 지지율을 끌어 올릴 수 없다. 한국갤럽 조사 결과, 윤 대통령 국정 운영 지지도는 2024년 총선 이후 4월 3주차부터 9월 1주차까지 총 15번의 조사에서 모두 20%대를 기록했다. 이는 역대 정부에선 임기 말에 나타나는 현상이다. 이렇게 대통령 지지도가 낮고 반등하지 못하면 윤석열 정부의 핵심 의제인 연금, 노동, 교육, 의료 개혁을 추진할 수 없게 된다. 조기 레임덕에 시달릴 수 있다.

## 민주당, 다수의 폭정과 '3무(無) 정치'

　2025년에도 압도적인 의석을 갖고 있는 민주당이 펼칠 다수의 폭정은 일상화될 전망이다.

　국회에선 쟁점 법안을 둘러싸고 '야당 단독 법안 상정→여당 필리버스터→야당 강행 처리→대통령 거부권→재표결'이 되풀이될 전망이다. 민주당은 또 극한적인 대여 투쟁으로 이재명 후보의 사법 방탄과 대통령 탄핵을 이끌어 조기에 권력을 쟁취하는 것에 총력을 기울일 것으로 보인다. 하지만 민주당은 '3무 정치'에 빠져 이런 목표를 달성하기가 쉽지 않을 전망이다.

　첫째, 민주는 없고 이재명 사당화만 있다. 신임 대표를 선출하기 위한 민주당 8·18 전당대회에서 연임에 도전하는 이재명 후보가 약 90%의 득표율로 '이재명의 민주당'을 완성했다. 지난 1981년 2월 대통령 선거에서 전두환이 90.1%로 당선되었는데 선거에서 '90% 득표'는 독재국가에서만 가능한 수치다. 이렇다 보니 민주당에서 '이재명은 민주당의 아버지'라는 말이 버섯이 나오고 있다. 그동안 민주당이 자랑했던 김대중과 노무현의 정신과 가치, 품격은 사라지고, 오직 '이재명의 민주당'이 존재할 뿐이다. 다양성과 역동성이 사라진 1인 사당화된 더불어민주당에는 '더불어'도 없고 '민주'도 없다. 오직 '나홀로 이재명'만 있다.

둘째, 민생은 없고 탄핵만 있다. 민주당은 22대 국회 개원 두 달 만에 헌법과 국회법의 취지를 무시하면서 탄핵안 7건을 쏟아냈다. 방통위원장 권한 대행에 대한 탄핵 소추안 발의, 이재명 전 대표 등을 수사한 검사에 대한 탄핵안 발의, 이진숙 방송통신위원장 취임 이틀 만의 탄핵 등 헌정사상 초유의 일이 다반사로 일어났다. 검사 탄핵안이 통과되면 이 전 대표에 대한 수사나 재판에 차질이 생길 수밖에 없으며 사법 방해의 위험성을 내포하고 있다. 이진숙 방송통신위원장 탄핵은 방통위의 기능을 정지시켜 자신들이 그동안 구축한 '진보 이권 카르텔'의 상징인 MBC 경영진 교체를 막으려는 의도로 보였다.

민주당은 국회 법사위에선 위법 논란을 뭉개며 윤석열 대통령 탄핵 청원 청문회도 강행했다. 국민 청원을 이유로 정략적 청문회를 연 것도 헌정사상 처음이다. 청문회 과정에서 자기 마음대로 회의를 진행하고 증인을 조롱하고 동료 의원에게까지 막말과 독설을 퍼부은 민주당 소속 위원장이 보여준 반의회주의적이고 저질적 행태는 여론이 민주당에 등을 돌리게 하는 요인이 되고 있다. 특히 중도층의 이탈을 심화시키고 있다. 이 대표는 당 대표에 출마하면서 "성장의 회복과 지속 성장이 곧 민생이자 '먹사니즘(먹고사는 문제만큼 중요한 것은 없다)'의 핵심이다"고 강조했다. 그러나 민생과 아무런 관련이 없는 '묻지 마 탄핵'은 '먹사니즘'을 스스로 부정하는 이율배반적 행태다.

셋째, 민심은 없고 개딸(팬덤)만 있다. 당원들이 보여 주는 열정과 참여는 당을 결속시키는 유용한 방식이다. 하지만 민주당에서 개딸로 불리는 강성 지지층의 적대 감정은 '정서적 양극화'를 심화시킨다. 이재명 대표는 7월 10일 당 대표 출마 선언문에서 "민주당을 당원 중심의 대중적 민주정당으로 발전시켜야 한다. 당원이 당의 진정한 주인으로서 당 활동에 소외되지 않고 당 활동에 적극 참여하는 길을 확대하겠다"고 밝혔다. 정당의 주인은 '당원'이기 때문에 당의 운영과 결정에 당원 참여를 더 많이 보장하는 게 민주주의에 부합한다는 논리다.

그러나 당원 중심의 대중정당 모델은 시대착오적이다. 이는 유럽 좌파 정당들의 구시대적 산물이다. 강성 팬덤에 의한 정당이나 의정 간섭은 대의민주주의를 퇴행시킨다. 민주당이 국회 개원 두 달 동안 민생과 상관없는 탄핵과 특검 등에 치중하는 배경엔 당원 중심 정당이라는 후진성이 자리 잡고 있다. 개의 꼬리(당원)가 몸통(민주당)을 흔드는 왝더독(Wag the Dog)이다. 민주당 지도부는 비전과 소신을 갖고 팬덤을 이끌어가는 것이 아니라 개딸 눈치 보기에 바쁘다. 민심은 아랑곳하지 않고 오직 강성 지지층을 향한 구애와 선동에 함몰되어 있다. 결과적으로 협치는 사라지고 정치는 실종되었다. 지난 총선에서 더불어민주당이 압승을 거두었는데도 정당 지지율은 외려 국민의힘이 민주당을 앞서는 기현상이 나타났다. 한국갤럽 조사(2024년 7월 23~25일)에서도 국민의힘(35%)이 민주당(27%)보다 8%p 앞섰다.[1]

---

1 전국지표조사(NBS)(2024년 8월 5일~7일)에 따르면, '국민의힘' 지지도는 32%, '더불어민주당'은 24%로 그 차이는 오차 범위를 벗어난 8%p였다. 리얼미터 조사(8월 8일~9일) 결과, 국민의힘 37.8%, 민주당 36.8%를 기록했다.

## 여야 정당 전망

2025년 여야 정당의 양상은 어떻게 전개될 것인가? 국민의힘은 7.23 전당대회에서 한동훈 후보가 62.8%의 압도적인 지지를 받으며 새 대표로 선출됐다. 집권당인 국민의힘에선 향후 ▲당정 관계(협력 대 갈등)와 ▲당 혁신(성공 대 실패)라는 두 가지 기준에 따라 네 개의 시나리오가 존재할 수 있다.

제1 시나리오는 당정 관계가 협력 체제로 회복되고 당 혁신도 성공하는 것이다. 제2 시나리오는 당정 관계가 협력 체제로 회복되지만 당 혁신에는 실패하는 경우다. 제3 시나리오는 당정 관계가 갈등으로 치닫지만 당 혁신을 추진하는 경우다. 제4 시나리오는 당정 관계가 갈등으로 치닫으면서 당 혁신을 추진하지 못하고 실패하는 경우다. 한동훈 대표가 2027년 대선에 출마한다면 그의 임기는 2025년 9월까지다. 국힘 당헌·당규에 따르면, 대선 경선에 나서려는 사람은 대선 1년 6개월 전에 대표직을 내려놓아야 한다. 그렇다면 한 대표는 자신의 대권 플랜에 따라 2025년에 정치적 승부수를 띄울 가능성이 크다. 이런 상황에서 차기 대권을 바라보는 한동훈 대표는 당정 협력 관계보다 당 혁신을 통해 차별화하는 것을 훨씬 중요하게 여길 것으로 전망된다.

표 1_ **국민의 힘 시나리오**

| 국민의힘 전망 | | 당 혁신 | |
|---|---|---|---|
| | | 추진(성공) | 정체(실패) |
| 당·정관계 | 협력 | 제1 시나리오 | 제2 시나리오 |
| | 갈등 | 제3 시나리오 | 제4 시나리오 |

한 대표가 대표 취임 전 '제3자 추천 채상병 특검', '전국민 25만 원 지원 무조건 반대 신중', '김경수 전 경남지사 복권 반대' 등 민감한 현 안에 대해 대통령실과는 다른 자신의 목소리를 내고 있다는 것을 감안 하면 당정 갈등이 언제 터져 나올지 모른다. 하지만 한 대표와 대통령 실과의 관계가 갈등으로 치닫는 경우 당 혁신은 성공하기 어렵다. 한 대표의 당내 기반이 약하고, 정치 경험이 많지 않기 때문에 제4 시나 리오가 부상할 개연성이 크다.

표 2는 보수 정권에서 이뤄진 대선 사례들을 비교 · 분석한 것이다. 1992년 대선과 2012년 대선에서 김영삼 후보와 박근혜 후보는 현직 노 태우 대통령, 이명박 대통령과 전략적으로 차별화를 했지만 우호적

표 2_ **집권 보수당 정권 재창출 성공 및 실패 사례 분석**

| 대통령 후보 | 대선 특징 | 후보 선출 | 현직 대통령 | 현직 대통령 관계 | 메시지 | 국회 | 구도 | 정권 재창출 |
|---|---|---|---|---|---|---|---|---|
| 김영삼 (1992) | 3당합당 (영남+충청) | 여당 최초 자유 경선 | 노태우 | 차별화 (비주류) + 우호적 관계 | 문민 정부 +신한국 창조 | 여대 야소 | 4자구도 (DJ/ 정주영/ 박찬종) | 성공 (42.0%) |
| 이회창 (1997) | 여권분열 | 경선 결선 투표 | 김영삼 | 차별화 (비주류) +적대적 관계 | 부패 정권 심판론 | 여대 야소 | 3자구도 (DJ/ 이인제) | 실패 (38.7%) |
| 박근혜 (2012) | 범보수 대 범진보 | 경선 | 이명박 | 차별화 (비주류) | 원칙과 신뢰 | 여대 야소 | 양자 구도 (문재인) | 성공 (51.6%) |
| 홍준표 (2017) | 박근혜 대통령 탄핵/ 여권 분열 | 경선 | 박근혜 | 차별화 (비주류) | 자유대 한민국 지킴 | 여소 야대 | 5자구도 (문재인/ 안철수/ 유승민/ 심상정) | 실패 (24.0%) |

인 관계를 유지하고 집권당의 분열 없이 대선을 치러 징권 재창출에 성공했다. 반면 1997년 대선에서 집권당인 한나라당 이회창 후보는 현직 김영삼 대통령과 차별화를 넘어 적대적 갈등 관계를 구축함으로써 자멸했다. 2017년 대선에서 집권당이었던 자유한국당 홍준표 후보는 탄핵된 박근혜 전 대통령과 차별화하면서 무시하는 전략을 펴 정통 보수 세력으로부터 외면을 당해 초라한 득표(24.0%)로 완패했다.

한동훈 대표는 윤석열 대통령과 전략적 차별화는 필요하지만 적대적 관계를 만들면 위험해질 수 있다. 현직 대통령은 누구를 대통령으로 만들 수는 없지만 누가 대통령이 되는 것을 막을 수는 있기 때문이다. 이런 주장은 한 대표에게 시사하는 바가 크다. 한 대표가 윤석열 정부로는 정권 재창출이 어렵다고 보고 자신이 윤 대통령을 넘어서야 살 수 있고, 앞으로 그렇게 갈 것이라고 생각한다면 집권당은 위기를 맞이할 것이다.

향후 민주당은 ▲이재명 일극체제(유지 대 균열)와 ▲비명친문 세력(분열 대 결집)이라는 두 가지 기준에 따라 네 개의 시나리오가 존재할 수 있다.

제1 시나리오는 이재명 일극체제가 유지되면서 비명 친문 세력이 분열되는 경우다. 제2 시나리오는 이재명 일극체제가 유지되지만 비명 친문 세력이 결집하는 경우다. 제3 시나리오는 이재명 일극체제에

표 3_ 민주당 시나리오

| 민주당 전망 | | 비명 친문 세력 | |
|---|---|---|---|
| | | 분열 | 결집 |
| 이재명 일극체제 | 유지 | 제1 시나리오 | 제2 시나리오 |
| | 균열 | 제3 시나리오 | 제4 시나리오 |

서 균열이 보이고 비명 친문 세력도 분열되는 경우다. 민주당은 향후 대권을 둘러싸고 친명 대 비명 간에 갈등이 분출되고 친문은 조국 대표와 김경수 전 지사 간에 친문 정통성을 놓고 충돌할 수 있다. 제4 시나리오는 이재명 일극체제가 균열을 보이면서 비명 친문 세력이 결집하는 경우다. 이재명 대표의 「공직선거법」 위반과 위증교사 판결 1심에서라도 유죄가 나온다면 민주당 내 동요가 시작되면서 친노친문 세력이 결집하는 제4시나리오가 부상될 수 도 있다. 이른바 '민주당 3김'(복권된 김경수 전 경남 지사, 김부겸 전 총리, 김동연 경기지사)이 정치 행보를 본격화할 가능성이 크다. 이는 2026년 지방선거에서 앞두고 당을 완전 장악한 친명 대 비명간의 힘겨루기가 시작되는 것을 의미한다. 물론 1심 판결에서 이재명 대표에게 유리한 결과가 나오면 2025년 내내 제1 시나리오가 지속될 것이다.

표 4는 진보 야당 때 이뤄진 대선 사례들을 비교·분석한 것이다. 1997년 대선과 2017년 대선에서 김대중 후보와 문재인 후보는 여권 분열 및 DJP 연대, 박근혜 대통령 탄핵이라는 특수 상황에서 정권교체에 성공했다. 반면 1992년 대선과 2012년 대선에선 여당의 영남과 충청을 기반으로 하는 3당 합당과 범보수와 범진보간의 양자구도 국면에서 김대중 후보와 문재인 후보는 패배했다.

정치권 일각에선 "1997년(15대), 2002년(16대) 대선에서 연거푸 패배한 한나라당 이회창 총재을 보면 이재명이 보인다"는 말이 회자되고 있다. 경쟁 없는 대세론의 함정 때문이다. 이 총재는 야당 시절 '여의도 대통령'이라고 불릴 정도로 경쟁 상대가 없이 거의 5년 내내 제왕적 총재로 군림했지만 대선에서 연거푸 패배한 근본 이유는 상대 당 후보에 비해 당내 경쟁이 없었기 때문이다. 이재명 일극체제도 비슷하다.

표 4_ 진보 야당 정권 교체 성공과 실패 사례 분석

| 대통령<br>후보 | 대선<br>특징 | 후보<br>선출 | 현직<br>대통령 | 메시지 | 국회 | 구도 | 정권<br>재창출 |
|---|---|---|---|---|---|---|---|
| 김대중<br>(1992) | 여당<br>3당합당<br>(영남+충청) | 야당<br>최초<br>자유<br>경선 | 노태우 | 이번에는 바꿉시다 | 여대<br>야소 | 4자구도<br>(DJ/<br>정주영/<br>박찬종) | 실패<br>(33.8%) |
| 김대중<br>(1997) | 여권 분열 | 경선 | 김영삼 | IMF 극복 | 여대<br>야소 | 3자구도<br>(DJ/<br>이인제) | 성공<br>(40.3%) |
| 문재인<br>(2012) | 범보수<br>대 범진보 | 경선 | 이명박 | 사람이 먼저다 | 여대<br>야소 | 양자구도<br>(박근혜) | 실패<br>(48.0%) |
| 문재인<br>(2017) | 박근혜<br>대통령<br>탄핵/<br>여권분열 | 경선 | 박근혜 | 나라를 나라답게<br>(적폐청산) | 여소<br>야대 | 5자구도<br>(문재인/<br>안철수/<br>유승민/<br>심상정) | 성공<br>(41.1%) |

다양성이 실종된 '친명 지도부 색채' 강화는 독이 될 수 있다. 22대 국회
가 개원하자 마자 연일 탄핵·특검·청문회·입법폭주 등으로 민주당
수권 능력에 대한 국민들의 의구심이 생기면 책임은 고스란히 이 대표에
게 돌아간다. 따라서 민주당이 정권을 되찾아 오려면 2025년에는 과거
와는 전혀 다른 '민주당 제3의 길'을 걸어가야 할 것이다. 김대중 전 대통
령처럼 외연을 확장하고 당내 다양성과 민주성을 강화해야 할 것이다.

맺는 글

입법 권력과 행정 권력이 무한 충돌하는 극단적 여소야대 상황에
서 윤석열 대통령이 집권 3년 증후군에서 벗어나 안정적인 국정 운영

을 하려면 무엇보다 기존의 경직된 인식 체계에서 벗어나야 한다. 더불어, 소통을 강화해야 한다. 성공한 대통령으로 평가받는 미국 레이건 대통령은 재임 8년 동안(1981년~1989년) 6년이 여소야대였다. 그런데 레이건 대통령은 퇴임 직전 지지도가 60%를 넘을 정도로 국민들의 큰 사랑을 받았다. 이게 가능했던 것은 야당과의 소통을 진정성있게 추진했기 때문이다. 레이건 대통령은 업무 시간의 70%를 야당 의원들과 만나 대화하고 설득했다.

윤석열 대통령은 국민, 야당, 언론과의 소통을 강화해야 한다. 야당 대표와의 회동을 정례화하고, 정기적인 언론 간담회를 통해 국민들과의 소통도 늘려야 한다. 야당과의 협치도 제도화해야 한다. 수직적 당·정 관계에서 벗어나 집권당에 자율성과 독립성을 부여하고, 노골적으로 여당에 개입하려는 유혹에서 벗어나야 한다. 더불어, 지난 대선 때 형성된 중도·보수 선거연합을 복원하는 일에 집중해야 한다. 또한, 대통령에게 쓴소리 할 수 있는 강단이 있고 정무적 판단이 뛰어난 인사들을 중용해야 한다.

윤석열 대통령과 한동훈 대표는 상대방을 굴복시켜 승리하려는 '치킨 게임(chicken game)'에서 벗어나 서로에게 이득을 주는 '사슴 잡기 게임(stag-hunt game)'을 해야 한다. 이 게임은 18세기 계몽주의 시대 프랑스 철학자인 장자크 루소(Jean-Jacques Rousseau)가 기술한 이야기를 따서 만든 게임이다.[2] 내용은 다음과 같다. 두 명의 사냥꾼은 각

---

2  내용은 다음과 같다. 두 명의 사냥꾼은 각각 토끼나 사슴을 잡을 수 있다. 두 사람이 사슴을 사냥하기 위해 서로 협력해 원을 그리면서 포위망을 좁혀간다. 그러던 도중 한 사냥꾼의 눈앞에 토끼가 보인다. 그가 토끼를 잡기 위해 포위망에서 이탈해 토끼를 쫓아가는 순간 포위망이 열려 사슴은 그쪽으로 도망가게 된다. 포위망에서 이탈한 사냥꾼은 토끼를 확실히 잡아 이득을 챙길 수 있지만 사슴을 쫓던 다른 사냥꾼은 결국 아무것도 얻지 못한다.

각 토끼나 사슴을 잡을 수 있다. 두 사람이 사슴을 사냥하기 위해 서로 협력해 원을 그리면서 포위망을 좁혀간다. 그러던 도중 한 사냥꾼의 눈앞에 토끼가 보인다. 그가 토끼를 잡기 위해 포위망에서 이탈해 토끼를 쫓아가는 순간 포위망이 열려 사슴은 그쪽으로 도망가게 된다. 포위망에서 이탈한 사냥꾼은 토끼를 확실히 잡아 이득을 챙길 수 있지만 사슴을 쫓던 다른 사냥꾼은 결국 아무것도 얻지 못한다.

윤·한 두 사람이 협력하면 정부 여당 전체적으로, 그리고 각 개인에게도 이득이 돌아올 수 있다. 반면, 상대방을 신뢰하지 못해 눈앞의 이익(토끼)만을 좇으면 공멸할 수 있다.

지난 2024년 8월 6일 민주당 의원 84명이 참여하는 공부 모임인 '경제는 민주당'이 출범했다. 글로벌 경기 침체의 공포가 커지는 가운데 민주당이 '경제 정당' '수권 정당'의 면모를 부각하겠다는 취지에서 출범했다. 이재명 전 대표는 이 모임의 서면 축사를 통해 "경제를 살리고 국민 삶을 살리는 유능한 수권 정당을 만들겠다"고 강조했다. 이전 대표는 당 대표 출마 선언문에서 "지금 민주당의 가장 중요한 과제는 더 유능하고, 더 혁신하고, 더 준비된 정당으로 거듭나는 일"이라고 했다. 민주당이 진정 이런 목표를 달성하려면 향후 '3무 정치'에서 벗어나 경제와 민생을 살리고, 국가안보를 튼튼히 하는 정책 비전을 놓고 여당과 치열하게 경쟁해야 한다. 그래야만 국민에게 미래에 대한 희망을 주고, 민주당을 품격있고 매력있는 정당으로 만들 수 있다.

더 나아가 민주당은 수권정당이 되려면 이재명 일극 체제에서 벗어나 '민주, 민생, 민심'의 '3민(民) 정신'이 살아 숨 쉬어야 한다. 지난 2024년 총선에서 민주당(161석)이 얻은 득표율은 50.5%였고 국민의힘(90석)은 45.1%였다. 두 당 간의 득표율 차이는 5.4%포인트에 불과했지만 지역구 의석수는 1.8배 차이가 났다. 2020년 총선에서도 비슷했다. 지역구 선거에서 민주당은 49.9%의 득표로 163석, 미래통합당(국민의힘 전신)은 41.5%의 득표로 84석을 얻는 데 그쳤다. 그야말로 민주당의 압승이었지만 2년 후 2022년 대선에서 이재명 민주당 후보(47.83%)가 윤석열 국민의힘 후보(48.56%)에게 패배했다.

왜 이런 일이 발생했을까? 문재인 정부의 무능과 위선이 정권 교체의 빌미를 제공한 측면도 있지만 거대 의석을 앞세운 민주당이 입법 폭주의 '일당 독재'에 빠져들었기 때문이다. 민주당이 '총선 승리의 저주'에서 벗어나려면 2025년엔 이재명 일극 체제가 굳어지지 않도록 해야 할 것이다.

# 6. 군사

# 대한민국 핵무장론

**남성욱** 고려대 통일융합연구원장, 전 국가안보전략연구원장

안보(安保)는 평시에는 안 보인다. 특히 핵 위협은
더더욱 그렇다. 비핵화를 위한 외교적 노력과 동시에
자강불식(自强不息) 계책에 대한 고민도 필요하다.
북한의 7차 핵실험은 전환점이 돼야 한다.
핵 무력 법제화에도 무덤덤한 한국이 북핵 위협의
희생물이 될 수 있기 때문이다. 핵을 머리에 이고 살다가
가슴에 안고 사는 '북핵과의 동거(with the nuclear)'
시대에는 발상의 전환이 불가피하다.

고려대학교 통일외교학부 교수, 서울장학재단 이사장, 고려대 통일융합연구원장, 전 민주평통 사무처장(차관), 전 국가안보전략연구원장. 저서 『김정은의 핵과 경제』, 『김정은의 핵과 정치』, 『4차 산업혁명 시대 북한의 ICT 발전과 강성대국』, 『North Korean Nuclear Weapon and Reunification of Korean Peninsula』, 『현대 북한의 식량난과 협동농장 개혁』, 『Mysterious Pyoungyang: Cosmetics, Beauty Culture and North Korea』, 『Contemporary Food Shortage of North Korea and Reform of Collective Farm』, 『김정일 코드』(역서), 『김일성의 북한 : CIA 북한보고서』(역서) 등. 고려대학교 경제학과 졸업. 미국 미주리주립대 응용경제학 박사학위. 남성욱(Sung-wook Nam, 南成旭)

우크라이나 전쟁이후 영화나 소설에 등장하는 핵 버튼 푸시 장면이 푸틴의 입에서 거론되었다. 가상현실이 아니다. 덩달아 김정은의 핵 도박 행보도 빨라지고 있다. 모스크바와 평양의 스트롱맨 행보가 범상치 않다. 블라디미르 푸틴 러시아 대통령은 2024년 6월, 24년 만에 평양을 전격 방문하여 김정은 위원장과 정상회담을 개최하였다. 선대 김정일과의 정상회담을 위해 방북하던 2000년과는 상황이 판이하다. 24년이 지난 지금 북한은 핵무기 보유국가가 되었고 러시아에게 1년 이상 탄약과 미사일을 공급할 정도로 위세가 대단하다. 러시아는 북한의 전략적 가치가 올라감에 따라 자세를 바꾸었다. 북한으로서는 중·러를 등에 업고 한·미·일에 대응하는 신냉전 구도의 형성에 주력하고 있다. 북·러 정상 간 연결고리는 우크라이나 전선에 투하되는 북한의 재래식 무기다. 푸틴이 베이징 다음으로 평양을 찾는 핵심이유다. 장기전으로 돌입하는 우크라이나 전선에서 북한제 미사일과 포탄은 러시아군에게 필수무기가 되었다. 군사력 확충을 위한 생존형 밀착이다.

우선 북핵 역사를 간단히 살펴보자. 북핵이 국제 문제로 공론화된 시점은 영변 핵시설이 정찰위성에 포착된 1989년이지만, 김일성이 핵에 관심을 가진 시점은 한국전쟁 당시인 1950년으로 거슬러 올라간다. 1950년 11월 30일 해리 S. 트루먼 당시 미국 대통령은 "한반도에서 공산군 침략을 저지하기 위해 핵무기를 포함한 모든 무기 사용을 적극 검토하고 있다"고 발표했다. 더글러스 맥아더 유엔군 총사령관이 만주 폭격을 건의한 바로 다음 날이었다. 당시 북한은 미국의 핵 사용 위협을 공갈로 규정하고 핵 위협의 부당성을 성토했다.

그러나 크리스마스 전날 맥아더는 핵 사용을 재차 트루먼에게 요청했다. 원자탄 34발을 북한 전체 지역과 만주, 연해주 등 21개 도시에 투하하자는 의견이었다. 트루먼은 이를 거부했다. 이듬해인 1951년 4월 5일 미국 합참은 중공군이 대규모로 북한 국경 안으로 진입하거나 소련 폭격기의 공격이 시작됐을 경우에만 원자탄을 사용한 보복 공격을 하도록 명령했다.

## 김일성, 미국의 핵 공격 공포에 핵 개발 박차

한국전쟁 당시 미국이 북한에 핵폭격을 할지도 모른다는 두려움을 가졌던 김일성은 1954년 인민군을 재편성하면서 인민군 내에 '핵무기 방위부문'을 설치했다. 1956년 물리학자 30여 명을 소련의 드브나 핵 연구소에 파견한 게 북핵 개발의 효시가 됐다. 1959년 9월 조소(朝蘇) 원자력 협정을 체결해 핵 개발 정책을 공식 출범시켰다. 이어 1962년 영변에 원자력 연구소를 설립하고, 김일성종합대학과 김책공과대학에 핵 연구부문을 창설해 인력 육성에 나섰다. 1965년 6월에는 소련으로부터 IRT-2000 원자로를 도입, 본격적인 핵 연구를 시작했다. 김일성은 1965년 평양을 방문한 조총련 대표단 접견에서 10년 안에 핵을 보유하겠다는 염원을 공식적으로 언급했다.

영변에 원자력 연구소를 설치한 지 44년 만인 2006년부터 2017년까지 북한은 6차례 핵실험을 감행했다. 공식적이지는 않으나 북한은 '사실상의 핵무기 보유국(substantial nuclear country)'으로 평가된다. 최소 50기에 이르는 핵무기와 투발 수단인 각종 미사일을 보유한 것으로 알려졌다. 김일성·김정일 집권 기간에 31회, 2012년 김정은 정권 출범 이후 159회, 2022년 한 해에만 10월 9일까지 25회에 걸쳐 핵무기를 탑재할 수 있는 미사일 50발을 시험 발사했다.

3대에 걸친 핵 개발은 할아버지 김일성이 디자인하고 체계를 구축했다. 아버지 김정일 시기인 2006, 2009년 두 차례 핵실험으로 개발 기반을 닦았다. 손자 김정은 집권 이후 2013년, 2016년 1월과 9월, 2017년 등 4차례 핵실험으로 완성 단계를 거쳐 실전 배치 수준에 도달했다. 이처럼 사회주의 정권 70년에 걸친 핵 개발로 북한은 지구상의 9번째 핵클럽 명단에 이름을 올렸다. 기승전핵(核)이라는 키워드는 북한 대내외 정책에서 대대로 최우선 순위로 자리 잡았다.

북한의 핵 개발은 기술 발전과 함께 국제사회의 제재를 회피하려는 정책적 진화를 계속했다. 당초 북한은 '방어용'이라는 명분을 천명했다. 2005년 2월 외무성 담화에서 '핵 보유'를 선언한 데 이어 2006년 10월 첫 핵실험 직후 '억제ㆍ방어용'으로만 핵을 보유한다는 로키(low-key) 전략을 구사했다. 김정은 집권 이후에는 핵 무력을 법제화하는 시도가 이어졌다. 2012년 개정헌법 전문에 '우리 조국은 불패의 핵보유국'이라고 명시한 데 이어 2013년에 제정한 「자위적핵보유법」에는 대남 및 대미 핵 억제 전략을 표명했다. 이때까지도 '방어용'이란 명분은 유지했다. 이미 5차례 실험을 진행한 2016년 제7차 당대회에서는 상대가 핵을 사용하지 않는 한 먼저 핵을 사용하지 않는다는 '선제 불사용(no first use)' 원칙을 선언하면서 국제사회의 감시를 피했다.

## '북한판 핵 독트린' 선언하고 비핵화 폐기

북한의 핵전략은 김정은 집권 10년을 기점으로 양적 변화의 임계치에 도달하면서 질적 변화를 모색하는 새로운 단계에 진입했다. 질적인 정책 변화의 핵심은 '핵 선제 사용'이다. 2022년 4월 조선인민군 창설 90주년 기념식에서 김정은 위원장은 군복 차림으로 선세 핵 공격 가능이라는 북한판 '핵 독트린'을 선언했다. 9월 추석 연휴를 앞두고는 핵 무력 정책을 법령으로 채택해 파문을 일으켰다.

모든 정책이 법제화로 완성되는 체계는 북한의 독특한 통치방식이다. 핵심이익을 수호하지 못하는 5대 상황에 대해서는 핵무기를 선제 사용한다는 핵무력 법제화는 북핵 보유가 정책적·기술적으로 완성됐다는 것을 의미한다. 김정은의 표현대로 100년의 제재에도 비핵화는 불가능할 것일까? 야금야금 목표에 도달한 핵 무력 법제화로 핵무기 보유를 '기정사실화(fait accompli)'한 전략의 저의는 다음과 같다.

첫째, 비핵화 협상은 없다는 것을 대내외에 과시하는 전략이다. 평양은 핵 무력 법제화로 향후 워싱턴과의 협상에서 비핵화는 국내법상 불가하다는 명분을 쌓았다. 핵무기 사용 문턱을 확 낮춤에 따라 비핵화 문턱은 비례해서 높아지는 만큼 중·러의 유엔안보리 거부권으로 형성된 '블록 안보체제(bloc security)'에서 기존 북핵 협상 프레임은 성과를 거두기가 용이하지 않을 것이다.

둘째, 유엔 대북제재를 무력화하는 전략이다. 북한은 소련의 권유로 1985년 핵비확산조약(NPT)에 서명하고 가입했으나 1992년 국제원자력기구(IAEA)의 사찰에 반발해 NPT 탈퇴를 선언했다가 경수로를 받기로 미국과 합의한 이후 1994년 제네바 합의(Geneva Agreement)로 재가입하는 등 가입과 탈퇴를 반복하다가 2003년 최종 탈퇴를 선언했다. 하지만 처음부터 가입하지 않고 핵을 개발한 인도, 파키스탄과 달리 북한은 NPT 규정상 탈퇴가 허용되지 않는다. 국제사회에서 대북제재가 가능한 이유다. 북한은 핵 무력 법령으로 제재를 무력화시키는 조치를 중·러의 묵인하에 지속해서 모색할 것이다.

셋째, 핵무기 사용 가능성을 공론화하는 전략이다. 핵무기 사용 5대 조건은 김정은이 결심하면 사실상 선제 사용(first use)할 수 있는 고무줄 기준이다. 대북제재가 강화되고 한·미의 확장억제전략이 가동되면 핵무기 사용을 구체적으로 위협하는 시나리오가 전개될 수 있다. 핵무기가 억제 수단에서 공격 수단으로 전환한 냉엄한 현실을 체감하는 양상이 빈번하게 벌어질 수 있다. 핵무기를 언제든지 사용할 수 있다는 미치광이 전략인 '광인 이론(madman theory strategy)'을 구사할 상황을 조성할 것이다. "우리는 최강의 핵 강국 중 하나, 다른 나라가 개입하면 경험한 적 없는 결과를 초래한다"는 푸틴의 위협을 벤치마킹할 것이다. 향후 북한의 다양한 핵무기와 투발수단이 조선중앙TV에서 자주 등장할 것이다.

마지막으로 2022년 10월 16일 중국의 시진핑 3연임을 위한 공산당 20차 전국대표자회의를 앞두고 중국의 압력에 법제화라는 '말 폭탄' 성격의 핵 도발 수위조절 전술을 구사했다. 중국은 경제위기에 직면한 북한 관리 차원에서 2022년 9월 단둥-신의주 간 교역 열차 운행을 재개했다. 2020년 8월 운행을 중단했다가 경제난이 깊어지자 2022년 1월 운행을 재개했고, 코로나19가 창궐하자 다시 중단했던 걸 경제난을 극복하려는 북한의 요청으로 다시 운행해 교역길이 열린 것이다. 열차 운행 재개와 핵 개발 수위조절 카드로 북중간 협상이 진행되었다.

## 제재할 것인가 인정할 것인가, 국제사회 딜레마

북한은 그동안 미국 등의 '대북 적대시 정책'으로 안보를 위협받고 있어 핵무기 개발로 전쟁을 억제하고 안전을 지키겠다는 명분을 내세

위왔다. 비핵화를 위해서는 경제적 보상 외에 북·미 관계 정상화나 군사적 신뢰 구축, 군비통제 등 북한의 이른바 '안보 우려'를 해소할 정치·외교·군사적 상응조처가 필요하다는 입장이다. 하지만 트럼프 대통령과 김정은이 만난 2018년 6월 싱가포르 회담과 2019년 2월 하노이 회담이 노딜(no deal)로 끝난 당시 상황을 살펴볼 때 북한 비핵화의 조건은 경제나 안보 등으로 단순하지 않다. 전체 보유핵 중에서 절반만이라도 궁극적으로 보유하려는 북한의 야심이 비핵화 협상 자체를 어렵게 할 것이기 때문이다.

김정은은 2022년 9월 8일 최고인민회의 제14기 제7차 회의 시정연설에서 "우리의 핵 정책이 바뀌자면 세상이 변해야 하고 조선반도의 정치·군사적 환경이 변해야 한다"며 "절대로 먼저 핵 포기, 비핵화란 없으며 그를 위한 그 어떤 협상도, 그 공정에서 서로 맞바꿀 흥정물도 없다"고 말했다. 경제적 보상에 따른 비핵화를 수용할 수 없다는 확고한 방침이다. 이어 "나라의 생존권과 국가와 인민의 미래 안전이 달린 자위권을 포기할 우리가 아니다"며 "그 어떤 극난한 환경에 처한다 해도 미국이 조성해놓은 조선반도의 정치·군사적 형세하에서, 더욱이 핵 적수국인 미국을 전망적으로 견제해야 할 우리로서는 절대로 핵을 포기할 수 없다"고 주장했다. 또 김정은은 "백날, 천날, 십년, 백년 제재를 가해보라"며 "우리의 핵을 놓고 더는 흥정할 수 없게 불퇴의 선을 그어놓은 여기에 핵 무력 정책의 법제화가 가지는 중대한 의의가 있다"고 강조했다.

북한의 완강한 비핵화 불가 입장은 2019년 2월 하노이 회담 노딜의 원인이었다. 김정은이 핵 개발 성지(聖地)인 영변 비핵화를 주장하면서 2016년 이후 민생과 관련된 유엔안보리 결의안 11건 중 5건 해제를 요구한 데 대해 트럼프 당시 미국 대통령은 '당신은 회담할 준비가 되어 있지 않다(You are not ready for the deal)'며 결렬을 선언했다. 영변 이외에 분강, 강선 등 다양한 핵시설을 위성으로 감시하고 있는 상황에서 미국은 부분 비핵화가 대북제재 전체를 무력화하는 조치라는 평가를 내렸다.

결국 북한의 바람은 핵 군축일 뿐이다. 부분 비핵화 전략으로 국제사회의 대북제재 완화와 최대 경제적 지원을 받는 대신에 핵보유국의 당당한 위상을 유지하는 두 마리 토끼 잡기 전략이다. 비핵화 협상의 딜레마이기도 하다. 사실상 평양은 기존 비핵화 협상에서 핵 군축 협상 등 핵균형(nuclear parity) 전략으로 정책을 전환한 것이다.

상황이 이런데도 우리 사회 일부의 북한 군사력 평가는 무사안일 수준이다. 핵무기는 차치하고 재래식 전력만 놓고 남북한 군사력을 비교해보자. 북한의 재래식 전력은 그 폐쇄성 때문에 국방부의 『국방백서』와 각국의 군사력 평가기관 보고서 등에서도 정확히 파악하기가 쉽지 않다. 다만 공통적으로 북한의 공군력은 '미흡'하고, 해군력은 '미지수'이며, 육군력은 '강력한' 수준으로 요약된다. 국방부가 발간한 『2022 국방백서』에는 남북한 간 전력 비교가 '정량적'으로 표시돼 있다. 북한군 병력은 2022년 12월 기준 128만여 명으로 한국 50만 명의 2배가 넘는다. 전차는 한국 2200여 대, 북한 4300여 대, 전투함정은 한국 90여 척, 북한 420여 척, 전투기는 한국 410여 대, 북한 810여 대다. 황해도 이남에 전투기의 40%가 배치돼 있어 수도권은 5분 이내에 근접한다. 아무리 우리가 보유한 F15, F35 전투기가 우월하더라도 침공 시 수도권 피해는 불가피하다.

　미국 군사력평가기관 글로벌파이어파워(GFP)는 '2024년 세계 군사력 순위'에서 한국 5위, 북한 36위로 평가했다. GFP는 재래식 무기 수량만으로 육·해·공군의 잠재적 전쟁 능력을 분석하고, 가용 자원과 경제력 등 50여 가지 지표로 파워 지수를 산출한다. 하지만 우리 사병이 18개월, 북한군이 10년을 근무하는 인적 소프트파워의 숙련도와 전투태세 등은 전혀 반영되지 않는다. 또 GFP의 물리적 파워 추정은 북한의 은밀한 무기체계를 전혀 파악하지 못한다. 만포, 강계 등 자강도 북·중 국경지대 지하 요새에 숨겨진 각종 무기는 특급비밀이다.

　재래식 전력에다 최대 60개인 북한 핵무기를 더하면 모든 비교는 무의미해진다. 비대칭 무기인 핵무기의 가공할 위력은 이미 76년 전 일본 열도에서 증명됐다. 그나마 남북한 군사 균형의 린치핀(linchpin) 역할을 하는 주한 미군은 결코 한반도 붙박이 군대가 아니다. 자강불식(自强不息)의 의지가 약해지면 동맹은 언제든지 떠나는 게 냉엄한 국제정치의 현실이다.

　눈부시게 진화하는 북한 핵무기에 대한 우리 대응은 역설적으로 무대응 전략이다. 지난 2006년 북한의 1차 핵실험을 시작으로 16년 동안 6차례 핵실험이 이뤄졌으나 실험 후 석 달만 지나면 아무 일도 없었던 것처럼 행동하는 망각 증상이 고착화됐다. 보수 정부는 한·미 동맹의 확장억제전략, 진보 정부는 북한의 비핵화에 대한 선의를 신뢰하면서 북핵은 정쟁의 대상으로 전락했을 뿐이다.

　1975년 핵비확산조약(NPT)에 가입한 한국이 북한처럼 핵 개발을 추진하기는 쉽지 않지만, 빨간불 켜진 NPT 국제 핵 공조에만 안보를 의지하는 것도 한계가 있다. 북한의 비핵화가 사실상 어려워지고 추가 (7차) 핵실험이 이뤄진다면 한·미 확장억제에만 의존할 수 있을지도 미지수다. 16년간의 핵실험 역사를 진지하게 따져봐야 한다. 결과적으로 비핵화 협상은 제재를 피하면서 시간도 벌 수 있는 북한의 수단으로 활용돼왔기 때문이다.

"미국과 그 동맹국은 푸틴 러시아 대통령이 우크라이나에서 핵무기를 사용할 경우, 러시아 흑해 함대를 침몰시키는 것을 비롯해 러시아의 병력과 장비를 파괴할 것이다." 북대서양조약기구(NATO) 군 최고사령관을 지낸 데이비드 퍼트레이어스 전 중앙정보국(CIA) 국장은 푸틴의 핵 사용을 강력히 경고했다. 그는 언론 인터뷰에 "러시아의 핵무기 사용이 미국과 나토를 전쟁에 끌어들일 수 있느냐"는 질문에 이같이 답하며 미국과 나토의 대응이 필요할 것이라고 시사했다. 그는 2022년 10월 2일 미국 ABC 뉴스 인터뷰에서도 "(러시아가 핵 공격을 할 경우) 방사능이 나토 국가들에 피해를 입히게 된다면 이는 아마 나토 회원국에 대한 공격으로 해석될 수 있다"고 했다. 바야흐로 영화나 소설에서 나올 법한 핵전쟁 시나리오가 구체화하는 모양새다.


## 시몬 페레스의 핵 모호성 전략을 벤치마킹


1960년 12월 18일 미국 연방원자력연구위원회와 각국의 언론들은 일제히 특보(特報)를 냈다. 익명의 작은 나라가 핵무기를 개발하고 있으며 그 나라는 '이스라엘'이라고 지목했다. 보도는 건설 현장이 찍힌 여러 장의 사진과 함께 세계 곳곳으로 퍼져 나갔다. 소련 정찰기가 디모나 현장을 촬영했으며, 소련 외교부 장관은 워싱턴을 방문하여 미국의 개입을 요청했다. 벤구리온 이스라엘 총리는 국회에서 네게브 사막에 건설 중인 연구용 원자로는 오직 평화적인 목적으로 설계되었다고 핵무기 개발 계획을 부인하고 미국을 설득하였다.

2년여의 논란 끝에 존 F. 케네디 미국 대통령은 이스라엘 핵 개발 총책인 시몬 페레스를 백악관으로 불렀다. 케네디 대통령은 핵무기에 대한 이스라엘의 의도는 무엇인가? 라고 페레스에게 단도직입적으로 물었다. 페레스는 "각하 제가 분명히 말씀드릴 수 있는 것은 중동에서 핵무기를 처음으로 꺼내 드는 쪽이 절대로 저희는 아닐 것이라는 점입니다"라고 답변했다. 케네디는 답변에 만족했는지 혹은 체념했는지 핵문제를 더 거론하지 않고 면담이 끝났다(페레스, 2017). 그가 은유적으로 시인한 핵무기 개발의 사실은 당시 이스라엘 국내는 물론 해외에서도 거센 비판을 받았다. 하지만 역설적으로 핵무기의 존재를 부정하지도 긍정하지도 않은 페레스의 '핵 모호성(NCND)' 입장은 이스라엘의 공식적인 핵정책이 되었다.

페레스는 1956년부터 프랑스 정부를 집요하게 설득하여 이듬해 여름 파리에서 비밀 핵개발 지원 협약을 체결하고 원자로 건설 공사를 시작하였다. 이후 프랑스의 총리가 선거로 계속 바뀌는 과정에서 협약이 파기될 뻔한 절대 절명의 위기가 있었다. 페레스는 협약이 파기됨과 동시에 내용이 공개되어 프랑스가 이스라엘 핵 개발을 지원했다는 사실이 알려진다면 아랍 전체가 프랑스를 적대시할 것이라고 설득과 압박을 가했다. 마침내 프랑스는 예루살렘의 요구를 수용하였다. 그는 핵 기술의 원천을 제공한 파리는 역설적으로 중동 국가를 앞세워 돌파했고 핵 모호성 전략으로 워싱턴의 반대를 무마시켰다.

페레스는 주변 국가들이 특정 국가를 무너뜨리기 위해서는 정복 의

지와 군사력 우위가 필수라고 판단했다. 그는 디모나의 핵 시설은 주변 국가들에게 군사력 비교를 어렵게 만들어 전면적인 공격을 어렵게 할 것이라고 평가했다. 석유는커녕 물조차 없는 척박한 이스라엘 모래 땅에 원자력 에너지 기술을 확보하는 것은 중차대한 과업이라고 주변을 설득했다. 페레스가 핵 개발을 구상했을 때 모사드와 같은 정보기관은 소련의 개입을 의식해서 반대했다. 과학자와 기술자는 맨땅에서 터무니없는 계획이라고 반발했고 경제관료들은 막대한 재원을 조달할 수 없다고 일축했다. 미래를 조망한 벤구리온 총리는 젊은 애국자의 충정을 수용하였고 지지하였다.

페레스는 10번의 장관, 3번의 총리 및 대통령으로 이스라엘에 봉사했고 이스라엘과 팔레스타인 사이의 평화협정을 맺은 공로로 1994년 노벨평화상을 받았다. 그의 핵 개발 추진 막전막후 스토리를 끄집어낸 것은 향후 한반도 안보 상황이 예기치 않게 흘러갈 가능성이 작지 않기 때문이다. 이스라엘과 한반도의 상황은 물론 다르고 우리는 글로벌 유대 시오니즘 네트워크도 없다. 하지만 이스라엘의 핵보유 과정은 우리가 벤치마킹해야 할 사례다.

### 북핵 억제 위한 핵균형 전략 검토해야 할 때

비핵화가 핵보유보다 국가이익에 긍정적이라고 판단하도록 대북제재를 지속하고 강화해 북한을 변화시키는 전략이 필요하다. 과거 이란과 리비아에 대한 경제제재와 1975년 미국이 월남전에서 패배하고 철군한 이후 1986년 도이모이 개혁을 선언할 때까지 베트남은 10년 동안 지속한 제재들은 실효성을 절감하게 했다. 북한이 비핵화 반대급부로 수혜할 경제적 지원에 대한 구체적인 비전을 제시해 협상에 적극적으로 나오도록 유도해야 한다. 다만 경제적 당근만 가지고 비핵화를 끌어낼 수 있을지는 미지수다.

마지막으로 우리 핵무장의 변수는 워싱턴에서 단초가 제공될 수도 있다. 오는 11월 미국 대선에서 트럼프 전 대통령의 출현 여부다. 그의 당선은 기존 안보정책의 변화를 초래할 것이다. "미북 군축협상이 안될 건 뭔가....북핵은 호리병을 빠져나온 지니(genie out of battle)"라고 『트럼프 2기 국방정책 보고서』를 총괄 집필한 크리스토퍼 밀러 전 미 국방장관 대행은 현행 미국 바이든 행정부의 대북정책과는 결이 다른 이야기를 주장하였다. 그는 지난 30년간 북한을 통제하지 못한 게 현실이라 북핵 협상을 위해 제재 완화를 검토해야 하며 한국 정부는 좀 더 폭넓은 시각을 가져야 한다고 주장한다. 북핵을 용인하며 주한미군의 인계철선 역할을 바꿀 시점이나 한국 자체의 핵무장을 말할 단계는 아니다는 주장도 서슴치 않는다.

트럼프 행정부가 북한과 핵군축 협상으로 대북제재를 해제한다면 한국의 핵무장은 이제 본격적인 시동을 걸어야 한다. △나토식 핵공유, △미국의 전술핵 재배치, △자체 개발 등 다양한 시나리오에 대해서 공론화를 해야 하며 학계에서 우선 총대를 멜 수밖에 없다. 2024년 2월 5일 국민 10명 중 7명 이상이 한국 독자 핵무장에 찬성한다는 민간학술단체의 여론조사 결과는 최근 북핵 위협에 대한 국민들의 실질적인 체감을 반영한다. 최종현학술원이 발표한 제2차 북핵 위기와 안보상황 인식 여론조사에 따르면, 한반도 주변 여러 상황을 고려했을 때 한국의 독자적 핵 개발이 필요하다고 생각하느냐"는 질문에 응답자 72.8%가 긍정적으로 답했다. 이 가운데 핵무장이 매우 필요하다는 응답은 21.4%, 필요한 편이라는 응답은 51.4%였다. 국민들은 북핵 위협이 실존한다는 인식이 강하다.

안보(安保)는 평시에는 안 보인다. 특히 핵위협은 더더욱 그렇다. 정치권 일각에서는 대한민국이 나토(NATO)식 핵공유(nuclear sharing)를 검토하는 것은 남북 공멸의 길이라고 결사반대한다. 귀납적으로 북한만 핵을 가져야 하고 남한은 재래식 군사력에 의존해야 한다는 논리나 다름없다. 비핵화를 위한 외교적 노력과 동시에 자강불식계책에 대한 고민도 필요하다. 북한의 7차 핵실험은 전환점이 돼야 한다. 핵 무력 법제화에도 무덤덤한 한국이 북핵 위협의 1순위일 수 있기 때문이다.

핵을 머리에 이고 살다가 가슴에 안고 사는 '북핵과의 동거(with the nuclear)' 시대에는 발상의 전환이 불가피하다. 지양점과 지향점을 구분해서 성역 없는 담론과 대책을 논의해야 한다. 핵 위협은 소 잃고 외양간 고치는 대응 방식이 적용되지 않는다. 평양에서 7차 핵실험 소식이 들려오면 북핵을 억제·상쇄하기 위한 우리의 핵균형(nuclear parity) 수립이라는 제3의 전략을 심각하게 검토하지 않을 수 없을 것이다. 트럼프 후보의 당선 여부는 2025년 한국 외교에 큰 도전으로 다가올 것이다. 2025년 한반도를 둘러싼 동북아 국제정치의 거대한 체스판은 정책 변화가 불가피한 변곡점이다.

참고문헌

페레스, 시몬(2017). 『작은 꿈을 위한 방은 없다』. 쌤앤파커스.

# 7. 한·미중

## 미중 전략경쟁과 마주하기

**윤순구** 국립외교원 명예교수, 전 EU · NATO 대사

세력 전이 시대, 미중 전략경쟁은 피할 수 없다.
지역 분쟁 연루 위험, 북한 관리 및 경제 안보에 미칠
사변적 영향에 대비한 정교한 외교 전략이 요구된다.

전 유럽연합(EU) · 북대서양 조약기구(NATO) 대사, 서울대학교 국제대학원 객원연구원, 서울대학교 국제대학원 및 국립 외교원 강의, 전 외교부 차관보, 전 이집트 대사, 전 국방부 국제정책관. 『격동하는 세계, 진화하는 EU』(공저), 브뤼셀 자유대학(VUB) 명예박사, 미국 펜실베이니아주립대학 석사, 서울대학교 학사.

## 시작하는 글

세력 전이에 관한 투키디데스의 함정을 떠 올리지 않더라도 미중 전략경쟁은 이미 지구촌의 평화와 번영, 갈등 해결을 좌우할 핵심 변수가 되었다. 양국 간 경쟁은 특정 분야에 국한되지 않고 전 영역에 걸쳐 진행되고 있다. 통치 이데올로기, 외교 네트워크와 군사력, 무역과 경제 안보 등 모든 영역에서 누가 리더십을 행사하고 규범을 쓰느냐 하는 문제로 대치하고 있다. 대결과 경쟁에는 지역적 한계도 없다. 그 중에서도 동북아와 한반도는 미·중의 힘이 언제든 부딪힐 수 있는 최전선이 되었다.

중화 질서에 익숙했던 우리에게 미국은 분단 이후 중국을 대체하여 안보와 시장을 보장하는 후견인이 되었다. 그 사이 한국은 자유주의 국제 질서의 수혜자로서 선진국으로 성장하였다. 그러나 동북아는 우리의 의지와는 무관하게 언제든 연루(連累)의 위험이 도사리고 있고, 북한이 제기하는 안보 위협은 우리의 전략적 선택지를 제약하고 있다. 미중 전략경쟁은 경제와 국제 무역도 안보의 관점에서 재단하고 피아(彼我)를 구분한다. 대선을 코앞에 둔 미국은 누가 집권하더라도 더 강하게 중국을 압박할 기세다. 전략경쟁과 경제 안보가 화두인 시대에 '안미경중(安美經中)'은 양쪽으로부터 배척당할 수 있는 양다리 전략으로 치부될 위험성이 커졌다. 최근에는 러시아조차 우크라이나 전쟁을 계기로 한반도 복귀를 꾀하고 있다. 그야말로 한국 외교의 위기다.

## 유소작위(有所作爲)의 시진핑 체제

2차 세계대전 이후 국제사회는 미국이 주도한 자유주의 국제 질서에 따라 움직였다. 자유와 민주주의 가치 위에 주권과 자결권을 원칙으로 다자주의와 자유 무역이 게임의 규칙이었다. 중국은 자유 무역의 최대 수혜국이었다. 2001년 세계 무역 기구의 가입을 계기로 본격적 경제 굴기를 시작한 중국은 세계의 공장이 되었다. GDP 기준으로 1980년 미국의 6% 수준에 머물던 중국 경제 규모는 2000년 12%, 2010년 41%, 2020년 70%로 비약적 성장을 거듭하였다. 미국은 2001년 중국의 세계무역기구(WTO) 가입 노력을 후원함으로써 중국의 국제체제 편입을 도왔다. 중국은 부강해졌지만 체제는 변하지 않았다. 중산층이 커지면 민주주의가 자리를 잡고 기존의 국제 질서에 편입될 것이라는 서방의 생각은 잘못되었음이 드러났다.

중화의 질서를 당연시하던 중국인들에게 1840년 아편전쟁 이후 100년은 주권을 침탈당한 치욕의 1세기였다. 중국의 리더십은 이러한 중국인들의 심리 저변을 파고들었다. 2012년 11월 제18차 당 대회에서 시진핑 주석은 공산당 주도의 중국 특색 사회주의로 중국 민족 대부흥의 꿈을 실현하겠다는 "중국몽" 비전을 제시하였다. 2014년에는 "태평양은 미·중을 포용할 수 있을 만큼 넓다"는 수사(修辭)로 천하 양분 대계의 신형 대국 관계를 주장하였다. 현대 중국의 부흥과 도약의 토대가 되었던 제도화된 유연한 권력 교체는 시진핑 주석의 3연임으로 종언을 고하게 된다. 이후 중국의 행보는 거침이 없다. 주권 회복 기치하에 홍콩을 되찾았던 중국은 대만 독립 시도에는 무력을 동원할 수 있음을 분명히 하고 주기적으로 실력을 과시한다. "일대일로(一

帶一路)"를 통해 자신들이 중심이 되는 세계 물류 네트워크 구현을 시
도하더니, 국제 해양법 질서를 무시하는 9단선을 근거로 남중국해를
내해로 만들려고 시도한다. 미국 중심의 패권에 반대한다는 명분 하에
상하이 협력기구(SCO), 브릭스(BRICS), 러시아 등과의 연대를 강화
해 나가려는 노력도 병행하고 있다.

　중국 경제의 눈부신 성장은 공세적 대외 정책을 추진할 수 있는 자
신감의 원천이 되었다. 중국은 한동안 세계의 공장으로 지구촌 성장을
선도하더니 최근에는 발전의 그늘이 드러나면서 정점론(China Peak)
이 대두되고, 중국발 공급 과잉에 대한 경계감이 높아지고 있다. 중국
이 가진 무기는 엄청난 규모의 시장과 공급망에 대한 통제력이다. 어
느 분야나 물품이든 중국 시장에 진출하지 못하면 세계를 석권할 수
없을 정도로 중국이 가진 규모의 경제 위세는 대단하다. 특히 중국은
전기차, 태양광, 해상 풍력 등 친환경 경제로의 전환을 좌우할 핵심
산업에 막강한 경쟁력을 보유하고 핵심 원자재의 공급망을 장악하고
있다. 시장과 공급망에 대한 통제력은 중국이 미국이나 유럽의 관세
인상이나 시장 접근 제한 조치에 물러서지 않고 버틸 수 있는 무기가
된다.

　자유주의 국제 질서가 흔들리고 권위주의와 국가 자본주의 세력이
급속도로 힘을 얻고 있는 변화의 중심에 이러한 중국의 굴기가 있다.
자신을 드러내지 않고 때를 기다리며 실력을 기른다는 덩샤오핑의 '도
광양해(韜光養晦)' 유훈은 시진핑 시대에 적극적으로 참여해서 하고
싶은 대로 한다는 '유소작위(有所作爲)'로 바뀐다. 중국인들에게 미 ·
중 전략 경쟁은 유소작위라는 새로운 작동 원리를 실천하는 무대이자
원래의 자기 자리를 찾아가기 위한 마지막 관문이 된다. 시진핑 리더

십 하의 중국은 핵심 이익으로 간주하는 주권의 훼손에 강하게 대응할 것이기에 언제든 위기가 증폭될 수 있다. '3海(남중국해, 동중국해, 대만해)'로 대표되는 중국의 지정학적 리스크가 임박한 것으로 볼 수 있는 징후는 없으나, 위기가 도래할 경우 이미 도광양회의 틀을 벗어 버린 중국이 주권과 경제 안보 문제에 대해 물러설 것으로 기대하는 것은 쉽지 않다. 로이드 오스틴(Lloyd Austin) 미국 국방장관은 중국이 남중국해 군사화를 통해 이 지역에 대한 군사적 통제력을 확보했다는 점에서 중국은 이미 동아시아에서 지역 패권국이 되었다고 언급한 바 있다(O'Rourke, 2023, 109). 덩치가 커진 중국이 제재나 강압에 굴복하는 모습을 보이는 것은 시진핑 체제의 속성상 기대하기 어렵다는 반증이다. 2025년에도 이미 방향을 잡은 중국은 물러서지 않을 것이다.

## 대중 경계심으로 하나 된 미국

미국의 대중 견제 기조는 아시아로의 회기(Pivot to Asia)를 주창한 오바마 행정부 때 이미 시작되었다. 트럼프 행정부 시기에 군사, 외교 분야는 인태전략으로, 경제 분야에서는 관세 장벽으로 대중 압박 기조가 자리를 잡더니 바이든 행정부 출범 이후에는 체계화되고 더욱 조밀해졌다. 중국에 대한 현재 미국 조야의 경계심은 최고조에 달해 있다. 중국을 자신들의 패권에 도전할 수 있는 의지와 역량을 가진 유일한 국가로 인식한다(The White House, 2022, 23). 단순히 첨단 기술로 무장한 국가 자본주의를 넘어 권위주의와 디지털 전체주의가 결합된 반서구 모델로 본다. 소속된 당의 노선에 따라 분파적이고 대립적 경쟁이 일상화되어 가고 있는 미국 의회 내에서도 중국에 대해서만큼은 강경 대결 기조 일색이다. 118대 의회(2022~2024) 첫 9개월간 376개의 중국 관련 법안이 발의되었을 정도였다.

　미국은 중국의 수정주의 역사관에 입각한 공세적 현상 변경 시도에 대해 동맹국들과 연대하여 대항하려 하고 있다. 인태전략, 쿼드, 한·미·일 3국 협력, 오커스 등이 이러한 노력의 결과물이다. 대만과 남중국해 문제는 미·중 전략 대결의 명운을 가름할 시금석처럼 간주되고 있다. 대만에 대한 중국의 지속적 압박 공세에 대해 바이든 대통령은 2022년 6월 전략적 모호성을 유지해온 그간의 입장에서 벗어나 대만 방어를 공약하게 된다. 중국은 주권과 핵심 이익이 걸린 문제에서 물러서지 않을 것임을 공언해온 터라 미국이 대만을 보호하지 못하면 미국의 리더십이 추락하고 태평양은 중국의 바다가 될 것이다.

　미국의 대 중국 견제 노력은 정치, 군사, 외교 등 전통적 영역에 국한되지 않는다. 오히려 중국과의 전략경쟁의 승패는 첨단 기술과 친환경 경제 시대의 주도권을 누가 쥐느냐에 좌우될 것으로 인식하고 있다. 이에 따라 미국은 수출과 투자를 망라하여 첨단 기술이 중국으로 유입되는 것을 통제하는 한편 전략 산업의 자국 내 유치와 공급망 구축에 힘을 모으고 있다. 2018년 트럼프 대통령이 「무역확장법」 232조를 적용하면서 시작된 중국에 대한 고율의 관세 부과 조치를 바이든 대통령도 승계하였다. 먼저 일련의 대중국 첨단기술 수출 통제 조치로 호흡을 가다듬은 다음 2024년 5월에는 「무역법」 301조를 적용하여 전기차, 반도체, 태양전지, 철강 등 180억 달러 상당의 중국 상품에 징벌적 관세 부과 방침을 발표하였다. 중국의 불공정 무역 관행이 관세 부과의 이유로 적시되었으며 관세 부과 대상도 전략적으로 선정하였다. 바이든 행정부의 이러한 조치는 대선을 앞두고 60% 대중 관세 부과를 시사하고 있는 트럼프 후보에 영향을 받은 것으로 해석된다. 중국도 이에 대해 움추러들지 않고 상응 조치로 자신들의 정당한 권익을 수호하겠다는 결기를 보이고 있다.

## 2024년도 미국 대선

2024년 11월에는 미국 대선이 예정되어 있다. 민주당의 대통령 후보가 해리스 부통령으로 교체되면서 누가 승리할지 예측하기 힘든 박빙의 선거가 예상된다. 대외 정책의 방향성에 국한해서 보면 해리스 후보가 당선될 경우 바이든 행정부의 시즌2가 될 것으로 점쳐지는 반면, 트럼프 후보의 공약과 메시지는 점점 거칠어지고 있다. 대선 캠페인의 일환이라는 점을 감안하더라도 징벌적 관세 부과를 수단으로 한 보호 무역, 친환경 정책 후퇴, 거래적 동맹관, 반이민 등의 공약이 그대로 이행될 경우 큰 변화와 파장은 불가피해질 것이다.

그러나 누가 차기 대통령이 되더라도 군사 안보 분야에서 미중 전략경쟁의 방향성은 크게 바뀔 것이 없다고 본다. 중국과의 패권 경쟁은 미국 내 정파를 막론하고 최우선 순위 대외 정책 과제라는 공감대가 형성되어 있기 때문이다. 미국 차기 행정부는 우크라이나, 중동 등여타 지역 분쟁에 대한 관여를 줄이고 중국을 견제하는데 역량을 집중하고자 할 것이다. 중국은 현상 변경을 위한 전략적 환경 조성에 몰두하면서 틈새를 노릴 것이다. 두 강대국 모두 쉽게 지정학적 현상 타파를 도모하지는 못할 것이나 투키디데스가 패권국과 후발 경쟁국 간의 경쟁에서 숙명으로 맞이하게 될 것으로 설파한 "함정"의 틀에서 자유스럽지 못할 것이라는 말이 된다. 미 · 중 전략 경쟁이 무력 분쟁이나 완전한 경제 분절(Decoupling)로 비화되지 않도록 관리해나가는 것은 국제체제에 주어진 숙제이다.

미중 전략경쟁의 맥락에서 대결과 갈등의 파열음을 유발할 수 있는 분야는 군사 안보 분야보다는 대외 통상과 경제 안보 분야일 것이다. 대선 승리의 주인공이 누구냐에 따라 정책의 차이를 예상해 볼 수 있는 분야이기도 하다. 미국 민주당, 공화당 모두 첨단 분야뿐만 아니라 미래 산업 패권을 좌우할 친환경 산업의 주도권 상실을 허용하지 않겠다는 결기를 보이고 있다는 점에서는 동일하다고 하겠다. 그러나, 민주당의 해리스 후보가 우방국과의 공조를 토대로 한 영리한 맞춤형 경제·통상 전략을 염두에 두고 있다면, 트럼프 행정부가 들어설 경우 구체적 수치에 입각한 결과 목표에 집착할 것이다. 트럼프 후보는 이미 유세 과정에서 중국에 대한 징벌적 관세 부과와 경제 단절도 불사하겠다는 강한 입장을 수시로 표명하고 있다. 트럼프 1기의 국정 운영 방식에 비추어 보면 목표 달성을 위한 방식은 다분히 일방적이고 전시적일 것으로 예상해 볼 수 있고 정책 집행 과정에서 동맹, 우방국과의 갈등도 표출될 수 있을 것이다.

패권국과 신흥 강대국 간의 경쟁은 역사의 법칙이기에 대선 결과가 미중 전략경쟁의 본질을 바꾸지는 못할 것이나 진행의 과정과 양태에는 영향을 미칠 수 있다. 현재 중국에 대한 미국 조야의 경각심이 극도로 높아져 있고 중국이 미국 내 제조업 공동화를 야기한 원흉으로 지목되고 있는 만큼, 대선 캠페인 과정에서 강력한 대중국 입장이 지속적으로 표출될 것으로 예상해 볼 수 있다. 그만큼 중국에 대한 강력한 통상정책은 미국 유권자들에게 소구력이 있음을 의미한다. 그러나, 실제 미중 관계는 대외적으로 발표되는 입장과는 별개로 대립과 긴장 완화의 롤러코스터식 부침을 겪게 될 가능성이 크다.

## 미중 전략경쟁의 향배

미중 전략경쟁의 향배를 예측하는 것은 어려우나, 가까운 시기에 갈등이 해소될 기미가 없다는 것이 냉정한 현실 인식일 것이다. 오히려 어떠한 방식으로 경쟁과 대결이 이루어지느냐에 따라 국제사회가 어떠한 영향을 받을지 방향성이 결정될 것이다. 양국 간 경쟁이 군사적 충돌과 경제의 완전한 분절화 시도로 비화되면 국제체제는 대전환의 위기와 시련을 맞이할 것이다.

미중 전략경쟁의 방향을 좌우할 핵심 변수는 중국 국력의 실체와 역할에 대해 중국 리더십이 어떠한 인식을 갖느냐 여부일 것이다. 내년도에 전개될 국제 정세의 변화에 맞추어 중국 지도부가 현상 변경에 유리한 여건이 조성되었다는 유혹을 느낀다면 격변의 가능성을 완전히 배제할 수는 없겠지만 그러한 준비가 진행 중이라는 징후는 없다. 대만 내부의 변화, 시진핑 주석의 네 번째 연임 시도 등과 연결 지어 대만에 대한 중국의 행동을 예측해보려는 시도가 있으나 실현 가능성을 떠나 모두가 가설에 기반한 시나리오로 보인다. 미국은 행정부의 교체와는 무관하게 지정학적 현상 유지를 추구할 것이다. 미국은 2023년 11월 개최된 미중 정상회담의 핵심 성과로 양국 간 군사 대화 채널 복원을 꼽았다. 그만큼 서태평양에서 중국과 군사적 대결은 미국이 선호하는 선택지가 아니라는 말이다.

오히려 미중 전략경쟁의 향배는 통상과 경제안보 분야에서 단초를 찾을 수 있을 것 같다. 세계에서 가장 중요한 양자관계라는 실질 협력

수준에도 불구하고 어느 정도 폭과 깊이로 경제의 분절화 (Decoupling)가 기획되고 실천될 지는 불투명하다. 바이든 대통령을 비롯한 미국 최고위 인사들은 미국이 추구하는 것은 미중 경제의 분절화가 아닌 위험 완화(De-risking)임을 공언해 왔다(The Brookings Institution, 2023). 그러나 아래 표에서 보듯 중국의 미 국채 보유, 교역 추세 등 거시 지표는 지속적이고 일관된 하방의 방향성을 보여주고 있다. 미국은 인태경제 프레임워크(IPEF)등을 통해 중국을 배제한 공급망 구축에 공을 들이더니, 「인플레감축법(IRA)」을 제정하고 중국에 대한 관세 폭탄을 부과하였다. 최근에는 최고위층부터 연일 중국의 과잉 생산(overcapacity)에 대한 경고음을 발신하고 있다. IRA가 투자 유치를 통해 미국 내부의 친환경 산업 제조 역량을 키우기 위한 것이라면, 바이든의 관세 폭탄은 미국 시장이 경쟁력을 갖출 때까지 중국

**그림 1_ 미국 최고 무역 파트너 멕시코**

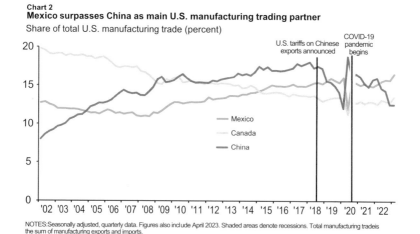

으로부터 보호하겠다는 의도를 드러낸 것이다. 중국도 물론 외국의 관세 부과에 상응하는 대응 조치를 취할 수 있도록 관세법을 개정하는 등 길목마다 대응 조치를 취해왔다.

앞으로 교역과 경제 운용의 블록화 경향은 심화될 것이고, 이에 따라 한국과 같은 통상국가들조차 자유 무역을 주창하는데 눈치를 보아야 하는 기류는 더 강화될 것이다. 실제 트럼프 후보 측의 로버트 라이트하이저(Robert Lighthizer) 전 무역대표는 중국을 미국의 경제적 위협(an economic threat)이자 치명적 적대국(lethal adversary)으로 규정하고 중국과의 전략적 분절화(decoupling) 필요성을 역설하고 있다 (Lighthizer, 2023, 125~138). 나아가 트럼프 후보는 유세 과정에서 모든 수입품에 대한 10%의 보편관세와 중국산 수입품에 대해서는 60% 이상 별도 관세를 부과하여 관세 수입으로 세수 부족을 충당하겠

그림 2_ **중국 보유 미국채**

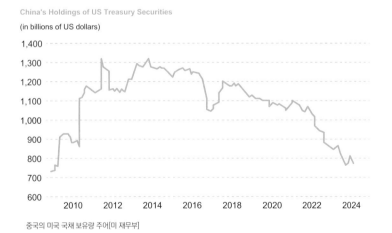

중국의 미국 국채 보유량 추어[미 재무부]

다는 방안을 제시하고 있다. 공화당은 정강 정책에서 중국에 대한 최혜국 대우(MFN)의 철폐를 공약하였다. 민주당, 공화당 등 소속을 불문하고 대중국 견제 분위기가 강한 의회가 중국에 대해 징벌적 무역 조치에 동의할 경우 중국도 물러서지만은 않을 것이기에 무역과 공급망을 둘러싸고 긴장의 파고가 높아질 것이다. 이렇게 되면 2차 세계대전 이후 미국이 설계한 자유 무역 질서는 힘을 잃고 글로벌 통상 질서는 공정 무역과 상호 호혜성을 요구하는 방향으로 재편이 가속화될 것이다.

## 미중 전략경쟁과 마주하기

한국은 미중 전략경쟁의 최전선에 서 있다. 우리의 현대사와 지정학적 여건이 그렇다. 미중 전략경쟁의 향배가 우리에게 몰고 올 파급력은 결정적이나 경쟁의 판도를 바꿀 만한 우리의 영향력은 극히 제한적이다. 지정학적 여건에 더하여 양국에 대한 우리의 경제 의존도는 언제든 결정적 취약성으로 반전될 수 있는 구조이다. 미중 대립과 경쟁이 치열해질수록 우리의 운신과 선택에 제약이 가해 질 수 있는 환경이다.

우리가 지향하는 가치와 북한의 핵 위협, 그리고 분단의 지정학적 현실을 감안할 때 한미 동맹을 중심에 두고 국가 전략을 생각할 수밖에 없는 것이 현실이다. 그렇다고 일방적 동맹 추종이 항상 정답은 아닐 수 있다. 불필요한 긴장을 낮추고 중국과 전략적 소통을 유지하는 것은 우리 외교의 존재감을 높이는 차원을 넘어 동맹에도 도움이 된다. 필요하면 미국 조야를 이해시키는 노력도 해야 한다. 유연한 전략적 사고와 대응은 미중간 등거리 외교나 또는 균형 외교와는 결을 달리하는 것으로 보편적 원칙에 따른 한중 관계를 만들어 가는데도 도움이 될 것이다. 동 · 서 간 냉전이 한창일 때 접촉을 통한 변화를 추구했던 서독 브란트(Willy Brandt) 총리의 동방정책(Ostpolitik)의 사례는 우리에게 좋은 영감을 준다. 김대중 · 오부치의 지혜가 녹아 있는 한중일 3국 협력의 틀도 유용한 수단이 될 수 있을 것이다. 서로의 차이는 인정하고 3국 간 협력의 관행을 쌓아가는 것은 지역 협력을 증진하고 평화를 만들어 가는 과정일 뿐 아니라, 미중 전략경쟁의 불가측성을 완화시키는 기제로도 작용할 수 있다고 본다.

중국과의 관계 설정은 전략적으로 중요하고 어려운 과제이며 외교의 실력을 가름하는 척도가 된다. 이를 위해 선행되어야 할 과제가 외교 정책에 대한 공감대 형성과 정책의 일관성이다. 외교와 내정이 연계되는 현실에서 초당적 외교 기조를 견지하는 것은 말처럼 쉬운 것은 아니다. 여러 변수를 고려해서 조심스럽게 정책을 만들어야 하겠지만 일단 우리 입장을 정하면 일관성 있게 밀고 나가는 것이 중국과의 바람직한 관계를 설정해 나가는 데에 필요한 것이다. 그래야 정부도 힘을 갖는다.

중국을 있는 그대로 보고, 공통점을 찾으려 하고 서로 다른 것은 다른 대로 존중하는 '구동존이(求同存異)'의 정신은 이웃 중국을 마주하는 지혜가 될 것이다. 다른 말로 하면 상호 존중의 정신이다. 근자에 서구에서 중국에 대한 경계심이 강화되면서 제기된 중국 정점론 또는 중국 위기론이 한국에서도 유행하고 있다(조영남, 2024). 중국이 발전 과정에서 경제, 사회적 어려움에 봉착한 것은 사실이나 중국의 현대사는 위기 극복으로 점철되어온 역사이기도 하다. 서로가 희망적 사고나 주관적 관점이 강하게 투영된 주장에 휘둘리기보다는 있는 그대로 상대를 보는 노력이 필요하다. 이를 바탕으로 우리는 중국에 대해 다름을 분명히 이해시키면서 조금 껄끄러워도 할 이야기를 하는 관계를 만들어 나가야 한다. 원칙 없이 왔다 갔다 하는 저자세 외교나 뒷감당이 어려운 허세를 부리는 것도 한중 관계의 미래에 도움이 되지 않는다. 한·중 관계의 역사 속에서 힘든 시기를 만들었던 마늘 파동과 싸드 (THAAD) 배치의 교훈을 상기해야 할 대목이다.

이미 동북아에서 한미일과 북중러 간 진영 대립은 피할 수 없는 구도가 되어가고 있다. 강대국 간의 관계는 나름의 관성이 있다. 전략경쟁으로 긴장의 파고가 높아지더라도 필요할 때는 그들 간의 관계를 중심으로 세계를 설계한다. 그 속에서 다른 관계들은 종속 변수가 되는 것을 역사 속에서 보아왔다. 동맹과 가치 외교를 지향하더라도 중국과의 관계는 그것대로 성의를 기울여야 할 또 다른 이유이다. 우리의 원칙이나 입장이 관철되지 않을 때는 이익의 균형을 찾아야 할 것이다.[1] 푸틴 대통령의 방북 계기에 이루어진 북러 동맹 복원으로 한반도의 안보 지형은 급변하고 있다. 한반도 안정과 현상유지에 이해관계를 가지고 있는 중국은 러시아의 귀환을 원치 않을 것이며 이러한 부분은 우리와 접점이 될 수 있을 것이다.

각론으로 들어가면 안보 문제는 현상유지(status quo)가 대전제가 되어야 할 것이며 대만 문제에 대해서는 명실상부한 하나의 중국의 원칙에 충실하여야 할 것이다. 나서지 않아야 될 일에 나설 필요는 없다. 대외 발표나 입장 표명은 정제되고 절제된 품격이 요구된다. 중국에 대한 불필요한 자극을 삼가고 물밑에서 움직일 필요가 있다. 한국을

---

[1] 필자가 외교부 차관보 자격으로 싸드 문제 협의 차 방중 시, 중국 측은 "입장은 입장이고 현실은 현실이다" 이라는 말로 중국의 입장은 변하지 않았으나 현실적 타협을 강구할 수밖에 없다는 취지로 사안을 종결함.

자유주의 연대의 약한 고리로 인식하는 오류도 시정되어야 하지만 우리를 향한 적대 의사를 키울 필요는 없기 때문이다. 현실적으로 중국을 겨냥한 미국의 정책에 우리가 어느 정도 참여하지 않을 수 없을 것이며 이미 한미일 3국 안보 협력은 속도를 내고 있다. 그러나 3국 안보 협력의 틀이 추동하는 방향에 무조건적으로 함몰되지 않기 위해서는 우리가 할 수 있는 것과 없는 것을 구분해야 한다. 필요할 때는 분명한 전략적 목표하에 전술적으로 모호성을 유지하는 것도 방편이 된다.

다음으로 경제 안보 전선이다. 미중 패권 경쟁으로 적어도 첨단 반도체, AI, 양자 등 첨단 기술 분야의 무역과 투자에서 국제체제가 분절화되는 것은 피할 수 없는 현상이 되어가고 있다. 앞으로의 무역 분쟁은 전기차, 배터리, 태양광, 풍력 터빈 등 소위 친환경 분야의 산업 패권을 누가 행사하느냐를 두고 전개될 공산이 커졌다. 중국산 수입 폭증으로 제조업의 공동화와 일자리 상실을 경험한 미국은 중국이 독주하고 있는 친환경 제조업의 주도권을 용인하지 않으려 한다. 우리도 산업별로 첨단 기술 분야, 친환경 및 일반 분야를 구분하여 정밀한 대응 계획을 세워야 할 것이며 교역에 통제와 제약이 가해지는 분야일수록 기업은 현지화를 추진하는 것이 불가피할 것이다. 분절화는 공급망 내에 경쟁 상대 배척을 수반하는 것이기에 부품이나 중간재를 조달하는 공급망의 다변화가 긴요해진다.[2] 그러나 단기간 내에 중국을 대체할 수 있는 시장은 없다는 것 또한 분명히 인식해야 할 것이다. 위험도를 완화하는 노력(De-risking)은 필요할 것이나 분절화(Decoupling)를

---

2  미국은 IRA 수혜를 위해서는 일정 기간 이내에 해외 우려국가(FEOC)로부터 물질이나 부품을 조달하지 않을 것을 조건으로 제시

선도할 필요는 없다. IMF는 복잡하게 얽힌 역내 분업 구조하에서 경제적 효용과 무관하게 생산 이전(reshoring, friendshoring)이 이루어질 경우 한국은 회복할 수 없는 수준의 피해를 보는 것으로 분석하였다.[3]

관세 인상으로 분절의 장벽을 쌓는 것은 궁극적으로 모두를 궁핍하게 만드는 것이다. 공급망과 교역 상대의 다변화 노력과 함께 무역 규범이 존중되고, 안보를 이유로 한 규제 조치는 최소화할 수 있도록 역량을 모아야 할 것이다. 그러나 블럭 간의 경쟁과 양자택일이 강요되는 세계에서 우리는 힘에 부친다. 다자주의와 자유 무역을 주창하는 유사 입장 국가들과 협력을 강화하는 것도 미중 경쟁시대에 위험을 완화할 수 있

그림 3_ **쇼어링으로 인한 GDP 손실**

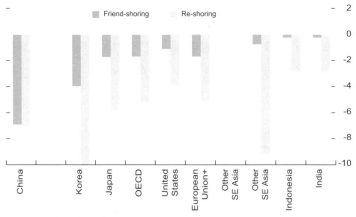

GDP Losses from Friend-Shoring and Reshoring Scenarios
(GDP levels, percent deviation from baseline)

Sources: Eora Global Supply Chain Database; and IMF staff calculations.

---

3 IMF Regional Economic Outlook (October 24, 2023). "Eora Global Supply Chain Database; and IMF Staff Calculations".

는 헷징(hedging)의 방편일 수 있겠다. 실제 미국의 IRA 대응 과정에서도 한국 · EU · 일본의 연대는 나름대로의 효력이 있었다. 과도한 보호주의적 요구에 대해서는 분야별로 유사한 어려움에 직면한 인태지역의 미국 동맹국들 간 협력을 통해 물 밑에서 움직이는 것이 효과적일 수 있다.

중국은 이미 지구촌 문제의 해법을 강구하는데 길목 도처에 있다. 세력 전이 경쟁은 피할 수 없다는 것이 반복되는 역사의 법칙이라 하더라도, 갈등과 분쟁의 평화적 해결을 위해 조력할 수 있는 방도를 찾는 것이 미중 전략경쟁을 지혜롭게 마주하는 자세가 될 것이다.

참고문헌

조영남(2024. 6.). "또다시 등장한 중국 위기론, 어떻게 볼 것인가?", 《아시아 브리프》 167권.

IMF(October 24, 2023). "Eora Global Supply Chain Database; and IMF Staff Calculations", IMF Regional Economic Outlook.

Lighthizer, R.(2023). *No Trade is Free*. New York: Broadside Books.

O'Rourke, Ronald(November 15, 2023). "U.S.−China Strategic Competition in South and East China Seas: Background and Issues for Congress", CRS Report R42784.

The Brookings Institution(April 27, 2023). "The Biden Administartion's International Economic Agenda".

The White House(October 2022). *National Security Strategy*.

## 8. 한·EU

# 유럽 극우세력 대두와 한국의 대응

안병억 대구대 군사학과 교수

유럽의회 선거에서 반이민과 반이슬람, 기후위기
대응 반대를 내세운 극우 정당들이 대략 1/4 의석을 차지했다.
그러나 이들은 서로 분열돼 있어 그린딜을 번복할 수는
없으며, 저지에 주력할 것이다. EU는 청정산업 지원과
연계된 그린딜의 속도를 조절하면서 계속 추진할 것으로
보인다. EU와 전략적 동반자 관계에 있는 우리는
자유무역을 주창해 온 EU와 여러 분야에서 협력을
더 강화해야 한다.

대구대 군사학과 교수, 전 한국유럽학회 부회장, 전 통합유럽연구 편집위원장. 『미국과 유럽
연합의 관계』(공저), 『하룻밤에 읽는 영국사』, 『셜록 홈즈 다시 읽기』, 한국외국어대학교 문학
사, 영국 케임브리지대학교 석사, 박사(국제정치).

## 들어가며

2024년은 '슈퍼 선거의 해'이다. 80억 명이 넘는 지구촌 인구 가운데 절반의 국가에서 대선이나 총선 등 다양한 선거가 있다. 이 중 민주주의 국가의 선거로는 인도(5월), 미국(11월) 등 총 50여 개국에서 20억 명이 선거에 참여한다. 유럽도 예외가 아니었다. 6월 6일부터 4일간 EU 27개국 국민들은 유럽의회 선거에서 주권을 행사했다. 이들은 이전에 비해 극우 포퓰리스트 정당을 더 지지했다. 반이민과 반이슬람, 유럽통합과 기후위기 대응 반대를 내세운 극우 정당들은 특히 유럽통합을 이끌어 온 독일과 프랑스에서 훨씬 더 많은 의석을 확보했다. 유럽의회에서 극우 정당의 세력 확대가 EU 정책 결정에 여러 방면에서 영향을 끼칠 것이다.

## 유럽의회 선거, 프랑스와 독일에서 극우 정당 약진

EU 유권자는 27개 회원국 인구 4억5천만 명 중에 3억7천만 명 정도이며, 이중 절반 정도가 유럽의회 선거에 참여했다. 유럽의회 선거는 투표율이 낮다. 유럽의 공통적인 문제보다는 주로 각국의 이슈를 중심으로 선거가 치러지는데, 유권자들은 보통 집권당에 실망해 항의 투표 성격으로 이 선거에 참여해 왔다.

이번 선거에서 프랑스 극우 정당 국민연합(Rassemblement National, RN)의 상승세가 두드러졌다. 반이민과 반이슬람, 친러 성향의 RN은 그동안 꾸준하게 대중정당으로 변모하는 전략을 이행해 왔다. 그들은 31.5%의 지지를 얻어 최고 득표 정당이 됐다. 마크롱 대통령이 이끈 중도파 르네상스당은 단지 15.2% 지지를 얻었다. 우크라이나 전쟁에 따른 물가상승과 이민 급증 등의 불만이 집권당에 대한 강력한 항의로 나타났다.

출구조사가 발표된 직후 마크롱 대통령은 조기 총선 실시를 전격적으로 밝혔다. 프랑스 의회 선거가 2년 전에 있었기에 3년 후에 실시될 예정이었다. 유럽의회 선거에서 RN이 세력을 확대했기 때문에 진정으로 이 극우 정당에게 국정을 맡길 것이냐며 일종의 벼랑 끝 승부수를 던졌다. 결국 사회당과 녹색당 등 중도좌파 4개 정당이 선거연합인 신인민전선(Nouveau Front Populaire, NFP)을 구성해 당선될만한 후보를 적극 밀어줘, 극우파의 집권을 막아냈다. 이들은 선거구의 후보 단일화를 하면서 선거에 함께 했다. NFP가 157석으로 제1당, 마크롱이 이끈 앙상블은 2위, 국민연합은 3위에 그쳤다. 2007년부터 실시된 대통령 선거에서 드러났듯이 극우 집권은 안 된다는 공감대를 비극우 정당들이 공유하고 결선 투표에서 극우파를 지지하지 않은 전략을 썼다.

연립정부의 전통이 없는 프랑스의 경우 총리 인선에 적잖은 진통이 계속됐다. 마크롱은 극우파가 제1당이 되는 것을 저지했지만 앞으로 남은 임기 3년간 자신이 원하는 정책을 실행하는데 큰 어려움을 겪을 것으로 보인다. 프랑스의 재정적자는 2024년 현재 GDP의 5.5%다. 프랑스는 EU의 안정성장 조약에 따라 이 적자를 3% 이내로 점차 줄여야 한다.[1] 반면에 NFP 블록은 정부 재정을 대폭 확대해 복지정책을

---

1  단일화폐 유로를 채택한 유로존 국가는 안정성장조약(Stability and Growth Pact, SGP)에 따라 정부 재정적자는 국내총생산(GDP)의 3%, 공공부문 부채는 GDP의 60%를 초과해서는 안된다. Rachman. Gideon(June 25, 2024), "France Could Trigger the Next Euro Crisis", *Financial Times*.

강화하겠다는 공약을 내세웠다.

독일에서도 극우 정당 독일대안당(Alternative für Deutschland, AfD)이 약진했다. 선거운동 기간에 선거운동을 이끌던 후보가 나치를 두둔하는 망언을 했음에도 AfD는 16% 지지를 얻어 제2당이 됐다. 유권자들은 여당인 사민당이나 녹색당보다 이 정당을 더 지지했으며, 젊은 층의 지지도가 급증한 게 특징이다. 5년 전 유럽의회 선거와 비교해 24살 이하 젊은이들은 이번 선거에서 16%가 AfD를 지지해 직전보다 11% 포인트 표를 더 줬다. 독일 유권자들 역시 기존 정당의 정책에 실망해 극우 정당 지지로 돌아섰다.

## 유럽의회, 극우세력 대두로 그린딜 속도 조절할 듯

우르줄라 폰데어라이엔 유럽의회 집행위원장이 7월 18일 집행위원장 선거에서 과반을 얻어 연임이 확정됐다. 2019년 12월에 임명돼 2024년 11월 말, 5년의 임기가 만료될 예정이었으나 유럽의회 선거에서 그가 소속된 중도 우파인 유럽인민당(European People's Party, EPP)이 최대 정치 그룹이 되면서 연임이 유력했었다. 유럽의회 의원들은 국적이 아니라 정치이념에 따라 정치 그룹(원내 교섭단체)을 구성해 활동한다. 예로 각국의 중도좌파는 보통 진보사회민주연합(The Progressive Alliance of Socialists & Democrats, S&D)이라는 정치 그룹 안에서 일한다. 그의 표결 과정을 보면 앞으로 유럽의회의 정책 우선순위와 세력을 확대한 극우 정당의 의회 내 영향력을 가늠할 수 있다.

이번 표결에서 그는 전체 720명의 의원 가운데 과반인 361석을 얻으면 됐는데 401명의 지지를 받아 무난하게 연임에 성공했다. 이번 유럽의회 선거에서 EPP는 189석, S&D 그룹은 136석, 중도파 정치 그룹 갱생(Renew)은 74석을 얻었다. 이들 3개 정치 그룹의 의석을 합하면 399표인데 일부가 그를 지지하지 않았기에, 그는 51석을 지닌 녹색당 정치 그룹의 지지로 401석을 얻을 수 있었다.

그는 연임투표 과정에서 83석으로 4번째 큰 그룹인 극우 정치 그룹 유럽보수개혁(European Conservatives and Reformists, ECR)의 지지를 받지 않았다. ECR에서 가장 큰 의석을 차지하는 그룹이 이탈리아 총리 조르자 멜로니의 이탈리아형제당이다. 사회당과 Renew, 녹색당 그룹은 기후위기 대응을 반대하는 ECR과 협력할 경우 폰데어라이엔 연임을 반대하겠다고 수차례 명확하게 밝혔다. ECR이 아니라 녹색당의 지지로 연임에 성공한 그는 앞으로도 그린딜을 추진하겠다는 의지를 내비쳤다.

의회의 또 다른 극우 정치 그룹인 유럽을위한애국자(Patriots for Europe, PfE)는 프랑스의 국민연합(RN)이 주도한다. PfE 84석 가운데 RN이 30석을 차지한다. 헝가리 시민동맹 피데스(Fidesz), 체코 불만족시민연대(The Action of Dissatisfied Citizen, ANO)와 같은 극우 정당이 이 그룹에 속한다. 유럽의회에서 PfE가 3위, ECR이 4위다.

이들은 20년 전 전체 의석의 7%에 불과했지만 이번 선거에서는 24% 정도로 세력을 크게 확대했다. 하지만 이들은 서로 다른 정치그룹을 형성해 자신들의 지지층만을 규합하려 하며 하나의 정치 그룹을 형성하지 못하고 서로 경쟁을 한다. 두 그룹 모두 기후위기 회의론자가 많고 서민들에게 큰 부담을 주는 기후위기 대응을 강력하게 반대한다.

EU 행정부 역할을 하는 집행위원회는 정책과 법안 제안권을 지닌다. 2024년 초부터 EU 회원국 농민들이 브뤼셀에 집결해 기후위기 대응 반대 시위를 계속했다. 이들은 EU가 기후위기 대응책으로 메탄가스 줄이기 등을 실행해왔는데 이게 너무 큰 부담이 된다고 항의했다. 이런 정책이 자유무역협정(FTA)을 체결한 베트남이나 한국의 농민들과 비교해도 경쟁에 불리하며 너무 큰 부담이라는 것이다. EU는 농부들의 시위에 굴복해 그린딜 속도 조절을 약속했다. 원래 2040년까지 달성해야 할 질소 및 메탄가스 감축량을 1990년에 비해 30% 축소해야 한다는 항목이 포함돼 있었는데 이를 제외했다.[2] 집행위원회는 유럽의회와 회원국들의 과반 지지를 얻을 수 있어야 관련 법안을 제안한다. 이런 분위기를 감안할 때 집행위원회는 그린딜 법안을 제안할 때 상당히 신중하며 청정산업 지원과 함께 제시할 것으로 보인다.

폰데어라이엔은 선거 표결 전에 앞으로 5년간 정책 우선순위를 발표하며 지지를 호소했다.[3] 그는 무엇보다도 경제적 번영을 누리려면 경쟁력을 강화해야 한다고 강조했다. 1972년 석유파동부터 유럽은 10년 넘게 저성장에 시달렸다. 1985년 당시 유럽경제공동체는 비관세장벽을 과감하게 허물어 단일시장 계획에 합의해 경제적 침체를 벗어나 통합의 발판을 마련했다. 폰데어라이엔은 회원국별로 칸막이처럼 분절화한 디지털 단일시장의 완성을 예로 들며 EU가 재도약해야 국제정치경제 무대에서 목소리를 낼 수 있다고 밝혔다. 그는 '신청정산업

---

2  "EU Backs Down on Agricultural Emissions After Farmers' Protests"(Feb. 6, 2024). *Financial Times*.

3  European Commission(July 18, 2024), "Statement at the European Parliament Plenary by President Ursula von der Leyen, Candidate for a Second Mandate 2024-2029". https://neighbourhood-enlargement.ec.europa.eu/news/statement-european-parliament-plenary-president-ursula-von-der-leyen-candidate-second-mandate-2024-2024-07-18_en (2024. 8. 1. 검색).

딜'(New Clean Industrial Deal)' 관련 법안을 취임 100일 안에 제시하겠다고 약속했다. 기존의 그린딜에 청정 에너지 산업 강화를 결합한 것이다. '그린' 철강과 청정산업 투자 지원과 이 분야의 대폭적인 규제 완화를 공약했다.

연임에 성공한 폰데어라이엔은 그린딜을 청정산업딜로 재포장했다. 과감한 목표를 내세워 제안하기보다 의회와 회원국의 입장을 면밀하게 분석한 후 관련 법안을 제시할 것이다. 이번 선거에서 중도파와 녹색당의 세력이 약화하는 대신 극우 정당의 세력이 약진했다. 의회 내 정치지형의 변화를 감안할 때 그린딜 속도 조절은 불가피하다.

## 통합의 견인차 독일과 프랑스의 리더십 공백

EU에서 또 하나 주목해야 할 것이 리더십 공백이다. 독일은 EU 최대의 경제 대국으로 1/4의 규모를 차지한다. 2위의 경제 규모에 핵무기를 보유한 프랑스와 함께 EU를 이끌어왔다. 대개 독일과 프랑스가 사전에 긴밀하게 협의해 의제에 합의하고 이를 EU 차원에서 통과시키는 과정으로 정책 결정을 해왔다. 1963년 체결된 독일·프랑스우호조약('엘리제조약')이 이런 협력의 바탕이 됐고 양국은 주요 외교 문제를 사전에 협의해왔다. 하지만 현재 두 나라 모두 정치적 리더십이 심각하게 약화됐다.

독일의 경우 2021년 12월에 중도좌파인 사회민주당(사민당), 녹색당 그리고 가장 친기업적인 자유민주당(자민당)이 3당 연립정부를 구성했다. 독일은 소선거구제에 비례대표제를 병행한 선거제도를 유지해 선거에서 보통 최대 득표를 얻은 정당이 의회 진입선 5%를 돌파한

제3, 혹은 제4 정당과 연정을 구성해 왔다. 그러나 21세기 들어 정치 구조가 파편화하는 바람에 두 당으로 구성된 연정이 불가능해졌다. 따라서 2차대전 후처음으로 3당 연정이 출범했다.

2022년 2월 말 발발한 우크라이나 전쟁으로 독일은 물가가 급등했다. 러시아산 천연가스를 끊는 바람에 제조업 강국인 독일의 경제성장률은 지난해 −0.4%를 기록했고 올해 겨우 0.1% 성장이 기대된다. 유권자들의 불만이 높아지면서 자민당은 의회 진입선 5% 이하로 지지율이 떨어졌다. 수세에 몰린 자민당은 연정 구성 때 합의한 정책조차 번복했다. 그 예가 2035년까지 EU 회원국에서 내연기관 자동차를 퇴출하기로 한 결정이다.[4]

작년 3월 말 EU 27개국은 2035년부터 휘발유, 경유 등 화석연료를 사용하는 내연기관차의 판매를 금지하기로 합의했다. 독일이 제안해 성사된 법안이다. 그런데 기업의 요구를 수용하려는 자민당이 몽니를 부려 독일은 합성연료(E-Fuel) 등을 사용하는 내연기관차를 예외로 인정해 달라고 계속 버텨 결국 얻어냈다. 자동차 강국인 독일은 전기차 전환에 늦었고, 합성연료를 대량생산하는 공장을 건설 중이다.

3당 3색의 연정 이외에 독일 기본법(헌법)에 규정된 균형재정조항이 정책 재량권을 크게 제한한다. 기본법 109조와 115조는 연방정부의 순부채가 GDP의 0.35%를 초과하면 안 된다고 규정한다. 이 부채 상한선을 경기침체·자연재해·전쟁과 같은 비상사태를 제외하고는 넘을 수 없다. 연방정부는 2016년부터, 16개 주정부는 2020년부터 이를 실행 중이다. 독일은 팬데믹 지원에 쓰고 남은 돈 600억 유로

4  안병억(2024. 3. 21), "'브뤼셀'에서 신뢰 잃은 독일," 《이투데이》.

(약 84조 원)를 녹색당이 우선시하는 기후위기 대응, 자민당이 요구한 기업의 디지털 전환에 지출하기로 합의했다. 정부예산으로 편성해야 하지만 GDP의 1.5%에 이르는 액수라 예산에 잡히지 않는 부외 예산으로 책정했다. 그러나 헌법재판소는 지난해 11월 이를 균형재정조항 위반이라 판시했다. EU 최대의 경제 대국 독일의 이런 긴축 지향적인 경제운용은 유럽 경제 회복에도 걸림돌이다.

프랑스는 조기 총선에서 마크롱 대통령이 과반을 얻지 못했다. 아무리 정부에 우호적인 총리를 임명한다 해도 정부 재정을 축소해야 하기 때문에 대통령과 총리의 갈등이 커질 가능성이 높다. 국내 정치에서 허약한 국가지도자가 유럽 무대에서 아무리 좋은 정책이나 의견을 제시해도 신뢰를 얻기 어렵고 이런 정책이 통과될 가능성은 낮다. 미국과 중국이 안보뿐만 아니라 인공지능 등 첨단기술에서 패권 경쟁을 벌이고 있고 트럼프의 재선 가능성도 배제할 수 없다. 지정학적 불확실성이 지속적으로 높아지는 국제정치 무대에서 이럴 때일수록 EU는 리더십이 필요하다. 하지만 리더십을 행사해온 독일과 프랑스가 그럴 상황이 아니기에 문제가 심각하다.[5]

## 한·EU 양면성, 그린딜 갈등 소지와 자유무역 이익 공유

유럽의회 선거에서 정치 지형의 변화로 EU의 그린딜은 당분간 속도를 조절하겠지만 중장기적으로 계속 추진될 것이다. 한국은 약간

---

5  "Europe Faces a New Age of Shrunken French Influence"(July 6, 2024). *Economist* ; "Germany's Failure to Lead the EU is Becoming a Problem"(July 27, 2024). *Economist*.

의 시간을 벌었을 뿐이다. 한국이 재생에너지 사용을 확대하지 않으면 EU와의 갈등이 빈번할 것은 물론이고 우리의 무역에도 악영향을 끼칠 것이다.

영국의 에너지 기후 싱크 탱크 엠버(EMBER)가 2024년 7월 말에 발간한 『EU전력보고서』에 따르면, 올 상반기 EU 27개의 전체 전력 생산량 가운데 재생에너지 발전 비중(30%)이 처음으로 화석연료 발전 비중보다 3% 높았다. 반면에 우리는 2023년 말을 기준으로 재생에너지 발전 비중이 8.4%로 세계에서 최하위 수준이다. 2022년 윤석열 정부 출범 후 2030년 재생에너지 발전 비중 목표를 문재인 정부에서 정한 30.2%에서 21.5%로 줄였다. 재생에너지 발전 비중이 적으면 대외무역의존도 70%인 한국의 수출 경쟁력이 직격탄을 맞을 수 있다.

구글이나 아마존 등과 같은 세계적인 대기업들은 협력 기업에게도 제품을 생산할 때 재생에너지를 100% 사용하도록 하겠다는 공약을 내놓았다. 한국무역협회 산하 국제무역통상연구원은 "국제사회의 재생에너지 100% 사용(RE100) 요구가 거세지는 상황에서 수출의존도가 높은 국내 제조업체의 재생에너지 전환이 늦어질수록 수출 경쟁력이 떨어질 수 있다"고 우려했다.[6] EU로 철강과 알루미늄 등을 수출하는 기업 가운데 순탄소 배출기업들은 2026년부터 탄소국경세를 납부해야 한다. 그린딜 법에 치밀한 통상전략으로 대응해야 한다.

반면에 독일과 프랑스 등 EU의 리더십 공백은 우리에게 기회일 수 있다. 독일은 2025년 가을에 총선이 예정되어 있고 중도우파인 기독교

---

6  한국무역협회(2024. 4. 24), "제조 수출기업의 RE100 대응 실태와 과제".
   https://www.kita.net/researchTrade/report/tradeFocus/tradeFocusDetail.do?no=2592

민주당으로의 정권 교체 가능성이 높다. 레임덕에 빠진 마크롱 대통령은 의회와의 갈등이 지속될 것으로 보인다. 독일 및 프랑스와 협력을 지속하면서 이탈리아와 스페인 등 EU의 리더십 공백을 메우려 노력하는 다른 회원국과의 협력도 강화할 필요가 있다. 아울러 연임에 성공한 폰데어라이엔이 이끄는 집행위원회도 이런 리더십 공백을 채우는 데 역할을 확대하려 할 것이다. 브뤼셀 주재 한국 EU 대표부에서도 이런 점에 역점을 둬 집행위원회 및 유럽의회를 대상으로 한 상시 외교에 힘을 모아야 한다. 현재 브뤼셀 주재 한국대사관이 EU대표부를 겸임 중이다. 브뤼셀 주재 EU대표부의 신설과 인력 확충도 고려해야 한다.

2023년 5월 말 수교 60주년을 기념해 서울에서 열린 한·EU 정상회담에서 양자는 디지털과 안보, 그린 분야에서 협력을 강화하기로 합의했다.[7] 2010년 양자는 전략적 동반자 관계를 맺은 이후, 양자의 관계는 굳건하다.

한국과 EU는 '자유무역 유지'라는 정책 원칙을 공유하고 있다. 2024년 11월 초 미국 대선에서 트럼프 행정부가 출범할 경우 미국의 보호무역은 한층 강화될 것이다. 한국은 자유무역 유지에서 EU와 적극적으로 협력할 수 있다. 재생에너지 확충은 갈등의 소지가 있기 때문에 EU 내 대표적인 원자력 강국 프랑스와 협력을 강화할 수 있다. 원자력을 재생에너지로 포함시키는데 프랑스와 우리의 이익이 일치할

---

7  Frassineti, Francesca(July-August 2024), "From Like-Minded to Like-Acting: The EU-ROK Strategic Partnership in Times of Crisis," *The Asan Forum*. https://theasanforum.org/from-like-minded-to-like-acting-the-eu-rok-strategic-partnership-in-times-of-crisis/; Park, Sunghoon(April 2020), "South Korea and the European Union," Oxford Research Encyclopedia. https://doi.org/10.1093/acrefore/9780190228637.013.1122

수 있다. 지정학적 불확실성이 매우 커지는 상황에서 한국과 EU는 공유하는 이익에서는 적극 협력할 수 있고, 갈등의 소지가 있는 그린딜은 긴밀한 협력과 소통으로 갈등을 최소화할 수 있다.

## 참고문헌

안병억(2024. 3. 21). '브뤼셀'에서 신뢰 잃은 독일. 《이투데이》.

한국무역협회(2024. 4. 24). "제조 수출기업의 RE100 대응 실태와 과제". https://www.kita.net/researchTrade/report/tradeFocus/tradeFocusDetail. do?no=2592 (검색:2024. 8. 7).

"Europe Faces a New Age of Shrunken French Influence"(July 6, 2024). *Economist*.

European Commission(July 18, 2024). "Statement at the European Parliament Plenary by President Ursula von der Leyen, Candidate for a Second Mandate 2024−2029". https://neighbourhood−enlargement.ec.europa.eu/news/statement−european− parliament−plenary−president−ursula−von−der−leyen−candidate− second−mandate−2024−2024−07−18_en (2024. 8. 1. 검색).

Frassineti, Francesca(July−August 2024). "From Like−Minded to Like−Acting: The EU−ROK Strategic Partnership in Times of Crisis," The Asan Forum. https://theasanforum.org/from−like−minded−to−like−acting−the−eu−rok− strategic−partnership−in−times−of−crisis/ (검색: 2024. 8. 3);

"EU Backs Down on Agricultural Emissions After Farmers' Protests"(Feb. 6, 2024). *Financial Times*.

"Germany's Failure to Lead the EU is Becoming a Problem"(July 27, 2024). *Economist*.

Park, Sunghoon(April 2020). "South Korea and the European Union,"*Oxford Research Encyclopedia*, https://doi.org/10.1093/ acrefore/9780190228637.013.1122 (검색: 2024. 8. 3).

Rachman, Gideon(June 25, 2024). "France Could Trigger the Next Euro Crisis," *Financial Times*.

## 9. 제3 세력

# 세계 정치, 경제의 판을 흔드는 글로벌 사우스

**최윤정** 세종연구소 부소장

강대국 정치가 세계를 호령하던 시대는 저무는가.
세계 인구의 70%를 차지하는 글로벌 사우스,
수년 내 이들이 세계의 정치, 경제, 과학기술, 환경 등에
미칠 영향은 압도적일 것이다. 이들이 미래 인류의
생존, 번영의 열쇠를 쥐고 있다고 해도 과언이 아니다.
세계의 정치, 경제의 판을 흔드는 글로벌 사우스를
이해하고 함께 공생, 공영의 세계질서를 만들어가기 위한
노력은 지금 시작되어야 한다.

세종연구소 부소장 겸 외교전략센터장. 『Order in Tension: Competing Perspectives and Strategies in the Indo-Pacific』(공저), 『글로벌 사우스와 경제안보』(공저) 등 국제정세를 분석하는 다수의 저서와 학술 논문 집필. 국가안보실, 외교부, 통일부 등 정책 자문. 이화여자대학교 국제학 석·박사. 최윤정 (Yoon Jung Choi, 崔允靜)

## 글로벌 사우스의 부상은 실재하는 현상인가

2025년에도 세계의 지각변동은 계속될 것이다. 미국은 중국과의 전략경쟁을 공식화했으며 대열을 강화하기 위하여 진영화를 더욱 거세게 몰아붙일 것으로 보인다. 냉전기 미국의 맞수였던 중국과 러시아도 주변 지역을 중심으로 경제, 군사적 힘을 투사하고자 하나 이전 같지 않은 열세에 봉착하여 다시금 세력화에 나서고 있다. 이같은 강대국과 지정학의 귀환은 국제정치의 반복되는 테마다. 그런데 익숙하지 않은 제3의 집단이 등장하여 국제정치의 담론에서 세를 불리고 있다. '글로벌 사우스(Global South)'라는 명칭으로 등장한 이 집단은 어느덧 세계의 정치, 경제 담론에서 빠지지 않고 등장하고 있다.

글로벌 사우스는 냉전기에 비동맹국 또는 서방이나 소련에 속하지 않은 개발도상국들을 지칭하기 위해 처음 사용되었다. 글로벌 사우스는 1955년 반둥회의를 계기로 성립된 비동맹 운동에서 원형을 찾을 수 있다. 이들은 대부분 서구 식민지를 경험하고 제2차 세계대전 이후 독립한 국가들로, 1964년 UNCTAD(유엔무역개발기구)를 중심으로 공정하고 평등한 국제질서를 주창하는 개발도상국들의 연합체인 G77(77개국 그룹)으로 활동을 이어갔다.

1980년대 서독의 전 총리 빌리 브란트는 실제로 소득 수준과 산업 발전을 기준으로 지구를 남과 북으로 나눈 지도를 발표하였다. 당시만 해도 글로벌 사우스는 '못사는 나라들'의 다른 표현에 불과했다. 그런데 아래의 브란트 지도에서 보듯이 애초에 정확하게 적도를 따라 깔끔하게 나눈 것도 아니었다. 이 지도가 작성될 당시의 한국은 글로벌 사우스로 구분되었다는 것도 확인할 수 있다.

그림 1_ **브란트 지도(The Brandt Line)**

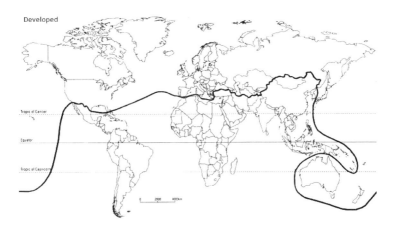

Developed

\* 자료: Lees N. The Brandt Line after forty years: The more North−South relations change, the more they stay the same? Review of International Studies. 2021;47(1):85−106.

　오늘날에도 글로벌 사우스는 아프리카, 아시아, 중남미, 중동의 일부 국가들을 포함하며, 일반적으로 경제 발전 수준이 낮고 정치적 불안정과 사회적 불평등 정도가 상대적으로 높은 국가들을 지칭한다. 현재 134개국이 포함되어 있는 **G77 국가들**[1]은 스스로의 정체성을 '글로벌 사우스'로 정의하고 있다.

　최근에 이들이 다시 주목을 받게 된 계기는 2022년 우크라이나 사태라고 할 수 있다. 유엔에서 2022년 3월 러시아의 우크라이나 침공을 규탄하는 결의안과 10월 우크라이나 4개 지역 합병을 규탄하는 투표에서 모두 35개국이 기권하고 5개국이 반대했다. 대부분이 중국, 인도, 남아프리카공화국 등 소위 글로벌 사우스에 포함되는 국가들

---

1　G77 홈페이지 https://www.g77.org/doc/members.html

이었다.[2] 미국과 서방세계는 러시아에 경제제재를 부과하였지만 글로벌 사우스에 거주하는 세계 인구의 85%는 제재 동참을 거부하였다 (Mahbubani, 2023). 글로벌 사우스 국가들은 서방의 입장에 동조하지 않고 그들의 입장이 있음을 보여주었다. 실로 러시아의 우크라이나 침공은 국제질서에 대한 근본적인 논쟁을 촉발시켰을 뿐만 아니라, 글로벌 사우스가 국제사회의 중요한 주주라는 사실을 일깨워주었다.

나아가 이들은 진영화와 신냉전으로 치닫는 현 시점에 국제 질서의 질주에 제동을 거는 세력으로 간주되기도 한다. 자유주의를 대표하는 미국 국제정치학자 존 아이켄베리(John Ikenberry)는 세계를 미국 · 유럽이 주도하는 '글로벌 웨스트', 중국 · 러시아가 주도하는 '글로벌 이스트', 그리고 비서구 그룹인 '글로벌 사우스'의 '세 개의 세계(Three Worlds)'로 구분한 바 있다(Ikenberry, 2024). 그런데 과연 글로벌 사우스는 하나의 축을 구성할 만큼 응집되고 단단한 세력화에 성공할 것인가? 국제질서 재편기 첨예한 전략경쟁의 시대에 접어드는 지금 어느 때보다도 한국은 변화하는 국제 정세를 신속하게 포착하고 이에 대비한 국가 전략을 세워야 할 때다.

## 글로벌 사우스에 왜 주목해야 하는가[3]

미국의 저명한 언론인 Fareed Zakaria는 2008년 발간한 저서에서 전통적인 서구 이외 나머지 국가들의 정치 · 경제적 영향력의 확대

---

2  UN 홈페이지 https://press.un.org/en/2022/ga12458.doc.htm
3  글로벌 사우스에 관한 아래 글의 일부는 저자의 다른 논문의 내용을 수정, 보완한 것임을 밝혀둔다.

를 "나머지 국가의 부상(The Rise of the Rest)"이라고 표현하며 새로운 국제질서의 주요 현상으로 지목한 바 있다(Zakaria, 2008). 과연 최근 글로벌 사우스 국가의 숫자뿐만 아니라 인구 규모, 경제력, 국제정치에서의 영향력을 보면 나머지 국가의 부상은 부인할 수 없는 현상이 되었다. 영국의 주요 일간지 《파이낸셜타임즈(Financial Times)》는 '글로벌 사우스'를 2023년의 키워드로 선정하였다.

무엇보다도 세계 경제에서 신흥개도국이 차지하는 비중과 중요성이 점차 확대되고 있다. 현재 글로벌 사우스는 세계 인구에서 70%를 차지하는데 이 중 생산가능인구인 15세~64세가 68%를 넘는다. 선진 7개국(G7)이 세계 국내총생산(GDP)에서 차지하는 비중이 80년대 70%에서 현재 40%까지 하락한 공백을 글로벌 사우스가 메우고 있다. 2023년 국제통화기금(IMF) 통계에 따르면 글로벌 사우스는 이미 세계 경제에서 40%를 차지한다. 2030년에 이르면 세계 4대 경제대국에 중국, 인도, 인도네시아가 포함될 전망이다.

에너지, 광물, 식량 등 자원의 무기화 시대 도래로 자원 부국인 글로벌 사우스가 세계 경제와 산업에 미치는 영향력도 확대되고 있다. 핵심 광물인 희토류, 흑연, 망간, 코발트, 니켈, 리튬의 경우 중국, 인도네시아, 필리핀, 콩고, 브라질 등이 세계 1, 2위 생산국이고, 구리와 알루미늄 역시 중국, 인도, 남미 국가들이 상위 생산 국가로 자리 잡고 있다. 공급망 경제안보 강화를 추구하는 서방 국가들에게는 인도, 아세안, 중남미 등이 새로운 생산기지 및 소비시장으로서 중요한 협력 대상이 되고 있다.

또한 글로벌 사우스는 브릭스(BRICS), 상하이협력기구(SCO), G20, UN, WTO 등 다양한 플랫폼을 통해 국제사회에서 경제 · 외교적 주도권 확보를 위한 공동의 목소리를 확대하고 있다. 글로벌 거버 넌스, 국제기구의 역할, 외교 규범 및 원칙, 무역 및 금융 거래 등 다양한 영역에서 미국과 중국 간의 경쟁이 확대되고 심화되는 가운데 글로벌 사우스의 지지는 승자와 패자를 결정하는 데 중요한 역할을 할 것이다. 따라서 글로벌 사우스를 둘러싼 진영 간의 경쟁은 앞으로 더욱 치열해질 전망이다.

## 중국, 러시아의 반(反)서구 세력화 전략

세계의 강국으로 부상하기 위해 글로벌 사우스를 세력화하는 대표적인 국가가 중국이다. 경제 규모, 핵을 비롯한 군사 역량, UN 안전보장이사회 상임이사국 자격 등을 고려할 때 중국을 글로벌 사우스로 포함하는데 대해서는 이견이 많다. 하지만 중국은 서구 중심의 국제질서에 대한 대안을 제시하는 중국이 글로벌 사우스의 핵심 국가라고 강변하고 있다.

실제로 지난 10년간 글로벌 사우스에서 중국의 존재감은 압도적이었다. 중국은 글로벌 사우스의 대부분의 국가들을 비롯하여 세계 120여 개국의 최대 무역 상대국이다. 2013년부터 2022년까지 일대일로(BRI) 사업에 투자한 금액만 1조 달러에 달한다. 주목할 만한 사실은 경제적 영향력을 군사적 및 정치적 영향력으로 투사하기 시작했다는 점이다. 중국은 2017년 홍해 연안의 지부티(Djibouti)에 첫 해외 군사 기지를 건설한 데 이어, 앙골라, 적도 기니, 케냐, 탄자니아 등 아프리카 다수의 국가에 기지 설립을 추진하고 있다. 정치, 경제, 사회·문화 발전의 전 영역에 걸쳐 서구의 대안으로서 글로벌 발전구상(GDI), 글로벌 안보구상(GSI), 글로벌 문명구상(GCI)을 연이어 발표하였다.

그리고 이러한 구상을 실천하는데 BRICS, SCO와 같이 자국이 중심이 되어 구성하는 협의체를 적극 활용하고 있다. 중국은 2023년 8월 24일 열린 제15차 BRICS 정상회의에서 BRICS를 G7에 대항할 수 있는 글로벌 사우스의 협의체로 규정하며 회원국을 확대하고 자국 화폐 또는 BRICS 화폐와 중국 위안화 결제 시스템을 도입하는 등 미 달러화 패권에 대한 도전을 가시화하였다. 사우디아라비아, 이집트, 에티오피아, 이란, UAE가 2024년 1월 BRICS에 합류하여 현재 회원국은 10개국으로 늘어났고 22개 국가가 공식적으로 가입을 신청한 상태다.

심지어 2024년 9월 5일 시진핑은 중국-아프리카 정상회담에서 중국의 시장을 신흥국에 개방할 것이며, 특히 저개발국가에 대해서는 무관세 혜택을 도입하겠다고 공언했다. 이는 최근 트럼프 전 대통령이 재선 시 중국을 비롯하여 전 세계를 대상으로 고율의 관세를 부과하겠다고 선전포고를 한 것과는 대조적으로 중국을 자유무역의 옹호자로 부각시키는 한편 공급 과잉인 중국산 제품을 앞세운 저가 공세에 대한 우려를 완화시키기 위한 의도인 것으로 보인다.

러시아도 중국과 유사한 목적으로 글로벌 사우스와의 협력을 강화하고 있다. 러시아는 과거 소련 시절의 탈식민지 지원, 비동맹 전통과 같은 역사적 유산을 효과적으로 활용해 서방에 대한 뿌리깊은 분노를 전면에 부각시키면서 공정한 다극 질서라는 비전을 홍보하고 있다. 러시아의 글로벌 사우스와의 협력은 무기 수출을 비롯한 군사와 경제 협력, 인적 교류를 포함하여 다방면으로 전개되고 있다. 2018년부터 2022년까지 러시아는 아프리카 무기 수입의 40%를 차지했을 뿐만 아니라 앙골라, 에티오피아, 모잠비크 및 말리와 같은 국가들에 대한 경제적 지원도 병행하고 있다. 인도, 베트남과 같은 아시아 주요 신흥국에도 주요 무기 수입 대상국인 동시에 인적교류의 전통을 이어가고 있다.

실제로 러시아에게 있어 글로벌 사우스의 지지를 얻는 것은 중요한 의미를 갖는다. 약 3분의 1에 해당하는 글로벌 사우스 국가들이 유엔 결의안에서 러시아의 공격을 비난하는 데 중립 또는 반대표를 던졌다. 글로벌 사우스와의 협력 덕분에 러시아는 제재를 우회하고 새로운 공급망을 구축할 수 있었다. 대표적으로, 러시아와 인도 및 이란을 연결하는 화물 운송은 2022년 상반기에 350% 증가했고, 인도는 2022년 러시아의 우크라이나 침공 이후 과거에 비해 러시아 원유를 13배 많이 수입했다.

## 서구의 글로벌 사우스 포용전략

글로벌 사우스의 국제적 중요성이 높아지면서 서구 주요국 역시 이들과의 협력 경쟁에 뛰어들었다. 특히 2023년 히로시마 G7 정상회의에서 G7 정상들은 규칙 기반 국제질서에 대한 개발도상국의 지지를 결집하고 러시아에 부과된 제재의 효율성을 강화하기 위해 글로벌 사우스와 협력해야 할 필요성을 강조하면서 6000억 달러 규모의 자본 조달을 포함하여 다양한 글로벌 사우스 지원 방안을 논의하였다. 1개월 뒤 2023년 6월 미국과 유럽은 글로벌 금융협정 정상회의(Summit for a New Global Financing Pact)를 개최하고 개발도상국의 채무 재조정을 포함한 금융지원을 강화하기로 했다.

2024년에는 세계경제포럼(World Economic Forum)⁴, 뮌헨 안보회의, G7, 북대서양조약기구(NATO)⁵ 등 서구의 주요 협의체에서도 글로벌 사우스는 빠지지 않고 핵심 의제로 다루었다. 글로벌 사우스의 역할이 세계 무대에서 어떻게 진화하고 있는지를 함께 강조하며, 글로벌 경제와 정치 환경에 도전하고 재구성하는 데 있어 중추적인 역할을 하고 있음을 보여준다.

미국도 글로벌 사우스 외교에 전보다 많은 노력을 기울이고 있다. 2022년 9월과 12월에 미국에서 각각 태평양 도서국 및 아프리카 정상을 초청하여 정상회의를 개최하였고, 블링컨 국무장관의 아프리카, 인도 방문 등이 이어지고 있다. 유럽 연합(EU)도 2021년 일대일로에 대항하는 글로벌 게이트웨이 프로젝트를 출범시키고 2027년까지 최대 3000억 유로의 투자 계획을 발표하였는데, 이 중 절반을 아프리카에 할당하였다.

서구의 일원으로서 가장 적극적인 글로벌 사우스 외교를 수행해온 것은 일본이다. 일본은 2023년 3월 발표한 "새로운 인도태평양 전략 {New Plan for a Free and Open Indo-Pacific (FOIP)}"에서 모두가 수용할 수 있는 국제질서를 논의함에 있어 글로벌 사우스를 적극 지지하겠다고 강조하였다. 동년 11월에는 글로벌 사우스 지원을 위하여 추경예산 약 8조 원을 편성하고 인도적 지원을 위시한 다양한 지원 계획을 발표했다.

---

4 https://www.weforum.org/events/world-economic-forum-annual-meeting-2024/sessions/addressing-the-north-south-schis; https://www.weforum.org/agenda/2024/06/global-south-leaders-amnc

5 https://www.nato-pa.int/document/2024-nato-and-global-south-report-azubalis-055-pcnp; https://www.nato.int/nato_static_fl2014/assets/pdf/2024/5/pdf/240507-Nato-South-Report.pdf

## 정작 글로벌 사우스는 어디로 향하고 있나

그렇다면 정작 글로벌 사우스의 정체성은 무엇인가? 대표적인 글로벌 사우스 국가로서 리더십을 발휘하고 있는 인도와 브라질의 사례를 살펴보자. 비동맹 운동의 원년 멤버인 인도는 2012년 탈냉전기 비동맹을 정의하기 위한 비동맹 2.0(Non-Alignment 2.0)을 논의하기도 했다. 최근의 국제 정세와 인도의 국력을 고려한 새로운 비동맹 전략으로서 인도는 강대국 간의 경쟁을 지렛대로 삼아 자국의 이익을 극대화해야 한다는 현실주의적인 주장을 전개하여 글로벌 사우스 국가들로부터 큰 반향을 이끌어내었다. 인도는 2023년 최초의 글로벌 사우스 정상회의인 "글로벌 사우스의 소리(Voice of Global South, 2023. 1. 12.)"를 주재하고 125개국을 초청하였다. 2023년 11월에 2차 정상회의를, 그리고 2024년 8월 17일 제3차 정상회의를 개최하였다. 서구의 길만이 유일한 선택지가 아니며, 이제는 자신만의 길을 찾아야 한다는 인도의 주장은 글로벌 사우스 국가들에게 더욱 큰 울림으로 다가서고 있다.

인도는 반서방(Anti-West)이 아니라 비서방(Non-West)이라고 스스로를 규정했다. 글로벌 사우스에서 인도의 리더십은 특별한 의미가 있다. 글로벌 사우스 입장에서 미국과 중국 모두 개발도상국들 사이에서 특별히 신뢰받는 국가가 아니기 때문에 인도는 글로벌 세계 질서에서 교량 역할을 감당하기에 유리한 위치에 있다는 평가도 있다.

브라질을 위시한 중남미 국가들도 미중 간의 갈등 속에서 적극적 비동맹(Active Non-Alignment, ANA) 노선을 견지하고 있다. 이 노선은 미국이나 중국에 자동적으로 동조하는 것을 거부하나 특정 국제 문제에 대한 입장을 취하는 것을 배제하지 않는 것을 의미한다. 이는 중남미 각국 정부가 주로 자국의 국익에 따라 외교 정책을 결정한다는 것을 의미하며, 과거에 비해 중남미 국가들의 전략적 자율성이 크게 높아진 것을 상징한다. 특히 중남미는 미중 간 전략경쟁 속에서도 중립적이며 실용적인 입장을 견지해 반사이익을 얻고 있는 대표적인 지역이다. 중남미 각국은 미중 간 경쟁 격화에 따른 신(新)냉전 시대 도래에 대응해 '경제적 이익이 가치나 안보보다 우선한다'는 입장을 견지, 구(舊)냉전 시기와는 확연한 입창 차이를 보이고 있다.

이런 가운데 본격적인 남남협력도 가시화되고 있다. 이는 주로 중국, 인도, 인도네시아, 브라질과 같이 글로벌 사우스의 리더로 나서고자 하는 국가들이 나머지 국가들과의 협력을 주도하는 식으로 나타나고 있다. 예를 들어, 2024년 9월 2일 인도네시아는 인도네시아-아프리카 포럼(IAF)에서 "인도네시아는 글로벌 솔루션의 일부가 되고 글로벌 사우스의 이익을 수호하는데 전념하고 있다"고 언급하였다. 그리고 전술한 바와 같이 중국 역시 9월 4일부터 사흘간 아프리카와의 협력 포럼을 개최하면서 이들의 마음을 사고 반미 연대를 결성하기 위해 공을 들였다.

대부분의 글로벌 사우스 국가들은 전략적 헤징(위험회피)을 선택하고 있다. 전략 경쟁 속에서 어느 한 편을 들기보다는 다양한 선택지를 개발하고 관계를 확대하는 전략이다. 중국 공산당과 특수한 관계를 맺고 있는 베트남 정부가 인도, 일본, 한국, 러시아, 미국과 모두 긴밀한 전략적 파트너십을 맺고 있는 것이 글로벌 사우스의 현실이다. 중국이 반식민지적인 수사와 대규모 투자를 앞세우며 글로벌 사우스에 저돌적으로 돌진하였으나 제국주의적 접근 방식과 부채함정 외교는 도리어 비난을 받고 있다.

## 글로벌 사우스와 한국이 만나는 지점은 어디인가

자국의 이익 극대화를 표방하는 글로벌 사우스를 단일 행위자로 간주하기는 어려울 것이다. 중국, 러시아와 같이 반서구의 틀에서 서구에 대항하는 세력화를 추구하기보다는 UN이나 다자개발은행을 비롯한 국제기구의 개혁, 채무 조정, 기후변화 대응, 인프라 건설 등 이해의 교집합이 형성되는 분야에서 공동의 입장을 취하는 것으로 이해하는 것이 타당할 것이다. 이는 현재의 중국, 러시아를 위시한 반서방국가들뿐만 아니라 과거의 비동맹운동과도 결이 다를 것이다.

이같은 글로벌 사우스와 함께 하는 미래를 준비하는 우리의 전략적대응은 이상주의적 세계관보다는 지정학이 국제 정세를 주도하는 현실에 대한 인식에서부터 시작해야 할 것이다. 윤리와 가치 측면에서우월성을 강조하기보다는 식량과 보건, 일자리 창출같이 실제로 이들국가들에게 중요한 협력 분야에 집중할 필요가 있다. 또한 이들이 중국, 러시아와 관계를 단절하고 서구의 조력자로 전환할 것이라는 기대도 접는 편이 현실적이다. 그보다는 이들이 받아들일 수 있는 실질적인 제안을 통해 서구와 함께 더 나은 세계 질서를 만드는데 동참하도록 유도하는 것이 바람직하다.

이러한 맥락에서 글로벌 사우스에 대한 한국의 접근은 이들과 유사한 발전의 경로를 밟아온 한국의 국가정체성으로부터 출발하는 것이효율적일 것으로 판단된다. 한국은 대다수 글로벌 사우스 국가들과 마찬가지로, 식민지통치와 내전시기를 겪었다. 그러나 지난 70년 동안전쟁의 폐허 위에서 건설해 나가며 세계에서 가장 발전된 국가 중 하나로 부상했다. 한국은 원조 수혜국에서 원조 공여국으로의 전환을 선도한 최초의 국가로서, 세계의 다른 국가들이 유사한 전환을 이루는데 필요한 역사적 경험과 정치적 결단력을 보유하고 있다. 아세안을 대상으로 하는 디지털 파트너십과 스마트시티 지원, 태평양 도서국에 대한 기후변화 대응 및 저탄소 에너지 전환 지원 등이 그 예다. 기존에 글로벌 사우스에 먼저 접근한 일본, 중국, 미국에 비해 후발주자이며 보유하고 있는 자원 및 여력이 제한적인 한국 입장에서 전략의 차별화 차원에서도 필요한 접근법이 될 것이다.

## 한국의 글로벌 사우스 전략은 어떻게 세워야 할까

그렇다면 글로벌 사우스에 대한 이상의 분석에 기반하여 볼 때, 한국의 외교, 안보, 경제 등과 관련하여 어떤 전략이 필요할 것인가? 이를 위해서는 한국이 글로벌 사우스와 만나는 지점에서 출발해 볼 필요가 있다. 1980년대 브란트 지도에서 글로벌 남반구였던 한국은 성공적으로 글로벌 노스에 편입하였다. 그리고 경제력, 과학기술력, 군사력, 문화적 영향력의 모든 측면에서 공히 글로벌 파워가 되었다. 현 윤석열 정부는 이에 걸맞는 국가 정체성을 '자유, 평화, 번영에 기여하는 글로벌 중추국가(global pivotal state)'로 설정하였다. 중추국가는 강대국의 영향권이 중첩되어 피해를 입기도 하지만 능동적으로 지역의 세력 균형에 변화를 초래하기도 한다(Zbigniew, 1997). 작금의 국제적 현실은 중추국가의 적극적, 긍정적 역할이 기대되는 시점이다.

윤석열 정부는 글로벌 중추국가 비전 안에 '기여외교'라는 개념을 도입하여 공적개발원조(ODA)의 양과 질을 모두 높이겠다고 했다. 그리고 ODA 규모를 2022년 3.9조 원에서 2023년 4.8조 원, 2024년

6.3조 원으로 각각 21%, 31% 증액하였다.[6] 2023년에는 한-태평양도 서국 정상회의를 개최한데 이어 2024년 한-아프리카 정상회의를 개최하는 등 글로벌 사우스 외교도 본격적으로 가동하였다. 한국은 글로벌 사우스로서의 경험을 자산으로 삼아 사우스-노스 간의 연결성(connectivity)을 높이는 새로운 역할을 스스로에게 부여할 필요가 있다. 한국은 원조 수여국에서 공여국으로 전환한 첫 모범국가로서 개도국 발전에 긍정적인 기여를 할 수 있는 역사·경험·의지·정서를 모두 갖춘 국가이기 때문이다.

나아가 글로벌 사우스는 기여외교의 대상을 넘어 미래 한국의 중요한 파트너가 될 수 있다는 점을 간과해서는 안될 것이다. 글로벌 사우스는 국제질서를 만들고 다양한 국제협력을 좌우할 힘을 키우고 있다. 이들의 경제적 성장 잠재력, 세력화 및 국제질서에서의 영향력 등을 고려할 때 우리의 미래와 관련된 전략을 세우고 체계적으로 접근해야 할 것이다.

이런 점에서 글로벌 사우스의 파트너로서 한국은 국제질서에 대한 글로벌 사우스의 근본적인 문제의식에 같이 고민하면서 답을 찾아가는 과정도 필요하다. 예를 들어, 인류 보편의 가치를 공유하는 국가 간 연대와 협력을 추구한다고 할 때, 이것이 보편의 가치인가 하는 것은 그동안 글로벌 사우스 국가들이 거의 공통적으로 제기해온 물음이다. 서구에서 말하는 규칙기반질서(rules-based international order)가 과연 모든 국가들이 합의한 보편적인 국제질서(universally agreed international order)인가 하는 것이다(Choi, 2024). 이는 글로벌 중추

---

6  국무조정실 보도자료 (2024. 6. 26.).

국가로서 한국이 글로벌 사우스를 아우르며 미래 국제질서를 함께 만들어나가기 위한 중요한 과정이 될 것이다.

또한 한국의 글로벌 사우스 외교를 효과적으로 전개할 수 있는 협력의 플랫폼을 면밀하게 검토하여 가장 이로운 방식을 선택하고 새로운 규범을 논의하는 협의체의 장점을 최대한 활용하려는 노력이 필요하다. 특히 APEC은 2025년 한국이 의장국을 맡아 의제를 주도할 수 있는 입장에 있으므로, 한국이 글로벌 사우스와 나머지 세계를 연결하고 지속가능한 미래를 이끌 수 있는 리더십을 발휘하는 장으로 마련해야 할 것이다.

안보적으로는 전통, 비전통, 신안보를 아우르는 종합적인 협력을 추진해야 할 것이다. 먼저 필요한 것은 글로벌 사우스가 처한 다양한 위협에 함께 대응하는 적극적인 자세다. 대부분의 글로벌 사우스 국가들은 기후위기, 난민, 식량과 물 부족, 자연재해 등 다양한 비전통 안보 위협에 고스란히 노출되어 있다. 정치적 억압, 테러와 같은 사회적 불안 요인들이 국제사회에 확산되는 경향을 고려할 때, 자유, 민주주의와 같은 가치에 대한 공감대를 형성하고 이를 지원하는 노력도 확대할 필요가 있다.

전통 안보 차원의 대응방안도 마련해야 할 것이다. 특히 남중국해, 말라카 해협 등 중요 해상교통로를 확보하기 위해서는 글로벌 사우스와의 협력이 필수적이다. 해양영역인지(MDA) 시스템 구축, 해양병목지역 안전보호, 해상재난 대응 등 글로벌 사우스 국가들의 수요가 있는 분야를 중심으로 해양안보 협력 네트워크 건설을 고려해 볼 수 있을 것이다. 반도체 등 첨단기술과 방위산업의 경쟁력과 신뢰를 바탕으로 한국은 정보습득과 공유 분야에서의 협력을 주도할 수 있다. 현재

해경을 중심으로 MDA 국제협력을 시작한 것은 긍정적인 출발이다.

또한 예방외교를 포함하여 전쟁의 예방적 조치와 AI를 비롯한 첨단 기술의 안전한 사용을 위한 규범 마련도 미룰 수 없다. 군비 축소 레짐이 무너지고 유럽과 중동에서 두 개의 전쟁이 장기화되면서 세계 2위, 3위의 국방 예산 지출 국가인 중국과 인도뿐만 아니라, 브라질, 중동의 MENA 등 글로벌 사우스 국가들도 군비증강과 군 현대화에 박차를 가하고 있다. AI와 같은 첨단 기술이 글로벌 사우스 국가들의 군사 시스템에 통합됨으로써 전쟁의 혁신적 진화와 세력 균형의 변화를 초래하는 것을 막기 위해서는 사전 예방이 최선이다.

마지막으로, 한국의 지속가능발전을 위해 글로벌 사우스 국가들과의 경제 협력은 더 이상 선택 사항이 아니다. 미중 경쟁의 심화, 자유주의 경제질서의 퇴조, 그리고 기후위기, 디지털 전환과 같은 도전 과제 속에서 한국이 돌파구를 마련하는 데 있어 글로벌 사우스는 중요한 파트너가 될 것이다. 전술한 바와 같이 글로벌 사우스는 생산거점, 소비시장, 자원의 제공처 등 다양한 경제적 가치를 갖고 있다. 중장기적으로 글로벌 통상의 지형을 바꾸는 핵심 세력이 될 글로벌 사우스 국가들과 유기적인 협력의 토대를 마련하는 작업도 지금 시작해야 할 것이다. 한국은 그동안 성공적으로 통상 주도형 경제성장을 이룩해왔다. 이제 대한민국 통상의 지경을 넓히기 위해서는 글로벌 사우스로 가야 한다.

특히 경제안보 차원에서 글로벌 사우스와의 협력이 시급하다. 이들이 반서구 블록에 의존하지 않고 경제발전을 이룩할 수 있는 시스템이 필요하다. UN 안전보장이사회, 세계은행, IMF 등 국제기구의 개혁을 포함하여 포용적 경제성장에 대한 논의를 본격적으로 시작해야 할 것이다. 유의할 점은 글로벌 사우스를 하나의 그룹으로 간주하기는 어렵다는 점이다. 이들은 정치 및 경제체제, 추구하는 가치와 지향점, 경제발전 단계와 목표 등에서 폭넓은 스펙트럼을 보여준다. 국익에 따라 사안별로 이들의 응집력도 달라질 것이다. 글로벌 사우스에 대한 철저한 이해와 이에 걸맞는 대응전략을 마련하는 세심한 접근이 필요한 이유다.

### 참고문헌

국무조정실. 제50차 국제개발협력위원회 보도자료(2024. 6. 26).

Brzezinski, Zbigniew(1997). *The Grand Chessboard: American Primacy and its Geostrategic Imperatives*, 1st ed. New York: Basic Books.

Choi, Yoon Jung et al.(2024). *Order in Tension: Competing Perspectives and Strategies in the Indo-Pacific, Seoul*: Sejong Institute.

Ikenberry, G. John(2024. 1). Three Worlds: the West, East and South and the competition to shape global order," *International Affairs*, 100(1), 121~138.

Mahbubani, Kishore(2023. 2. 18). "Time for the West to rethink goal of total defeat for Russia in Ukraine," *South China Morning Post*.

Zakaria, Fareed(2008). *The Post-American World*. New York: W. W. Norton & Company.

https://www.nato-pa.int/document/2024-nato-and-global-south-report-azubalis-055-pcnp; https://www.nato.int/nato_static_fl2014/assets/pdf/2024/5/pdf/240507-Nato-South-Report.pdf

https://www.weforum.org/events/world-economic-forum-annual-meeting-2024/sessions/addressing-the-north-south-schis; https://www.weforum.org/agenda/2024/06/global-south-leaders-amnc

제 3 편

# 과학 혁신력과 경제 활력

AI '슈퍼사이클'의 시작점, 2025

## 10. 반도체

# 기술과 시장의 주도권 싸움이 결정하게 될 반도체산업

**신희동** 한국전자기술연구원 원장, 전 산업통상자원부 기획조정실장

내년에도 기술력을 상징하는 엔디비아와 TSMC의 독주,
Sk하이닉스 등 HBM의 성장은 지속될 것이다.
하지만 시장은 어느 하나에게만 은혜를 베풀지는
않는다. 1인자를 이기기 위한 기업들의 합종연횡,
새로운 AI가속기, CXL, PIM, 뉴로모픽 등 판 뒤집기를
노리는 후발주자의 기술도전 또한 거세질 것이다.

한국전자기술연구원 원장, 전 산업통상자원부 기획조정실장/대변인, 미 브루킹스연구소 방문
연구원, 서울대학교 경영학사/행정학석사 수료, 동국대 국제통상학과 석박사통합과정 수료.

## 난쟁이가 쏘아 올린 거인의 싸움

반도체 공정의 단위는 나노미터(nm)다. 어원이 난쟁이를 뜻하는 그리스어 나노스(Nános)일 만큼 작은 단위다. 최근 선단 공정에 도입된 3nm 선폭은 공기 중 떠다니는 코로나 바이러스보다 수십 배 더 작다.[1] 그런데 이토록 작은 반도체 기술이 글로벌 거시경제를 움직이고 있다. 한때 엔비디아가 시가총액 1위를 달성한 것이 상징적 사례다. 난쟁이 기술로 세계 최고의 거인이 된 셈이다. 사실 엔비디아와 수위를 다투는 애플과 마이크로소프트도 반도체 기업으로 볼 수 있다. 반도체를 직접 개발해 쓰기 때문이다. 그 뒤를 잇는 알파벳, 아마존, 메타, 테슬라도 마찬가지다. 사업영역이 저마다 다른 거인들이 반도체라는 공통 분모로 경쟁하고 있다.

이렇게 반도체가 주목받게 된 데에는 인공지능(AI)이 큰 몫을 했다. 대규모 데이터셋의 처리와 저장에 고성능 반도체가 필수이기 때문이다. 2022년 11월 챗GPT가 공개된 이후 지금까지, 반도체 시장은 끊임없는 이슈를 쏟아내며 전세계 정부와 기업, 투자자의 주목을 받고 있다.

피로감을 느낄 만큼 급변하는 반도체 산업은 일견 시계제로 상태로 보인다. 그러나 기술을 들여보는 '현미경'과 시장을 내다보는 '망원경'을 번갈아 보면 큰 틀의 변화를 예측할 수 있다.

특히 2025년은 글로벌 반도체 산업 전반에 걸친 기류 변화가 감지된다. 챗GPT 등장 이후 약 2년간 거대언어모델(LLM) 중심으로 AI와 반도체가 발전해 왔으나, 2025년에는 LLM을 활용한 서비스가 주목

---

1 코로나19 바이러스 크기는 50~100nm(Chen et al., 2020))

받으며 새로운 흐름이 전개될 것으로 보인다. AI 반도체뿐 아니라 범용 반도체의 중요성도 커질 것이다.

## AI 반도체, 기술만큼 복잡해진 생태계

2025년에도 AI 가속기[2] 시장에서 엔비디아의 독주가 지속될 것이다. 독주의 원천은 AI 가속기의 핵심 반도체 GPU와 개발 플랫폼 CUDA가 쌓아 올린 높은 진입장벽이다. 여전히 초과 수요가 지속되는 환경에서 엔비디아의 시장지배력은 공고할 것이다.

다만, 2025년에는 이 같은 엔비디아의 독점적 지위에 대항하기 위한 빅테크 및 반도체 기업의 '따로 또 같이' 전략이 구체화되고 일부 성과도 나올 것으로 예상된다. 매그니피센트 7[3]이 자체 반도체를 개발하고 있는 가운데, 기업 간 합종연횡도 본격화되고 있다. 2024년 5월 미국의 빅테크 및 반도체 기업들이 AI 가속기 네트워크 표준 개발을 위해 UALink 프로모터 그룹[4]을 설립한 것이 본격적인 시발점이다. 애플이 자체 AI 모델 개발에 GPU가 아닌 구글의 TPU를 사용했다는 소식도 주목받았다. 2025년에는 이러한 합종연횡 속도가 더 빨라질 것이다. 시간이 많지 않기 때문이다.

국내기업도 전방위에 걸친 협력을 추진 중이다. 네이버가 인텔, 카이스트와 협력해 인텔 AI 가속기 가우디를 활용한 AI 생태계를 구축

---

2  AI 작업 성능 최적화를 위해 그래픽처리장치(GPU)와 메모리반도체를 조합해 제작한 하드웨어 장치
3  미국의 7대 빅테크(애플, MS, 알파벳, 아마존, 엔비디아, 테슬라, 메타)를 일컫는 신조어
4  AMD, MS, 브로드컴, 구글, 메타, 인텔, 시스코, HPE가 엔비디아의 NVLink(GPU 간 고속 인터커넥트 규격)에 대응하는 개방형 표준 규격 UALink(Ultra Accelerator Link) 개발을 목표로 설립

하고, 국가대표 AI 반도체 스타트업 리벨리온과 사피온이 합병을 선언한 것도 엔비디아 종속에서 벗어나기 위한 움직임이다. 정부 역시 K-클라우드 기술개발사업으로 국내기업의 자립을 뒷받침하고 있다.

특히, 2025년에는 AI 추론(Inference) 시장이 확대됨에 따라 기회의 영역이 넓어질 것으로 전망된다. AI 학습(Training)에는 시간당 데이터 처리량이 중요해 엔비디아의 고성능 범용 AI 가속기가 필요하다. 그러나 추론에는 지연 없이 서비스를 제공하기 위한 저전력 AI 가속기가 적합하다. AI 서비스를 개발하고 운영하는 기업 입장에서는 GPU의 성능이나 CUDA의 개발 편의성보다 자사 서비스에 최적화된 성능과 저렴한 총소유비용(TCO)이 더 중요해질 수 있다.

이같이 엔비디아의 독주를 둘러싼 경쟁과 협력이 활발해지고 새로운 기회가 열리면서 장기적으로 엔비디아가 지금의 시장지배력을 유지하기는 어려워질 것이다. 한 가지 흥미로운 사실은 엔비디아가 클라우드 서비스 투자를 늘리고 있다는 점이다. 이는 엔비디아가 반도체 공급에 그치지 않고, 주요 수요처인 클라우드 영역으로 직접 진출할 가능성을 시사한다. 어제의 적이 오늘의 동지가 되고, 어제의 고객이 오늘의 경쟁자가 되는 AI 생태계에서 글로벌 기업 간 역학관계는 더욱 복잡해질 것이다.

## 메모리반도체, 사라진 '1등 공식'

메모리반도체 시장은 무어의 법칙[5]에 따라 예측 가능한 방향으로

---

5  인텔의 고든 무어(Gordon Moor)가 주창한 이론으로, 반도체 트랜지스터 집적도가 18~24개월마다 2배씩 증가한다는 법칙

발전해 왔다. 즉, 미세화 중심의 공정혁신(Process Innovation)이 가장 큰 경쟁력이었다. 그러나 공정 미세화가 한계에 봉착하고 AI 가속기용 HBM(High Bandwidth Memory)[6] 수요가 폭증하는 등 제품혁신(Product Innovation)의 중요성이 커지고 있다. 공정혁신이 '1등 공식'이었던 과거 양상과 달라진 것이다.

HBM 열풍은 1등 기업이 개발조직을 해체할 만큼 주목받지 못했던 제품이 기존 주력 제품을 대체[7]하고 있다는 점에서, 파괴적 혁신(Disruptive Innovation)[8]으로 볼 수도 있다. 이처럼 여러모로 혁신 양상이 바뀌면서, 마지막 치킨게임[9] 이후 10여 년간 견고했던 메모리반도체 시장 구도에 변화의 조짐이 보인다.

변화의 동인인 HBM 시장은 2025년에도 5세대 제품 HBM3E를 중심으로 성장세를 이어갈 것이다. 그리고 한편으로는 HBM을 보완할 다양한 차세대 기술이 주목받을 것이다. CXL(Compute Express Link) D램이 대표적이다. CXL은 CPU와 메모리반도체 사이의 고속·고효율 연결을 가능케 하는 차세대 인터페이스다. 기존 기술로는 한 개의 CPU가 사용할 수 있는 D램 수가 제한된다. 그러나 CXL을 도입하면 CPU가 여러 개의 D램을 필요한 용량만큼 사용할 수 있어 병목현상이 획기적으로 줄어든다. HBM이 높은 대역폭으로 GPU

---

6  AI 등 고성능 컴퓨팅 시스템에 사용되는 고대역폭 메모리로 여러 개의 칩을 수직으로 적층해 제조
7  HBM이 그래픽 처리를 위한 고속 메모리반도체 GDDR(Graphics Double Data Rate) 대체
8  하버드 비즈니스 스쿨(HBS)의 클레이튼 크리스텐슨(Clayton Christensen) 교수가 주장한 이론으로, 후발 기업이 기존 시장의 지배적 기업이 간과하거나 무시했던 새로운 시장에 진입함으로써 기존 제품/서비스를 대체하거나 새롭게 재편하는 혁신 양상을 설명
9  2000년대 후반 1차 치킨게임으로 독일 키몬다 파산, 2010년대 초반 2차 치킨게임으로 일본 엘피다 파산, 이후 삼성전자-SK하이닉스-마이크론 順(DRAM 기준)의 빅3 체제로 재편

의 빠른 연산을 돕는다면, CXL은 CPU와 메모리 및 기타 장치 간 효율적 연결을 통해 전체 AI 서버 시스템의 성능을 고도화한다.

CXL은 엔비디아 진영보다 삼성전자와 인텔이 비교적 더 적극적으로 개발 중이다. 두 회사가 CXL로 AI 기술 리더십을 탈환할 수 있을지 관심 있게 지켜볼 만하다. 다만 아직 해결해야 할 기술적 과제가 많고 기업 간 이해관계도 다른 만큼, 2025년은 본격적인 확산보다는 기술 및 생태계 저변을 넓히는 시기가 될 것으로 전망된다.

이처럼 지금은 프로세서와 메모리반도체 사이의 통로를 넓히는 HBM이나 경로를 효율화하는 CXL 기술이 주목받고 있다. 그러나 궁극적으로는 폰노이만 구조[10]의 한계를 넘어 프로세서와 메모리반도체 간 경계가 사라질 것이다. 인간 뇌의 신경계를 모방해 연산과 메모리가 통합된 구조를 갖는 뉴로모픽(Neuromorphic) 반도체가 대표적 기술이다. 이 같은 새로운 패러다임에 대비하기 위해서는 메모리반도체 분야에서도 설계 역량을 키우고, 신소자 원천기술 선점을 위한 선행연구를 적극 지원해야 한다.

## 첨단 파운드리, 기술력만큼 중요한 파트너십

반도체 위탁생산을 뜻하는 파운드리(Foundry)는 그 중요성이 날로 커지고 있다. 다양한 목적의 반도체가 설계되면서 이를 맞춤형으로 생산하려는 수요가 늘고 있기 때문이다. 특히 AI향 선단 공정의 수요가

---

10 물리학자 폰 노이만(Von Neumann)이 제시한 이후 대다수 컴퓨터 시스템이 채택 중인 구조로 CPU, 메모리가 서로 분리되어 있고 버스(Bus)를 통해 데이터 전송

폭발적으로 증가하고 있다.

글로벌 파운드리 시장에서 단연 앞서가는 기업은 대만의 TSMC다. 트렌드포스(TrendForce)에 따르면 2024년 1분기 기준 TSMC의 파운드리 시장 점유율은 61.7%에 달한다. 삼성전자가 뒤쫓고 있지만 11.0%로 격차가 크다.[11]

삼성전자는 2022년 GAA(Gate-All-Around) 공정[12]을 적용해 세계 최초로 3nm 양산을 시작하는 등 공정 미세화 측면에서 앞선 기술을 선보이고 있으나, 격차를 좁히지 못하고 있다. 많은 전문가들이 공정 수율[13]이나 패키징 기술력[14] 격차를 원인으로 지적한다.

그리고 기술력만큼 중요한 것은 TSMC가 오랜 기간 수요기업으로부터 쌓아온 '신뢰 자산'이다. 파운드리를 바꾸면 새로운 공정에 맞게 기존 설계를 수정해야 하는 만큼 전환비용이 높다. 파운드리의 큰 손 고객인 글로벌 빅테크들이 TSMC를 떠나기 어려운 이유다. 더불어, TSMC가 오픈 이노베이션 플랫폼(OIP)[15]을 기반으로 구축한 협력 생태계가 잠금효과(Lock-In Effect)를 극대화한다.

이 같은 TSMC의 경영 철학과 대척점에 있던 기업이 인텔이다. 인텔은 자체 프로세서를 생산하며 높은 수준의 제조 기술력과 설계자산

---

11  글로벌 파운드리 시장 점유율은 ①TSMC(61.7%), ②삼성전자(11.0%), ③SMIC(5.7%), ④ UMC(5.7%), ⑤글로벌파운드리(5.1%) 順(TrendForce, 2024. 6.)

12  게이트가 전류가 흐르는 채널 4면을 둘러싸게 구성함으로써 접촉면이 3면이었던 기존 핀펫 (FinFET) 방식보다 더 세밀하게 전류 흐름을 제어하는 공정 기술

13  미국 애널리스트들은 수율 측면에서 TSMC가 삼성전자 대비 상당 수준 앞선 것으로 분석(CNBC, 2024. 1. 9)

14  TSMC는 인터포저 위에 CPU, GPU, HBM 등을 수평으로 집적하는 2.5D 패키징 기술 'CoWoS(Chip on Wafer on Substrate)'를 핵심 경쟁력으로 활용

15  IP, EDA, 디자인하우스 등 다양한 기업들이 파트너로 참여하는 TSMC의 개방형 혁신 플랫폼

(IP)을 축적해 왔다. 특히 파운드리 핵심기술인 패키징 역량이 우수하다. 그러나 인텔은 이 같은 기술, 인프라, 노하우를 외부에 공유하지 않고 자사 제품 생산에만 사용했다. 2021년 파운드리 사업에 재진출하며 외부 공유를 선언했지만, 이미 TSMC가 개방한 IP와 공정에 익숙해진 고객의 발길을 돌리기엔 역부족이었다. 시장은 기다려주지 않는다. 인텔의 파운드리 사업이 수렁에 빠진 원인이다.

이처럼 파운드리 시장 선점의 관건은 고객사 확보다. 당분간은 TSMC의 아성이 흔들리지 않겠지만, 삼성전자가 삼성 파운드리 포럼 2024에서 선단 공정 기술력보다 AI 턴키 솔루션 중심의 생태계 저변 강화를 강조하는 등 변화를 꾀하고 있고 미국 정부도 파운드리 사업을 포기할 수 없는 만큼, 장기적 관점에서 TSMC가 시장지배력을 공고히 유지할 수 있을지는 지켜봐야 한다.


## 헤게모니의 원천, 레거시 반도체

첨단 파운드리 공정은 물론 SMIC, UMC, 글로벌파운드리 등 후발 주자들이 공략 중인 28nm 이상 레거시(Legacy, 성숙) 파운드리 공정도 중요성이 커지고 있다. 자동차, 가전, 항공, 통신, 에너지 등 전방산업에서 사용되는 반도체 수가 늘고 있기 때문이다. 가령 과거에는 자동차에 내장되는 반도체 수가 수백 개에 불과했지만, 최근에는 1400여 개로 늘었으며, 향후 3500여 개까지 증가할 것으로 예상된다.[16]

---

16  A Systematic Approach to Mitigate Semiconductor Chip Shortage: Insights and Solutions for the Future Automotive Industry (Kulkarni et al., 2023)

레거시 파운드리 분야에선 막대한 내수시장을 바탕으로 중국이 30% 안팎의 점유율을 차지하고 있으며, 점차 영향력을 키우고 있다.[17] 반면 국내기업들의 점유율은 4%에 불과하다. 2024년 전방 수요 부진과 중국의 과잉생산 등으로 일시적 어려움을 겪었음에도, 레거시 공정 시장이 선단 공정 시장보다 더 크다는 사실[18]을 간과해선 안 된다. 2025년에는 전방 수요의 회복세[19]가 예측되는 만큼 시장이 더욱 커질 것이란 전망이 많다. AI 등 첨단기술을 위한 선단 공정도 중요하지만, 레거시 공정에도 관심을 기울일 필요가 있다.

파운드리만이 아니다. 앞서 살펴본 메모리반도체 분야에서도 레거시 반도체는 중요하다. AI 열풍으로 HBM이 시장의 주목을 한 몸에 받고 있지만, 레거시 반도체인 기존 D램과 낸드플래시 제품의 매출 비중이 여전히 더 높다.[20]

더욱이 미국의 마이크론, 일본의 키옥시아, 중국의 창신메모리 등 후발 기업들이 각국 정부의 전폭적 지원을 발판 삼아 설비 투자를 늘리고 있는 만큼, 긴장의 끈을 놓아선 안 된다. 특히 글로벌 반도체 수입의 35.8%를 차지하는 중국[21]에서 자국 메모리반도체 채택이 확산되

---

17  2023년 28nm 이상 레거시 공정에서 중국기업 점유율은 약 29%로 추정되며 2027년 33%까지 증가할 것으로 전망(TrendForce, 2023)

18  28nm 이상 레거시 공정 생산 물량이 전체 파운드리 시장의 75% 이상을 차지하는 것으로 추정(TrendForce, 2022)

19  글로벌 PC, 모바일 시장 규모의 전년비 증감률(YoY)은 2024년 △0.6%, △2.3%, 2025년 2.9%, 3.6% 전망(Statista, 2023. 11.)

20  2024년 전체 D램 반도체 매출 중 HBM 매출 비중은 20.1%로 추정(TrendForce, 2024)

21  중국이 글로벌 반도체 수입에서 차지하는 비중은 2000년 5.7%에서 2021년 35.8%로 증가(대외경제정책연구원, 2023)

고 있어[22] 장기적 대비책이 요구된다.

근간이 흔들리면 전체가 무너진다. AI 반도체, 선단 공정, HBM 등 첨단 반도체 기술도 중요하지만, 산업의 근간인 레거시 반도체에 대한 투자를 소홀히 해선 안 된다.

## 새 시장을 여는 반도체

전기자동차, 신재생에너지, 데이터센터 등 전력반도체[23] 수요가 급격히 확대되고 있다. 특히, 고전압 · 고전류 · 고열 환경에서 기존 실리콘(Si) 소재를 대체[24]하는 화합물 기반 전력반도체(SiC, GaN) 시장이 커지고 있다. 퓨처마켓인사이트(Future Market Insights)에 따르면, 향후 10년간(2024~2034년) 글로벌 SiC, GaN 반도체 시장의 연평균성장률(CAGR)은 무려 27.1%에 달한다. 이는 비슷한 기간 전체 반도체 시장의 연평균성장률 7.6%를 크게 상회하는 수치다.[25]

화합물 전력반도체는 소재–소자–IC–모듈 등 가치사슬 전 영역에 걸쳐 기존 반도체와 다른 소재 · 기술 · 인프라를 요해 이를 선점하기 위한 초기 투자가 중요하다. 아직까지는 ST, 인피니언, 울프스피드, ROHM 등 유럽, 미국, 일본의 시스템반도체 기업들이 발빠른 투자로

---

22 화웨이가 2024년 신형 스마트폰(퓨라 70)에 창신메모리(CXMT)의 LPDDR5, 양쯔메모리(YMT)의 낸드플래시메모리를 탑재하는 등 자국산 부품 채택 증가

23 전류를 효율적으로 변환하고 제어하는 목적으로 사용되는 반도체

24 실리콘 반도체는 고전압·고전류 환경에서 전력효율이 낮아지고 고온 환경에서 반도체 성질이 사라지는 한계 내포

25 글로벌 반도체 시장규모는 2023년 5448억 달러에서 2033년 1조 1376억 달러로 연평균 7.64% 증가 전망(Precedence Research, 2024)

시장을 선도하고 있다. 정책적으로 화합물 전력반도체 집중 육성에 나선 중국의 기업들도 빠르게 성장 중이다.

우리 기업들도 적극적이다. 특히 2025년은 삼성전자가 8인치 GaN 전력반도체 파운드리 서비스를 시작하고 SK키파운드리와 DB하이텍도 양산을 목표로 하는 만큼, 국내 화합물 전력반도체 시장의 본격적 개화가 기대된다. 정부도 예비타당성 조사를 통과한 화합물 전력반도체 고도화 기술개발 사업을 통해 기술 선점을 지원하고 있다.

한편, 새롭게 열리는 반도체 시장도 주목할 만하다. 기존 반도체 시장은 주로 전통 제조업과 IT 분야에 국한되었으나, 신시장 개화로 기업과 투자자의 관심이 커지고 있다. 가령, 내방사선[26] 등 고신뢰성 반도체를 요하는 우주, 임바디드 AI(Embodied AI)[27] 구동 반도체가 필요한 로봇, 랩온어칩(Lab-on-a-Chip)[28] 등 반도체 기술 접목으로 혁신을 꾀하는 바이오 등 다양한 분야에서 신규 수요가 창출되고 있다. 이 같은 초기 시장은 틈새시장이 많아 스타트업과 중소기업에도 다양한 기회가 열릴 것으로 기대된다. 2025년에는 발빠른 이들의 움직임을 주목해 보자.

---

26　우주에서 작동하는 전장품의 오작동 원인 중 약 30%가 우주방사선의 영향(ETRI, 2022)

27　Embodied(구현된)와 AI(인공지능)를 결합한 용어로, 가상환경에서 생성된 에이전트를 학습시킨 후 현실 세계의 물리적 객체에서 구현하는 AI 기술

28　전통적으로 대형 실험실에서 수행되던 다양한 생물학적 실험과 분석을 초소형 칩에서 수행하는 기술

## 미국과 일본의 패권 탈환 공세

산업 주도권을 확보하기 위한 국가 간 경쟁도 더욱 치열해지고 있다. 과거 반도체 패권국가였던 미국과 일본의 패권 탈환 공세가 거센 가운데, 주류시장과 디커플링 중인 중국은 자체 역량을 키우고 있다. 범국가 역량을 반도체 산업에 결집 중인 대만과 공급망 자립을 꿈꾸는 유럽의 기세도 매섭다.

특히, 반도체 산업의 종주국인 미국의 정책 향방을 면밀히 관찰할 필요가 있다. 사실 미국은 지금도 반도체 1등 국가다. 시장이 큰 시스템반도체 분야에서 강력한 경쟁력을 보유하고 있기 때문이다. 다만 메모리반도체, 파운드리를 포함한 전 분야로 넓혀보면, 과거의 압도적 지배력과는 간극이 있다. 미국은 1980년대 초까지 메모리반도체 시장에서도 과반 이상의 점유율을 차지하고 있었다.[29]

미국 정부는 우선 경쟁력이 저조한 제조 생태계를 복원 중이다. 반도체법(CHIPS and Science Act)을 통해 삼성전자와 TSMC의 파운드리 생산라인을 유치한 것이 대표 사례다. 이에 힘입어 미국의 반도체 생산능력(Fab Capacity)은 10년간(2022~2032년) 무려 203% 증가할 전망이다. 특히 지금은 사실상 0%인 10nm 이하 선단 공정 생산능력 점유율이 2032년 28%까지 늘 것으로 예측된다.[30] 이와 함께 미국 정부는 자국 기업의 경쟁력 강화에도 막대한 지원을 이어갈 전망이다. 특히 각각 85억, 61억 달러의 보조금을 지원받는 인텔과 마이크론은 미

---

29  Semiconductor History Museum of Japan(www.shmj.or.jp)
30  Strengthening the U.S. Semiconductor Supply Chain(Semiconductor Industry Association, 2024)

국의 반도체 생태계 복원에 핵심 역할을 할 것이다.

일본의 움직임도 주목해야 한다. 1990년대 초반까지 일본은 압도적 시장 점유율을 차지하던 반도체 패권국가였다. 기술에 대한 과도한 집착, 정부의 실기, 미·일 반도체 협정 등 대내외 요인으로 쇠락했으나, 여전히 소재·장비 분야에서는 높은 경쟁력을 보유하고 있다.

이를 기반으로 일본은 한국, 미국, 대만 등 글로벌 기업 유치를 통해 반도체 전 밸류체인에 걸친 재도약을 추진 중이다. 삼성전자의 첨단 패키징 연구시설, 마이크론의 메모리반도체 생산라인, TSMC의 파운드리 생산라인 유치가 그 예다. 자강책도 병행한다. 정부 주도로 대기업이 합작해 설립한 파운드리 기업 라피더스가 그 중심에 있다.[31] 2027년 2nm 양산을 추진 중인 라피더스가 일본 반도체 패권 탈환의 주역이 될지, 과거 엘피다 메모리의 파산 전철[32]을 밟을지 귀추가 주목된다.

한편 2024년 대규모 투자 기금을 조성[33]한 중국도 물러설 수 없는 정치 여건 속에 자체 역량 강화에 심혈을 기울이고 있다. 단기적으로는 미국의 제재를 비껴가는 우회 기술로 제품을 개발하고[34], 중장기적으로는 우수한 기초과학 역량[35]을 발판 삼아 신소재·공정 분야에서

---

31  2022년 정부 주도로 대기업 8개社(토요타, 소니, 소프트뱅크, 키오시아, NTT, NEC, 덴소, 미쓰비시UFJ은행)가 합작해 설립, 2027년 2nm 양산 추진

32  1999년 일본의 메모리반도체(D램) 산업 부흥을 위해 정부 주도로 NEC, 미쓰비시, 히타치제작소가 출자해 설립되었으나, 치킨게임, 글로벌 금융위기, 동일본 대지진 등을 거치며 2012년 파산

33  2024년 5월 3440억 위안(약 65조 원) 규모의 국가집적회로산업투자기금 조성

34  극자외선(EUV) 장비 반입이 금지된 화웨이가 기존의 심자외선(DUV) 장비를 이용해 7nm 프로세서를 개발하는 등 다양한 시도 관측

35  중국은 나노입자, 유기반도체, 광촉매 분야 연구 성과에서 미국을 능가한 것으로 조사(KISTI, 2022)

게임체인저 기술을 확보하려 할 것이다. 미국의 강력한 제재로 기술 디커플링 국면에 들어선 중국이 어떠한 경로를 창출할지 주의 깊게 지켜볼 필요가 있다.

## 기술변화를 이끄는 반도체 수요시장의 변화를 주목해야

지금의 반도체산업의 활황이 AI로 촉발되었다는 것은 이제 누구도 부인할 수 없는 명제가 되었다. 이는 바꿔 말하면 기술발전의 결과가 시장을 창출하였다고 볼 수 있다. 하지만 과거 인터넷이 그랬듯이 AI산업 자체는 아직 어느 길로 가야 하는지 아직 불분명하다. 챗GPT를 발표한 오픈AI가 떼돈을 벌고 있다는 이야기는 아직 듣지 못했다. SK, KT 등 통신사와 네이버, 카카오 등도 AI를 이야기하고 있지만 비즈니스모델이 무엇인지 필자는 아직 명확이 이해하지 못한다. 이유는 명확하다. 시장의 요구를 반영하기 전에 너무 빨리 AI가 시장에 들어왔기 때문이다.

하지만 이제부터는 다를 것이다. AI에 대해서는 충분히 알게 되었고 가능성도 보여줬다. 많은 기업들이 AI를 활용한 시장창출에 뛰어들고 있다. 아직 시작이지만 내년부터는 일부 가시적인 결과도 볼 수 있을 것이다. 그렇다면 우리는 이제부터는 시장이 주도하는 반도체시장을 유념할 때다. 앞서 언급했듯이 반도체시장은 AI용 반도체시장만 있는 것이 아니다. 오히려 레거시시장의 크기는 더 크다. 시장의 변화를 이길 수 있는 기업은 없다.

과거에 비해 반도체산업의 생태계는 무척 복잡해졌다. 각국의 정부도 심판역할에서 벗어나 기업들 위주였던 선수로 직접 나서고 있다.

이제 기술발전동향과 시장의 향방, 그리고 참여자들의 복합적인 대응 여부 등 많은 변수를 다 함께 고려해야 하는 고난도 복합방정식이 되었다. 그 어느 때보다도 폭넓게 보는 혜안이 필요할 때다.

참고문헌

Chen et al, (2020). Epidemiological and clinical characteristics of 99 cases of 2019 novel coronavirus pneumonia in Wuhan, China: a descriptive study. *The Lancet* 395(10223).

# 11. AI

## 다가온 AI 기반 경제,
## 혁신 중인 비즈니스 모델들

이경전 경희대 경영대학 교수

인터넷이 지난 30년간, 비즈니스 모델을 획기적으로
변화시킨 것과 같이, 인공지능은 앞으로 20-30년의
비즈니스 모델을 크게 변화시킬 가능성을
가지고 있다. 이에 인공지능에 의한 비즈니스 모델
변화 동향과 전망을 다소 단정적인 서술로
간략히 제시한다.

경희대학교 경영대학 교수(경영학과, 빅데이터응용학과, 첨단기술비즈니스학과), 한국연구재단 중점연구소 빅데이터연구센터 소장, Carnegie Mellon University, UC Berkeley, MIT 초빙 과학자/교수, 한국경영정보학회 AI 연구회 회장, 전 한국지능정보시스템학회 회장, 한국경영연구원 AI 비즈니스응용연구회 회장, 다양한 공공기관과 기업 자문 교수로 활동 중, 주요 저서 『버튼치하트』 등, AI Magazine 세 편 논문, 100여 편 이상 국내외 논문 발표, 미국인공지능학회(AAAI) 혁신적 인공지능 응용상(IAAI Award) 네 차례 수상, 전자정부유공자 대통령 표창 수상, KAIST 경영과학 학·석·박사 학위, 서울대 행정학 석박사 수료

## 최적화된 AI 개인 비서로 인간 생활 자체를 혁신

　미래의 최고 기업은 사람을 대신해 특정 일을 수행할 수 있는 인공지능 개인비서를 만드는 회사가 될 것이다. 사람들이 여러 웹사이트를 직접 방문할 필요 없이 인공지능이 많은 것들을 알아서 처리할 것이다. 인공지능은 소프트웨어지만 마치 사람을 대하듯 이런저런 형태로 이야기를 나눌 수 있을 것이며, 마치 비서를 보내서 재고를 살피는 것과도 같으며, 인공지능은 마치 인격과 의지를 가지고 있는 것처럼 보일 수도 있을 것이다. 인공지능의 임무는 사람을 도와 원하는 정보를 찾을 수 있게끔 도와주는데, 사용자의 과거활동을 기억하기 때문에, 효과적으로 도울 수 있는 활용 패턴을 찾아내 효과적으로 도울 수 있을 것이다(Gates et al. 1995).

　단순히 질문에 대답하는 것이 아닌 개인적인 문제에 대한 대화와 조언 등 인간과의 상호작용을 위해 만들어진 인공지능으로 개인의 온라인 구매, 예약 등을 돕는데 최적화된 인공지능 비서가 나타날 것이다(AI 타임스, 2024). 구체적으로는, 별개로 흩어져 있던 앱을 사람들이 일일이 찾아다닐 필요가 없어지며, 검색과 광고, SNS, 쇼핑, 생산성 앱 등 비즈니스가 하나로 통합될 것이다. 어떤 하나의 회사가 인공지능 사업을 지배하는 것이 아니라, 사용 가능한 다양한 인공지능 엔진이 있을 것이다. 인공지능이 단순 컴퓨팅을 넘어 인간의 생활 자체를 혁신할 것이다.

생성 인공지능의 진정한 경제적 잠재력은 텍스트, 동영상, 음악과 같은 저작물뿐만 아니라 '거래'를 창출하는 능력에 있다(이경전, 2024). 모든 상호작용이 인공지능에 의해 이루어질 것이다(Levi, 2023). 인공지능이 모든 것을 연결해주는 시대가 온다. 사람들이 원하는 것을 서로 잘 찾고, 원하는 사람들끼리 서로 잘 만나게 해주는 역할을 인공지능이 하게 될 것이다. 남녀 간의 연결뿐만 아니라 의뢰인이 변호사를 찾거나 환자가 의사와 병원을 찾는 일, 구매자가 판매자와 제조자를, 판매자가 구매자와 제조자를, 제조자가 구매자와 판매자를 찾는 일들에 사용될 것이다.

챗GPT와 같은 강력한 성능의 인공지능은 인간들이 서로 만나는 과정을 변화시킬 것이고, 인공지능 기술로 새로운 소셜 미디어가 나오게 될 것이다. 앞으로 거의 모든 것은 인공지능의 도움을 받아 구하게 될 것이다. 인공지능과 대화를 하는 형태로 구매가 일어날 것이다. 기존의 아마존, 이베이, 쿠팡은 인공지능을 사용하기는 하겠지만, 자신의 비즈니스 모델을 혁신하기는 힘들 것이다. 결국 새로운 도전자가 나타나 새로운 방식의 상거래를 창출해 나갈 것이다.

## AI 기반 경제는 모든 주체가 AI 운영

인공지능이 인간과 대화하고, 거래하고, 행동하는 비즈니스 모델이 많아질 것이다. 점차 대화는 거래로 변화될 것이다. 기존의 전자상거래는 대화형 전자상거래로 변모하여, 플랫폼이 아닌 인공지능 그 자체가 거래를 촉진하게 될 것이다. 컴퓨터, 즉, 기계에게 자동 행동을 요구하는 것이다. 인간은 인공지능에게 대화로 명령한다. 그런데, 어떤 일의 단위에 관한 명령을 주는 것이 아니라, 큰 목표를 줄 수 있다. 인간으로부터 목표를 부여받은 인공지능은 자신의 목표를 하위목표로 나누고, 각각을 달성하는 일의 순서를 계획하고, 최적의 자원 활용과 순서로 실행한다. 챗GPT와 같은 대화 위주의 서비스와의 차이를 명확히 알 필요가 있다. 챗GPT는 주로 사용자와의 대화를 통해 텍스트 기반의 응답을 생성하지만, 목표를 설정하여 반복적으로 수행하지도 않고, 복수의 인공지능이 동시에 작업을 분배하고 협력하는 구조가 아니라는 면에서, 벌써 옛날 방식이 되고 있다.

인간과 컴퓨터의 상호작용이, 인간과 컴퓨터의 상호작용, 그리고 컴퓨터와 인공지능의 상호작용으로 나누어져서 계층적으로 진행되고 있는 것인데, 이러한 계층화는 점점 더 심화될 것이다. 즉, 인간과 컴퓨터 간의 상호작용을 위해, 그 중간에 컴퓨터 간의 복잡한 상호작용이 내재되게 될 것이라는 점이다. 그리고, 이 모든 것이 인간의 대화를 닮은 모습으로 진행될 것이다. 이제 초거대 언어모델(LLM)의 등장으로 인공지능 간의 일반적 소통은 인간의 자연어 형태로 진행하고, 특정 분야에서의 전문적이고 반복적인 소통은 해당 분야의 표준이나 관행, 합의로 효율성을 추구하게 될 것으로 예상된다.

인공지능 기반 경제에서는 모든 경제 주체가 자체 인공지능을 운영하며, 인공지능들은 협상, 모니터링 인공지능들과 소통하고 협업한다. 인공지능이 사람과 사람, 사람과 인공지능, 인공지능과 인공지능을 연결하는 시대가 눈앞에 왔다. 인공지능 경제 체제에서는 많은 경제 주체들이 사람들로부터 위임을 받은 인공지능이 될 것이므로, 어떤 서비스들은 사람이 아니어도 회원 가입이 되고 입장이 되도록 하게 될 것이다. 회원은 인간일 수도 인공지능일 수도 있다. 사실 상관이 없다. 그 회원이 하는 대화는 그저 일상적인 대화일 수도 있고, 자신이 무엇을 원하니 그것을 충족시켜달라고 하는 요구(Request)일 수도 있고, 자신은 상대방에게 무엇을 제공할 수 있는지 자원(Resource)을 표현할 수도 있다. 그리고, 이러한 대화에는 요구와 자원이 섞여서 표현될 수도 있다.

## AI 플랫폼과 AI 기반 경제

인공지능들은 인공지능 플랫폼과 연결될 수도 있다. 인공지능 플랫폼은 가입자들이 사람들뿐만 아니라 인공지능이 될 것이다. 진짜 사람들은 자신의 사적인 인공지능들과 대화한다. 인공지능은 주인의 상태를 대화와 센서로 감지하면서 이를 기반으로 다른 인공지능과 대화를 통해 교통수단을 예약하기도 하고, 서비스와 제품을 주문한다. 사업자들은 자기를 대표하는 인공지능 또는 사람이 여러 다른 인공지능이나 사람과 소통하면서 영업을 하게 한다.

예를 들어, 카카오택시나 우티, 아이엠 등 여러 택시 호출 앱을 호출하는 인공지능을 구현할 수 있다(이경전, 2024). 사용자가 가고 싶은 곳을 말로 이야기하면, 인공지능이 택시 앱들을 열어 동시에 택시를 호출한다. 그중에서 먼저 택시가 잡히면, 아직 택시를 잡지 못한 앱들의 호출은 취소한다. 동시에 2개 이상이 잡혔으면, 가장 조건이 좋은 택시를 선택하고 나머지는 취소할 수 있다. 이렇게 인공지능은 플랫폼 간의 경쟁을 유도할 수 있다. 강력한 인공지능의 등장으로 플랫폼 경제는 인공지능경제로 급격히 이동할 것이다.

## 비즈니스 모델 혁신 증폭

앞서가는 기업들은 임직원의 개인적 챗GPT 활용을 넘어서, 핵심 업무들을 인공지능에게 수행하도록 해서 완성도와 생산성을 높이고, 일하는 방식과 비즈니스 모델을 혁신하고 있다. 생성 인공지능으로 신기해하던 시기를 지나, 이제 정말 내가 원하는 업무를 착실히 수행해 나가는 인공지능을 체계적으로 구축해 나가는 기업이 그렇지 않은 기업을 이기는 시대가 오고 있다.

인공지능은 사람 수준의 품질 좋은 저작물을 빠르게 생성하고, 처음에는 사람과 인공지능 간의 상호작용으로만 시작되지만, 인공지능끼리도 자연어로 상호작용하면서, 사람과 인공지능, 인공지능과 인공지능, 인공지능과 사람이 계속 연결되고, 의사 소통과 조정 과정이 자동화되면서 비즈니스 모델의 혁신이 증폭된다. 사람이 예약된 명령어를 일일이 타이핑하는 방식에서, 그래픽 인터페이스를 클릭하고 터치하는 방식으로 진화했고, 이제는 대화형 인터페이스 방식으로 빠르게 진화하고, 상호작용의 양 끝에는 사람이 있지만, 그 사이에는 인공지능이 많이 중첩되어 커뮤니케이션되면서 예상치 못한 변화와 혁신이 가능해지는 것이다.

인공지능은 또한 방대한 데이터와 복잡한 패턴을 분석하여 새로운 발견을 하게 된다. 과학 연구, 제품 개발, 시장 트렌드 분석 등에서 예상치 못한 새로운 효과를 발견하거나, 소비자 데이터 분석을 통해 새로운 시장 기회를 포착한다. 개인의 선호, 행동 패턴, 역사적 데이터를 종합하여, 개인화된 경험을 제공하며, 사용자 만족도를 크게 향상시켜, 기업은 효율적인 마케팅과 고객 서비스를 제공함으로써 투하자본이익률(ROI)를 극대화하게 된다.

개인기업, 소상공인, 중소기업, 대기업 모두 판매 인공지능 소프트웨어가 필수적이다. 고객은 원하는 물건을 표현해주면 전 세계의 공급자 또는 공급자 인공지능과 접촉하여, 선택의 폭이 커진 고객을 대신하여, 물건의 사양과 가격을 흥정해주는 소프트웨어가 필요하게 될 것이다. 이는 탐색 능력, 흥정 능력, 의사 결정 능력 등을 갖춘 일종의 전문가 인공지능시스템이 될 것이다.

인공지능은 기존의 인류가 가진 가치목록(이준웅 & 이경전, 2009) 외에도, 새로운 가치를 창출할 잠재력이 큰 기술이다. 예를 들어, 거래비용의 극적 감소와, 저작물 생산의 비용과 시간의 극적 감소 및 이를 통한 새로운 저작물 장르 창조라는 가치를, 연구 개발 소요 시간의 극적 감소라는 새로운 가치를 창출하고 있다.

인공지능이 새롭게 고객이 되는 변화가 일어나서, 인공지능이라는 새로운 고객군을 기업들이 상대하게 될 것이다. 또한, 인공지능의 발전은 개인이나 기업이 그동안 미처 생각하지 못했던 비고객을 고객으로 만들 기회를 만들어낼 것이다. 예를 들어, 나의 저작물을 자동으로 빨리 전세계의 언어와 문화에 맞게 생성하고 변환하게 되어, 언어의 제약으로 상대할 수 없었던 고객을 새로운 고객을 맞아들일 수 있다.

또한, 인공지능의 활용으로 기업은 고객들과 새로운 고객 관계를 만들 수 있다. 기업에서의 고객관계 관리 인공지능의 활용은 고객의 댓글들을 자동으로 모니터링하고 답글을 다는 과정을 자동화하는 것을 넘어서, 고객들이 원하는 제품이나 서비스를 신속하게 개발하고 그 시안을 만들어서 고객에게 역제안하는 것이 가능해진다. 고객이 요구하기 전에 먼저 제안하는 것이 가능해지는데, 사람 고객 또한 인공지능을 활용할 것이므로, 스팸을 걱정하지 않아도 된다. 오히려 인간 고객은 얼마든지 자신에게 제안을 많이 하는 기업을 원할 수 있다. 그 제안들은 인간의 비서인 인공지능이 처리할 수 있기 때문이다. 인공지능은 사람 주인을 위해 최적의 제안을 빠른 시간에 선택해낸다.

## 기업 프로세스는 가치 엔진 형태로 혁신

인공지능 기술이 중요해지면, 기업의 프로세스는 가치 엔진의 형태로 변화할 것이다(이경전 외 2인, 2020). 기업의 핵심 프로세스가 인공지능의 정의에 입각하여, 가치있는 목표를 설정하고, 달성여부를 수시로 체크하며, 이를 계속 확장하는 노력을 지속하고, 데이터와 지식을 확보하고, 추론과 최적화 전략을 선택하며, 인간과 인공지능 간의 협력 전략을 선택하고, 인공지능 엔진을 유지하고 운영하는 것이 된다. 결국 앞으로의 기업과 개인의 핵심 의사결정은 1) 무엇을 목표로 할 것이며, 2) 누구와 소통할 것인지, 3) 이를 위해 데이터의 공급 체계를 어떻게 구축해 나가면서, 4) 기업과 인간은 그 데이터를 활용해서 인공지능을 계속 구축하고 협력할 것인가가 될 것이다.

OpenAI의 수익 모델은 개인 고객에게는 월정액 가입비 모델, API(Application Programming Interface) 고객에게는 사용한 만큼 지불하는 모델이다. 인공지능 시대에는 광고 모델은 많이 힘을 잃을 것으로 전망해볼 수 있다. 사람들의 눈동자에 호소하는 기존의 광고 모델은 이제 웹과 앱을 인공지능이 들여다보게 됨에 따라 그 효율성이 점차 떨어지고 있다. 광고 모델은 노출 빈도에 의존하는 TV, 신문, 라디오, 잡지 광고 모델에서, 인터넷은 클릭, 구매 등 성과에 연동하는 광고모델로 발전해왔다. 인공지능은 이러한 발전 방향을 더욱 심화할 것이다. 인공지능이 가치있는 성과를 냈을 때, 이에 보상하는 형태로 발전할 가능성이 있고, 이때 양쪽 당사자가 모두 인공지능이라면, 그들 간에 자동으로 안전한 결제가 될 수 있는 모델, 둘 간의 비용을 또 다른 인공지능이 산정해주는 방법 등의 새로운 비즈니스 모델이 점차 진화 발전해 나갈 것이다.

# 참고문헌

이경전(1999). 전자상거래를 위한 소프트웨어 에이전트, 《정보처리학회지》, 6권 1호, 54~62.

이경전(2024). 이경전의 행복한 AI 읽기 (11) AI 에이전트가 만들어낼 새로운 연결, 《주간경향》 1586호.

이경전(2024). 이경전의 행복한 AI 읽기 (12) 신과 같은 AI냐, 비서 같은 AI 에이전트냐, 《주간경향》 1589호.

이경전(2024). [이경전의 AI와 비즈니스 모델] 챗GPT의 시대, 벌써 저무나, 《한국경제》, A33면.

이경전(2024). [이경전의 AI와 비즈니스 모델] 'AI 경제 집사' 온다…미래 물결에 올라탈 준비하라, 《한국경제》, A29면.

이경전(2024). [이경전의 AI와 비즈니스 모델] 거래를 창출하는 '보이지 않는 손' 생성 AI, 《한국경제》, A33면.

이경전(2024). [이경전의 AI와 비즈니스 모델] 정책 실험 대신 AI · 알고리즘으로 해결해야, 《한국경제》, A33면.

이경전, 윤이지, 이수영, 정백, 안은정, 심민준, 정규윤, 옥근우 (2024). LLM과 RAG에 기반한 대화형 매칭 에이전트 프롬프트 엔지니어링 적용 최적화 사례, 《2024 춘계 한국지능정보시스템학술대회 논문집》.

Jin, D., Suh, Y., & Lee, K.(2003). Generation of Hypotheses on the Evolution of Agent-Based Business Using Inductive Learning, *Electronic Markets*, 13(1), 13~20.

Lee, K. J., Chang, Y. S., Lee, J. K.(2000). Time-Bounded Negotiation Framework for Electronic Commerce Agents, *Decision Support Systems 28* (4), 319~331, June.

## 12. AI와 경영

# 2025년은 'AI 슈퍼사이클'의 시작점, 'AI CEO'가 출현한다

**문형남** 숙명여대 글로벌융합대학 학장, 한국AI교육협회 회장

2025년에는 글로벌 AI 시장이 약 5000억 달러(672조 원) 규모,
국내 AI 시장은 약 250억 달러(약 30조 원)로 예상된다.
AI는 의료(맞춤형 진단과 치료, 헬스케어 시스템),
제조(스마트 공장, 예측 유지보수, 품질 관리),
금융(리스크 관리, 투자 전략 수립, 고객 서비스 자동화),
교통 등에서 중추적인 역할을 할 것으로 기대된다.
2025년은 'AI 슈퍼사이클'(AI Supercycle)의 시작점일 것이다.[1]

숙명여자대학교 글로벌융합대학 글로벌융합학부 교수, 숙명여자대학교 글로벌융합대학장, ESG메타버스발전연구원 대표이사, 한국구매조달학회 회장, 지속가능과학회 공동회장, K-헬스케어학회 회장, 한국AI교육협회 회장, 전 한국생산성학회 회장, 전 대한경영학회 회장 등. 전 매일경제 기자. 저서 『나는 AI ESG 융합 전문가』(공저), 『인더스트리 5.0』(공저), 『대한민국을 선진국으로 이끈 K-경영』(공저), 『4차산업혁명과 ESG혁명』, 『세상을 바꾸는 메타버스』(공저) 등. 근정포장 수훈. 성균관대학교 경영학과 졸업, 고려대학교 경영학 석사학위, 한국과학기술원(KAIST) 공학 박사수료, 성균관대학교 경영학 박사학위, 북한대학원대학교 북한학 박사수료

---

[1] AI 슈퍼사이클은 AI 기술이 혁신적인 발전을 이루면서 경제와 사회 전반에 걸쳐 광범위한 영향을 미치는 장기적인 성장 주기를 말한다. 이 주기 동안 AI 기술의 성능 향상, 비용 절감, 그리고 다양한 산업의 급속한 확산이 이루어지며, AI가 글로벌 경제의 핵심 동력으로 자리 잡게 된다.

2025년에는 글로벌 AI 시장이 약 5000억 달러(672조 원) 규모에 이를 것으로 예상되며, 이는 AI 기술이 전 산업에 걸쳐 빠르게 확산되고 있기 때문이다. AI는 의료, 제조, 금융, 교통 등 주요 산업에서 혁신을 주도하며, 특히 의료 분야에서는 맞춤형 진단과 치료, 헬스케어 시스템의 효율성 개선에 크게 기여할 전망이다. 제조업에서는 스마트 공장, 예측 유지보수, 품질 관리 등이 AI로 인해 크게 개선될 것으로 보인다. 금융업에서는 AI가 리스크관리, 투자전략 수립, 고객서비스 자동화에 중추적인 역할을 할 것으로 기대된다.

세계 AI 시장 전망은 발표 기관에 따라 편차가 크며, 2030년이 되면 세계 AI 시장 규모가 2경 원을 넘어선다는 전망도 있다. 삼일PwC 경영연구원과 글로벌 시장조사 업체 스태티스타(Statista)에 따르면, AI 산업은 연평균 36.6%씩 성장해 2030년 세계시장 규모가 18조 4750억 달러(약 2경4368조 원)에 이를 것으로 전망된다. 이는 2022년 미국 국내총생산(GDP) 25조4627억 달러의 72.6%에 해당하고, 중국 GDP(17조8760억 달러) 전체 규모 대비 3.3% 많은 수치다.

또한, AI는 산업 생태계 내 생산·유통·소비 전 과정의 효율성을 혁명적으로 높일 것으로 전망했다. 마이크로소프트(MS)·구글 등 글로벌 기업은 이미 AI를 직접 개발해 서비스에 속속 적용하고 있다. AI의 두뇌라고 불리는 AI 반도체 시장이 2022년 326억 달러(약 42조 2985억 원)에서 2030년 1조179억 달러(약 1320조7252억 원)로 31배 성장할 것으로 내다봤다.

리서치 전문 마켓앤마켓은 2023년부터 2030년까지의 글로벌 AI 시장이 연평균 성장률 36.8%로 성장할 것이라고 전망했다. 전 세계 AI 시장 규모가 2023년 1502억 달러(약 200조 원)에서 2030년에는 1조 3452억 달러(약 1800조 원)로 9배가량 성장한다는 예측을 내놓았다.

마켓앤마켓은 2030년까지의 기술 로드맵을 표 1과 같이 3단계로 구분했다.

이 보고서는 AI 생태계는 ▲하드웨어 및 장치(엔비디아, 인텔, 삼성 등) ▲네트워크(시스코, HPE, 화웨이 등) ▲소프트웨어(마이크로소프트, 세일즈포스, SAP 등) ▲보안(맥아피, 팔로알토 등) ▲플랫폼(AWS, 구글, 메타 등) ▲서비스(딜로이트, 액센츄어, PWC 등) ▲클라우드(AWS, MS, 구글 등) 등으로 구분했다. 2030년까지 AI 시장에서 가장 높은 성장률을 기록할 분야로는 생성 AI가 아닌, 비전 AI를 꼽았다. 자율주행과 보안, 안전 등 현 산업에 바로 직접적인 영향을 미칠 수 있기 때문이라고 이유를 들었다. 지역별로는 이 기간 중 북미가 가장 큰 시장을 이룰 것으로 내다봤다.

국내 시장에서도 AI의 영향력은 빠르게 확대될 전망이다. 한국은 AI 기술 개발 및 적용에 있어 세계적인 경쟁력을 갖추고 있으며, 정부

표 1_ AI 기술 트렌드 로드맵(2023~2030)

| | |
|---|---|
| **1단계**<br>(2023~2025년) | ▲콘텐츠 제작을 위한 생성 AI의 등장 및 발전 ▲개인 정보 보호를 위한 연합학습 채택 ▲설명가능한 AI 개발 ▲엣지 AI 활성화 |
| **2단계**<br>(2025~2028년) | ▲생성 AI 고도화 ▲연합학습 고도화 ▲설명가능한 AI의 고도화 ▲엣지 AI의 고도화 |
| **3단계**<br>(2028~2030년) | ▲인간 수준의 정교한 생성 AI 등장 ▲광범위한 연합학습 채택 ▲전 산업 분야에 설명가능한 AI 도입 ▲자율적, 실시간 인텔리전스가 가능한 고급 엣지 AI 보편화 |

의 적극적인 지원과 기업들의 활발한 투자로 인해 AI 산업이 빠르게 성장하고 있다. 특히 맞춤형 AI 솔루션에 대한 수요가 크게 증가할 것으로 보이며, 이는 다양한 산업에서 기업들이 경쟁 우위를 확보하기 위해 AI를 적극적으로 활용할 것임을 시사한다. 또한, AI 윤리 및 규제에 대한 논의도 활발해질 것으로 예상되며, 신뢰성과 투명성을 갖춘 AI 기술의 개발이 중요해질 것이다. 2025년 국내 AI 시장 규모는 약 250억 달러(약 30조 원)로 예상된다. 이는 AI 기술의 빠른 발전과 다양한 산업에서의 활용 증가에 따른 성장으로, 특히 제조, 금융, 헬스케어 등의 분야에서 두드러진 성장이 기대된다.

## 2025년에 글로벌 기업 65% 생성형 AI 솔루션 도입 전망

국내 언론에 2024년 5월에 보도된 자료에 의하면, "글로벌 기업 55%, 2025년까지 생성형 AI 솔루션 도입 예정"이라고 한다. 구글 클라우드와 CSA(Cloud Security Alliance)의 『AI와 보안의 현황 조사 보고서』에 따르면, 조사 대상 조직의 55%가 향후 1년 이내에 생성형 AI 솔루션을 도입할 계획이라고 대답해 생성형 AI 통합이 크게 증가할 것으로 전망된다.

조사 결과를 살펴보면 조직이 빠르게 AI 도입을 추진하는 배경에는 현대 비즈니스 환경에서 AI가 제공하는 경쟁 우위를 인식하고 있는 최고 경영진이 크게 기여하고 있었다. 실제로 응답자의 82%가 경영진의 리더십이 AI 도입의 추진 이유라고 답했다. 구글 클라우드는

---

1  전체 내용은 CSA 홈페이지(https://cloudsecurityalliance.org)에서 확인할 수 있다.

AI에 대한 업계의 지식, 태도, 의견을 보다 잘 이해하기 위해 CSA에 설문조사 및 보고서 개발을 의뢰했으며 프로젝트 자금을 지원하고 CSA 리서치 애널리스트와 설문지를 공동 개발했다.

설문조사는 2023년 11월 아메리카, 아시아, 태평양, 유럽, 중동 지역 내 다양한 규모의 조직의 IT 및 보안 전문가 2486명을 대상으로 온라인으로 실시됐다. 보고서의 데이터 분석은 CSA의 리서치 분석가들이 진행했다. 설문조사 시점이 경과한 점 등을 고려하면, 필자는 글로벌 기업 60~70%가 2025년까지 생성형 AI 솔루션 도입할 것으로 전망한다.

## 2025년 생성형 AI 판도 변화 : 앤트로픽(Anthropic)의 클로드 급부상 예상

AI 중에 가장 관심을 끄는 분야는 단연 생성형 AI라고 할 수 있다. 2024년 현재 가장 인기 있는 생성형 AI 순위는 다양하게 나타나고 있다. 출처마다 순위가 조금씩 다르게 나오는데, 챗GPT에 따르면, 다음과 같은 AI 플랫폼들이 상위권을 차지하고 있다.

1. ChatGPT(OpenAI) : 여전히 가장 널리 사용되고 있으며, 강력한 자연어 처리 능력으로 다양한 언어 작업을 수행한다.
2. Gemini(Google) : 검색 최적화와 사용자 경험 향상에 중점을 두고 있으며, 인기 순위 2위를 차지하고 있다.
3. DeepL : 주로 번역에 특화된 AI로, 많은 사용자들에게 사랑받고 있다.

4. Character AI : 캐릭터와의 인터랙티브한 대화를 제공하는 플랫폼으로 주목받고 있다.

5. Perplexity AI : 인터넷에서 정보를 찾는 데 특화된 AI로 인기를 끌고 있다.

6. Claude(Anthropic) : 신뢰성과 성능 면에서 좋은 평가를 받고 있다.

7. Quora's Poe : 지식 공유 플랫폼인 Quora의 AI 챗봇이다.

8. Copilot(Microsoft) : 마이크로소프트의 코파일럿은 다양한 업무를 지원하는 데 사용된다.

9. YouChat : 학생 및 연구자를 위한 AI 챗봇으로 무제한 대화를 제공한다.

10. Jasper : 마케팅 및 영업 팀을 위한 AI로, 창작 작업에 많은 도움이 된다.

이 외에도 다양한 AI 플랫폼들이 AI 생태계에서 활발히 사용되고 있다. 예를 들어, 소크라틱, 오터, 힉스 AI 등은 각각 교육, 회의 도우미, 글쓰기 지원 분야에서 두각을 나타내고 있다. 이처럼 생성형 AI는 다양한 용도로 발전하고 있으며, 각 플랫폼은 고유한 기능과 강점을 가지고 있어 사용자의 필요에 맞게 선택할 수 있다.

생성형 AI의 성능을 평가해서 발표한 경험이 있는 필자는 여러 차례 실증 평가를 거쳐 2025년 생성형 AI 상위 4개(Top 4)의 순위를 예상해 본다. 큰 특징은 클로드의 약진이 예상된다. 2025년에는 생성형 AI의 원조인 오픈AI의 챗GPT가 1위, 구글의 제미나이가 2위, 마이크로소프트의 코파일럿이 3위를 차지하고, 앤트로픽의 클로드가 4위로 급부상할 것으로 전망한다. 1~3위는 큰 변화가 없을 것으로 보는데, 클로드가 4위로 급부상하는 것이 돋보일 것으로 예상된다.

앤트로픽은 미국의 인공지능 스타트업이다. OpenAI가 마이크로소프트의 투자를 받으며 영리화되자, 의견 충돌로 인해 차례로 퇴사한 인물들이 설립했다. 다리오 아모데이를 비롯한 창업자 전원이 OpenAI 출신이며 공익기업을 표방한다. 챗GPT와 제미나이, 코파일럿보다도 뛰어난 성능으로 급부상하면서 많은 사용자들의 관심을 모으고 있다. 성능은 비교해 보면 금방 알 수가 있다.

## AI의 국내외 비즈니스 모델 혁신 전망

2025년 세계 및 국내 AI 시장에 대한 분야별 전망을 살펴보자. 아래 전망은 기술 발전 속도, 규제 환경, 시장 수요 등 다양한 요인에 따라 변동될 수 있다.

표 2_ AI 기술별 국내외 비즈니스 모델 혁신 전망

|  | 세계시장 | 국내시장 |
|---|---|---|
| 자연어 처리<br>(NLP) | 챗봇, 기계 번역, 감성 분석 등의 분야에서 큰 성장이 예상되며, 특히 기업용 솔루션 시장이 확대 예상 | 한국어 특화 NLP 기술 개발에 집중되며, 고객 서비스 및 콘텐츠 생성 분야에서 활발한 적용 예상 |
| 컴퓨터 비전 | 자율주행차, 의료 영상 분석, 보안 시스템 등에서 광범위하게 사용될 것으로 예측 | 스마트 팩토리, 도시 관제 시스템 등 산업 및 공공 부문에서의 적용이 확대될 전망 |
| 머신러닝,<br>딥러닝 | 금융, 헬스케어, 소매업 등 다양한 산업 분야에서 예측 분석 및 의사결정 지원 시스템으로 활용이 증가 예상 | 소기업의 AI 도입이 가속화되며, 특히 제조업에서의 활용이 두드러질 것으로 예상 |

| | 세계시장 | 국내시장 |
|---|---|---|
| AI 하드웨어 | AI 전용 칩, 엣지 컴퓨팅 디바이스 등의 수요가 급증할 것으로 전망 | 삼성전자, SK하이닉스 등 대기업을 중심으로 AI 반도체 개발 및 생산이 확대될 것으로 예상 |
| 로봇 공학 | 협동 로봇, 서비스 로봇 등의 분야에서 AI 기술과의 융합이 가속화될 전망 | 제조업 자동화, 돌봄 로봇 등의 분야에서 성장 예상 |
| 자율주행 | Level 3, 4 수준의 자율주행 기술 상용화가 확대 예상 | 자율주행 셔틀, 로보택시 등의 시범 서비스 확대 전망 |
| AI as a Service (AIaaS) | 클라우드 기반 AI 서비스의 수요가 급증 예상 | 중소기업 및 스타트업을 중심으로 AIaaS 활용 증가 예상 |

## CEO도 'AI CEO'로 대체된다

AI의 발전으로 많은 일자리가 없어지는 가운데 기업의 최고경영자 (CEO) 역시 AI로 대체될 수 있다. AI 발전으로 많은 사무직 일자리가 위기에 처했다는 분석이 나오고 있는 가운데 기업의 CEO 역시 AI로 대체될 수 있다고 《뉴욕타임스(NYT)》가 보도했다. 기업에서 CEO의 리더십이 중요하지만, 효율성과 비용 절감을 고려하면 CEO 역시 AI로 대체할 수 있다. 이미 일부 기업이 'AI CEO'를 내세웠고, 2025년에는 더 확대될 전망이다. 2025년은 AI 슈퍼 사이클의 시작점으로, AI 트랜스포메이션(AX)이 본격화되며 경영전략과 투자전략의 큰 변화가 예상된다. "CEO가 하는 일의 80%가 AI로 대체될 수 있다"는 주장이 있으며, 2025년부터 CEO를 포함한 고위 임원진도 AI로 대체될 것이다.

EdX의 창립자이자 MIT 컴퓨터과학 및 AI연구소의 전 이사였던 아난트 아가드왈은 "CEO가 하는 일의 80%가 AI로 대체될 수 있다"고 했다. 실제로 몇몇 기업은 'AI CEO'라는 개념을 공개적으로 실험하기 시작했다. 폴란드의 주류 회사인 딕타도르(Dictador)는 AI CEO인 미카(Mika)를 두고 있다고 발표했다. 미카는 채용 전문 소셜미디어 링크트인을 통해 "개인적인 편견이 없으며 조직 내 이익을 우선시하는 편견 없고 전략적인 선택을 보장한다"고 자신을 소개한다.

중국 온라인 게임회사 넷드래곤 웹소프트는 탕위(Tang Yu)라는 이름의 'AI중심 순환CEO'를 임명했다. 직원 5000명을 보유한 이 회사의 창업자인 더이안 류는 "우리는 AI가 기업경영의 미래라고 믿는다"며 "넷드래곤이 메타버스 기반 작업 커뮤니티로 이동하는 과정의 일부"라고 설명했다. 탕위는 2024년 4월에 열린 디지털휴먼산업포럼에서 '올해의 중국 최고 가상 직원상'을 수상했다. 여성으로 설정된 탕위는 넷드래곤의 성과평가, 멘토링 등의 업무를 담당한다.

## 마무리

2025년은 AI 슈퍼사이클의 시작점으로, AI 트랜스포메이션(AI 전환: AX)이 본격화되며 투자 전략의 변화가 예상된다. 글로벌 CEO들의 70%가 생성형 AI를 최우선 투자 영역으로 선정하고 있어, AI 기반 기술 혁신이 경영전략의 핵심이 될 것이다. AI 학습 비용이 2027년까지 1000억 달러에 도달할 것으로 예측되어, AI 기술 개발과 활용에 대한 투자가 더욱 증가할 전망이다. CEO들은 AI를 통해 새로운 사업 모델을 창출하고, 인간을 위한 새로운 가치를 만들어내는 데 주력해야 할 것이다.

AI 슈퍼사이클에서는 AI가 단순한 도구를 넘어 경제 전반의 구조적 변화를 이끌며, 새로운 산업을 창출하고 기존 산업을 혁신한다. 이는 AI칩, 데이터 인프라, 소프트웨어 등 AI 관련 기술과 서비스에 대한 수요가 급증하면서 대규모 투자와 연구개발이 촉진되고, 이에 따라 AI 기술의 발전 속도가 더욱 가속화되는 특징을 가진다. 결과적으로 AI는 의료, 제조, 금융, 교통, 교육 등 거의 모든 산업에서 필수적인 역할을 하게 되며, 경제와 사회의 근본적인 변화를 일으키는 데 기여한다.

결론적으로, 2025년에는 AI가 글로벌 경제와 사회 전반에 걸쳐 핵심 기술로 자리 잡으며, 산업 혁신을 가속화하고 새로운 비즈니스 기회를 창출할 것이다. 국내에서도 AI 기술의 발전과 더불어 이를 활용한 혁신적인 비즈니스 모델이 등장할 것으로 기대된다. 2025년 AI는 우리 삶의 모든 측면에 깊숙이 스며들어 산업과 사회 전반에 혁신적인 변화를 가져올 것이다. 이러한 변화에 적응하고 새로운 기회를 포착하기 위해서는 AI 기술에 대한 이해와 투자가 필수적이다.

참고문헌

서울경제(2023. 12. 18). "AI 시장, 2030년 2경 넘는다…韓 반도체 설계 경쟁력 높여야", https://www.sedaily.com/NewsView/29YK6EGCK7

조선일보(2024. 5. 29). AI 발전, 고위 임원 자리까지 위협…CEO도 '집으로', https://biz.chosun.com/international/international_economy/2024/05/29/ IPRQPT6GGVBQHCVHYNQP7GEPKU/

헬로티(2024. 4. 9). 글로벌 기업 55%, 2025년까지 생성형 AI 솔루션 도입 예정, https://www.hellot.net/news/article.html?no=88830

AI타임스(2024. 3. 21). "2030년 AI 글로벌 시장 규모 1800조…2023년 9배 달할 것", https://www.aitimes.com/news/articleView.html?idxno=158152

Cloud Security Alliance(CSA) website, https://cloudsecurityalliance.org

IT WORLD(2022. 3. 23). "국내 AI 시장 연평균 성장률 15.1% 증가…2025년 까지 1조 9,074억 원 규모 전망" 한국IDC, https://www.itworld.co.kr/ news/229749

statista website, https://www.statista.com/page/ai-trends-2025-mih

## 13. AI 국제 협력

# 한미일 기업 협력과 한중 무역 지속성

박상준 와세다대 국제학술원 교수

반도체 · AI · 우주개발 등 첨단 산업에서 미일 기업이
적극적으로 협력하고 있다. 공급망에서 중국 비중을
낮추려는 노력이 한미일 공조를 필요로 하면서
2025년에는 미일 협업이 한미일 협업으로 확대될 것이다.
비즈니스 파트너로서 중국의 비중은 전반적으로
낮아지겠지만, 한미일 공조를 해치지 않는 범위 내에서
중국 기업과의 협업을 모색할 것이다.

와세다대학교 국제학술원 정교수(경제학 전공), 『불황터널』, 『불황탈출』, 『소니 턴어라운드』
(역서). SSCI 학술지에 한중일 경제에 관한 다수의 논문 게재. 서울대학교 학사(경제학), 미
국 위스콘신대학교(매디슨) 박사(경제학).

　2024년 4월 10일 워싱턴에서 미일 정상회담이 열렸다. 미국 바이든 대통령과 일본 기시다 총리의 공동 성명을 전 세계 언론은 "중국에 대항하는 동맹"의 선언으로 해석했다. 4월 11일 보도에서 《월스트리트저널》은 "바이든, 일본의 기시다, 중국에 대항하기 위해 더 긴밀한 관계를 추진"이라는 제목을 달았다. 《뉴욕타임즈》 보도도 "바이든과 기시다, 중국에 대항하기 위해 군사 및 경제 관계 강화에 합의"로 별반 다르지 않았다. 《일본경제신문》은 "중국 겨냥한 억제력의 통합"이라는 제목을 달았다. 다음날인 4월 11일 열린 미·일·필리핀 정상회담에서는 2025년 1월에 3국 합동 해상 훈련이 실시될 계획이라는 발표가 있었다.

　중국은 즉각 반발했다. 《환구시보》는 4월 12일 보도에서 미일 정상회담과 미·일·필리핀 정상회담을 "아시아·태평양에서 mini-NATO를 결성하려는 미국의 시도"라고 비난했다. 중국 정부는 주중 일본 공사를 초치하여 심각한 우려와 강한 불만을 제기했다. 그리고, 미일 정상회담이 있기 하루 전인 4월 9일, 중국의 시진핑 주석은 베이징에서 러시아, 북한, 베트남 고위 관료와 회담을 가졌다. 이 자리에는 친중국 성향의 타이완 정치가도 초청된 것으로 알려졌다.

　일본 시사 주간지 《니케이 아시아》는 중국에도 동맹이 있다는 것을 과시하는 정치적 목적의 회담으로 해석했다. 그러나, 그 이상의 움직임은 없었다. 미일의 움직임에 대한 구체적 보복 수단을 언급하거나 하는 대신, 불만을 표하는 정도에서 그쳤다. 이전의 중국에 비하면 훨씬 조심스러운 태도다. 미일 정상회담이 있던 4월 10일, 한국에서는 제22대 국회의원 선거가 있었다. 그래서 미일 정상회담의 내용이 언론의 주목을 받지 못했다. 외신을 따라 "중국에 대항하는 동맹의 강화" 정도로 짧게 보도되었다.

공동선언과 함께 발표된 합의 사항을 들여다보면 군사·방위에 대한 내용보다 오히려 경제 협력에 관한 내용이 더 풍부하게 들어가 있는 것을 알 수 있다. 군사적 협력에서도 미일 방위산업 간 협력을 강화하는 등 경제 관련 내용이 적지 않다. 그리고 민간 기업 간의 투자에 관련한 사항이 의외로 많다. 첨단 산업의 공급망에서 중국의 역할을 배제 혹은 축소시키면서, 부족한 부문을 상호 투자와 협력으로 메꾸기 원하는 모양새다. 그러나, 미일 기업 간 협력만으로는 첨단 산업 공급망의 안전성을 확보할 수 없을 것이다. 한국 기업의 참여가 필요하다.

필자는 『2024 대한민국 대전망』에서 "경제안전보장"이 더 이상 변수가 아니라 상수로 자리 잡았다고 밝힌 바 있다. 미일 정상회담 합의 사항은 미일의 주요 기업이 그 상수를 활용하는 비즈니스 전략을 택하고 있음을 보여 준다. 이런 움직임이 2025년에는 한국 기업에도 기회가 될 것이다.

## 반도체·통신 산업의 한미일 기업 협력

경제 관련 미·일 정상회담 합의 사항 중 하나는 "아이온(IOWN) 글로벌 포럼"과 "광반도체 개발"에 협력하는 것이다. "Open RAN의 상용화 촉진"도 합의 사항 중 하나다. 미·일 정상회담에서 재확인되었을 뿐 사실 새로운 내용은 아니며, 합의 사항으로 발표되기 이전에 이미 미일 기업 간에 협력이 진행되고 있던 사업들이다. 일본 기업 NTT가 추진하고 있는 IOWN 글로벌 포럼과 광반도체 개발은 일본이 추구하는 Open Innovation[1]의 대표적 사례 중 하나다. 그리고 Open RAN의 상용화는 미국의 필요로 추진되고 있지만 일본이 적극적인 협조 의사를 밝힌 사업이다. 모두 한국 기업에 새로운 비즈니스 기회가 될 수 있다.

과거 일본은 반도체와 통신 기술에서 세계를 선도한 적이 있다. 그 이후, 세계 시장에서의 위상 약화는 일본 시장 중심, 일본 기업 중심의 기술 개발과 영업에 원인이 있다는 것이 일본 정부와 기업의 판단이다. 따라서 지난 수년간 Open Innovation의 기치 아래 우방의 첨단 기업과 기술 교류·공동 개발을 적극적으로 추진해 왔다. 대표적인 것이 2021년 3월에 결성된 "첨단 반도체 제조 기술 컨소시엄"이다. 일본의 반도체 관련 기업과 연구 기관들이 주축이지만 미국 기업인 인텔, 대만 기업인 TSMC가 찬조 회원으로 참여했다.

TSMC는 그 직전인 2월에 "TSMC-Japan 3D IC 연구개발센터"를 일본에 설립하겠다고 발표한 바가 있으며, 이어 TSMC의 구마모토 공장 설립을 발표했다. 기술 개발을 중심으로 한 협업이 먼저 추진되고 그 뒤에 대규모 투자가 진행되었다. 일본의 8개 대기업이 출자해서 홋카이도에 공장을 짓고 있는 반도체 기업 라피더스는 미국 IBM의 2나노 반도체 생산 기술을 이전받았고 벨기에의 첨단 반도체 연구 기관인 IMEC의 기술 협력을 받고 있다. IMEC은 최근 일본에 법인을 설립하겠다고 발표했다. 일본 정부는 한국 기업인 삼성에도 손을 내밀었

---

1  타기업 혹은 타국과 협력하여 기술개발을 추진하는 것을 뜻한다. 일본 내에서의 기술개발을 고집했던 것이 세계 시장에서 고립되는 결과를 초래했다는 반성 위에 최근 일본 기업과 일본 정부가 추진하는 정책이다.

다. 삼성이 설립하는 요코하마의 제2 연구소[2] 설립 비용의 절반을 보조하기로 했다.

이런 분위기에서 일본의 대표적 통신 기업인 NTT는 자사의 사활을 건 프로젝트인 IOWN 글로벌 포럼에 한국 기업인 SK하이닉스의 참여를 권유했다. "IOWN"는 NTT가 개발 중인 차세대 통신 기술을 뜻한다. 6G 시대를 대비해서 5G 시대에 구현하지 못한 속도와 안전성의 광통신 기술을 개발해 국제 표준으로 삼겠다는 야심만만한 프로젝트다. 한때 일본 시가총액 1위 기업이었던 NTT는 1999년 2월, 세계 최초로 휴대전화(피처폰)에서 이메일 송수신과 웹 페이지 열람이 가능한 i-mode라는 기술을 상용화했다. 그러나, 일본 시장 중심의 운용으로 세계 표준이 되는 데 실패했고, 통신 기술의 세계 표준은 유럽 경쟁사인 노키아·에릭슨 중심으로 결정되었다. 뛰어난 기술력에도 불구하고 비즈니스에는 성공하지 못한 것이다.

그 경험을 바탕으로 새롭게 개발하는 IOWN을 상업적으로 성공시키기 위해 IOWN 글로벌 포럼을 발족했고, 현재 일본 기업인 NTT와 소니, 그리고 미국 기업인 인텔이 주축이 되어 광통신 기술의 개발과 표준화에 박차를 가하고 있다. 그런데, 광통신을 가능하게 하기 위해서는 광반도체가 필수적으로 필요하고, 한국 반도체 회사인 SK하이닉스에 참여 의사를 타진한 상태다.

한편, Open RAN은 무선 기지국 연결에 필요한 인터페이스와 기지국 운용 체제를 개방형 표준으로 구축하는 기술이다. LTE가 상용화

---

2 삼성은 일본 요코하마에 반도체 연구소를 가지고 있다. 제2 연구소는 2028년 건립을 목표로 추진 중이다. 일본 정부는 건립 비용 400억 엔의 절반인 200억 엔을 지원하겠다는 의사를 밝혔다.

하면서 장비 제조기업별로 독자적인 인터페이스를 사용하고 있어서, 특정 기지국의 장비는 같은 기업 제품을 사용해야만 한다. 현재 통신 장비 시장에서 가장 점유율이 높은 것은 중국의 화웨이이다. 지난 수년 간 미국은 화웨이의 영향력을 감소시키기 위해 노력했지만, 화웨이의 시장 점유율은 오히려 늘었고 유럽 경쟁사를 압도하고 있다. 이 시장 에서 미국과 일본 기업은 거의 존재감이 없고, 한국은 삼성전자가 약 5%의 시장 점유율을 유지하는 중이다.

그런데, Open RAN이 상용화하면, 네트워크 운용에 필요한 소프 트웨어와 하드웨어를 분리하여 이동통신사가 맞춤형으로 선택하는 것 이 가능해진다. 하드웨어의 많은 부분이 소프트웨어로 대치될 수 있 고, 다양한 장비 제조업체의 제품 중 필요한 제품을 선택해 쓸 수 있 다. 즉, 화웨이 같은 거대 장비 제조업체의 영향력이 줄고, 소프트웨 어 개발 업체와 다양한 장비업체의 시장 참여가 활발해질 수 있다. 이 동 통신 소프트웨어에 필수적인 첨단 반도체에 대한 수요가 폭증할 것 이기 때문에, NVIDIA 같은 반도체 설계 기업의 영향력이 확대된다. 즉, 통신 산업에서 중국의 영향력이 약해지고 미국의 영향력은 커지게 된다. 이런 변화는 한국의 소프트웨어 업체, 장비업체에 새로운 기회 가 될 수 있다.

일본은 광통신 개발을 주도하고, Open RAN 상용화에 적극 참여 하고 있지만, 이동 통신 사업 공급망 전체를 일본 기업과 미국 기업으 로 채울 수는 없다. 라쿠텐이 일본의 제4 이동통신 업체가 되면서 한 국 중소 장비 제조기업의 대일 수출이 증가한 바가 있다. 그리고, 한 일 관계가 개선되고 한미일 공조가 강화되면서 한국의 대일 소프트웨 어 수출이 급증하고 있다. 공급망에서 중국의 영향력을 감소시키려는 미국과 일본의 노력은 2025년에도 필연적으로 우방인 한국 기업의 협력을 강화하는 방향으로 진전될 것이다.

## 양자·AI·우주 산업의 한미일 기업 협력

2025년에는 한미일 기업 협력이 양자기술 · AI · 우주 산업으로도 확대될 것으로 보인다. 이미 한국의 서울대, 일본의 도쿄대, 미국의 시카고대가 양자기술 개발 파트너십을 체결한 상태다. 양자기술 개발과 관련해 미일은 훨씬 더 긴밀한 협력체제를 구축하고 있다. 양자컴퓨터는 미국 · 독일 · 일본 · 중국 순으로 개발이 진행되어 왔다. 일본은 수년 전부터 최첨단 양자기술을 보유한 미국 기업 · 연구소와 협력을 강화해 왔다. 미국 기업인 인플렉션(Inflection)은 일본 분자과학연구소에 양자기술을 제공하고 있다. 역시 미국 기업인 퀀티뉴엄(Quantinuum)은 일본 이화학연구소에 자사 양자컴퓨터에 대한 배타적 접근과 사용을 허용하고 있다. 미국 표준기술연구소(NIST)는 일본 산업기술종합연구소(AIST)와 제휴하고 있다. 한국도 양자 기술 개발에 적극 투자하고 있지만, 양자컴퓨터의 개발 혹은 활용에는 첨단 기술을 보유한 미국 · 일본 기업과의 제휴가 필수적이다.

AI 연구 협력에서도 미일이 앞서 있고, 한국이 뒤따르는 모양새다. 일본의 산업기술종합연구소는 미국 엔비디아와 AI 및 양자기술 협력을 시작한 상태다. 민간 차원에서는 소니와 마이크로소프트 간의 협업이 눈에 띈다. 소니와 마이크로소프트는 게임기 사업에서 양보할 수 없는 경쟁을 벌이고 있다. 현재 소니의 플레이스테이션과 마이크로소프트의 Xbox는 전 세계 콘솔 게임기 시장 점유율 1, 2위를 차지하고 있다. 그러나, 게임 산업의 축이 클라우드로 이동하자 양사는 클라우드 · AI 개발과 관련해서는 전략적 제휴를 체결했다. 잘 알려진 것처럼 마이크로소프트는 챗GPT를 개발한 Open AI 주식의 49%를 보유하고 있고, Azure라는 클라우드 플랫폼으로 전 세계를 공략 중이다. 소니는 AI 개발에 필수적인 화상센서에서 세계 제일의 기술력을 보유하고 있다. 두 회사는 소니의 화상센서와 마이크로소프트의 AI 기술을 연동한다는 사업 계획을 이미 2020년에 발표한 바 있다.

마이크로소프트는 향후 2년간 일본에 29억 달러를 투자할 예정이다. AI · 클라우딩 컴퓨팅 · 데이터 센터 등이 주 타겟이다. 마이크로소프트와 클라우딩 서비스에서 첨예한 대결을 펼치고 있는 아마존웹서비스(AWS)는 2027년까지 일본에 약 150억 달러를 투자할 예정이다. 기존 클라우드 인프라의 확대를 목적으로 한다.

아직 한미 혹은 한일 기업 간에는 이 정도 규모의 업무 협약이 진행되고 있지는 않지만, 한국 기업과의 업무 협약도 증가할 것으로 보인다. 챗GPT의 창시자이자 Open AI의 CEO인 샘 알트만은 2023년에 이어 2024년에도 한국을 방문했다. 2023년 방한에서는 한국 스타트업의 기술력을 높이 평가하며 협업과 투자를 늘릴 계획이라고 밝힌 바 있다. 이미 디지털 전환 혹은 소프트웨어 개발 분야에서 다양한 한국의 스타트업 기업들이 일본에 진출해 있다. 일본은 청년 고용율이 높아 스타트업에 도전하는 청년 인재가 부족하다. 반면, 한국은 고용 환경이 좋지 못하다 보니 우수한 청년 인재들이 스타트업에 도전하고 있다. 디지털 전환에서 뒤쳐져 있는 일본은 한국 스타트업의 일본 진출을 적극 환영하고 있다. 미일 기업 간의 협업은 더 많은 한국 스타트업의 일본 진출을 요구하게 될 것이다.

2024년에 다시 방한한 샘 알트만은 삼성전자 그리고 SK하이닉스의 경영진과 연달아 비공개 회담을 가졌다. 자체 AI칩 개발과 관련한 협력을 타진하기 위해서인 것으로 추측된다. AI 반도체 시장의 80%를 점유하고 있는 엔비디아는 AI 반도체 필수 부품인 고대역폭메모리(HBM)을 SK하이닉스와 삼성전자로부터 납품받고 있다. 따라서 AI 반도체 공급망에 있는 기업이라면 삼성전자 그리고 SK하이닉스와의 협업이 중요하다.

미일 협업은 21세기의 신대륙 개척이 될 우주 산업에서도 활발히 진행 중이다. 우선 미국 나사(NASA)가 추진하는 아르테미스 프로젝트에 일본의 우주항공연구개발기구(JAXA)가 파트너로 참여하고 있다. 아르테미스 프로젝트는 달에 유인 우주선을 보내는 초거대 우주 개발 사업이다. 2024년 4월 정상회담에서 미국 바이든 대통령은 2028년까지 두 명의 일본인 우주 비행사에게 달 착륙 기회를 제공하겠다고 밝혔다. 만일 성공한다면, 달에 착륙하는 두 명의 일본인 우주 비행사는 일본 기업 도요타가 개발 중인 달 탐사선을 몰게 될 가능성이 높다. 도요타는 JAXA와 공동으로 달에서 달리는 자동차(탐사선)을 개발 중이다. 타이어 제조를 맡고 있는 일본 기업 브리지스톤은 2023년 Tokyo Mobility Show에 달 탐사선이 사용하게 될 금속 타이어를 선보인 바가 있다.

한국은 아르테미스 프로그램에 가입은 했지만, 아쉽게도 구체적 사업 참여에는 적극적으로 나서지 않고 있다. NASA는 아르테미스 2호에 한국이 제조한 위성을 탑재할 것을 제안했지만 한국 정부는 예산 부족을 이유로 거절했다. 민간 차원에서는 한화에어로스페이스가 참여할 것으로 보인다. 달 탐사선 개발에 도요타를 비롯한 다수의 일본 기업이 참여하고 있듯이, 한화에어로스페이스의 참여를 계기로 연관 한국 기업의 참여가 이어질 것이 기대된다. 이미 로켓 시험 발사에 50여 회 성공한 일본에 비해 한국의 로켓 제조 기술은 떨어지지만, 한국은 우주 현지 자원 활용 기술에 강점을 가지고 있다. 한국 기업은 달의 자원을 이용하여 정주기지 건설에 필요한 물자를 생산하는 작업을 담당할 것으로 예상된다.

## 중국과의 경제 관계에 대한 전망

한국과 일본의 경제 파트너로서 미국의 비중이 높아지는 것과 동시에 중국의 비중은 낮아지는 추세다. 한국과 일본 기업은 중국의 기술력과 시장 잠재력을 높이 평가하고 있기 때문에 중국 기업과의 협업 가능성을 여전히 모색하고 있다.

미중 무역 마찰이 심화되면서 한국 수출에서 중국 시장의 비중은 감소하여, 2021년까지 수년간 25% 내외에서 2023년과 2024 상반기에는 20% 수준으로 떨어졌다. 20% 선을 꾸준히 유지하고 있는 것은 중국 시장이 한국 기업에 여전히 중요하다는 것을 시사한다. 더욱이 수입에서는 미중 마찰 이후에도 중국의 비중에 큰 변화가 없으며, 이런 기조가 2025년에도 지속될 것이다. 한미일 공조에 균열을 일으키지 않는 범위에서 한국 기업은 중국 시장을 지키려 할 것이고 중국 역시 불필요한 마찰을 일으키려 하지 않을 것이기 때문이다.

2024년 1월, 3박 4일 일정으로 일중경제협회의 경협 방중 대표단이 중국을 방문했다. 일중경제협회는 1975년부터 매년 방중단을 파견했었는데 코로나 이후에는 없었다. 2023년 11월 중일 정상회담에서

"전략적 호혜관계의 포괄적 추진과 건설적이고 안정적인 중일관계의 구축"이라는 원칙이 합의된 후, 일중경제협회도 4년 만에 방중단을 파견했다. 신도 다카오 일중경제협회 회장은 물론, 경단련의 도쿠라 마사카즈 회장, 일본 상공회의소의 고바야시 켄 회장 등 일본 재계의 거물이 대거 참여한 방중단은 리창 국무원 총리를 비롯한 중국 정부의 고위직 인사들을 만나 제3국 시장에서의 협력 가능성 등을 논의했다.

BYD 등 중국 자동차 기업은 미국과 유럽의 제재를 피하기 위해 헝가리 등 유럽에 공장을 짓고 있다. 중국 기업이 생산 설비를 해외로 이전하면서 일본 기업과 중국 기업의 협업 가능성도 커지고 있다. 혼다와 LG에너지솔루션이 공동 출자로 북미에 공장을 짓고, 소니가 혼다의 북미 공장을 이용해 자율주행차를 생산할 계획을 가지고 있듯이, 미래 자동차 시장에서는 기업 간의 협업이 활발하다.

일본 기업은 미국과의 공조를 해치지 않는 범위 내에서 중국 기업과의 협업을 모색하고 있다. 미국은 첨단 반도체 산업에서 대중국 제재를 강화하면서도 한국과 일본 등 우방 기업의 대중국 반도체 장비 수출에 대해서 어느 정도는 유연한 태도를 보이고 있다. 우방 기업의 이익을 극단적으로 훼손하면서는 공조 체제를 유지하기 힘들다는 판단이 있기 때문이다. 한편, 한미일 공조에 대한 중국의 입장도 유연해지고 있다. 미국을 중심으로 한 아시아의 군사 동맹에 중국이 즉각적 보복을 자제한 것이 한 예다. 중국은 가능한 범위에서 한일 기업과의 우호적 비즈니스 관계를 유지하려 할 것이다. 그것이 중국의 국익에 부합하기 때문이다.

따라서 2025년에는 한미일 공조가 허용하는 범위의 윤곽이 드러나면서, 한일 기업도 2024년보다는 더 적극적으로 중국 기업과의 협업·중국 시장에 대한 투자를 모색하게 될 것이다.

참고문헌

박상준(2023). 변수에서 상수가 된 경제안보, 『2024 대한민국 대전망』, 161~172,
지식의 날개.

## 14. AI와 인간

# AI 시대, 정서지능(EI) 급부상

**김유현** 진언 대표, 인사혁신처 정책자문위원

AI가 경제적 효율성의 극대화를 추구하는 도구이자
또한 주체가 되어 조직 내에서 의사결정의 생태계를
변화시키고 있는데, 이로 인해 조직 구성원의
업무 스트레스와 소외감 증대로 이어질 수 있다.
이 문제의 극복 방안으로 정서지능(Emotional Intelligence, EI)이
부상하고 있다. AI와 EI가 공존하여 인간 가치가
존중받을 수 있는 지속가능한 조직관리 전략이
필요한 시대이다.

인사혁신처 정책자문위원, 주식회사 진언(Partner of Pawlik) 대표, 키스톤컨설팅 인터내셔널 대표(HR부문), 지방자치인재개발원 역량평가위원 양성교육 교수, 지속가능과학회 감사, 글로벌금융학회 인사정책위원, 한국역량진단학회 정회원. 연세대학교 학사, 건국대학교 행정학석사, 아주대학교 경영학석사(인사조직).

2018년 처음 출시된 GPT는 매년 더 많은 매개변수와 학습 데이터를 사용하여 빠른 속도로 성능을 개선해 왔다. 2022년에는 GPT-3.5를 탑재하여 대화를 나눌 수 있는 혁신적인 AI 시스템인 챗GPT를, 곧이어 2023년에는 대규모 AI 언어 모델(LLM, Large Language Model)인 GPT-4o를 출시했다. GPT-4o는 텍스트를 넘어 음성, 이미지와 오디오, 비디오 등 다양한 입력 데이터를 동시에 처리하며, 데이터 포맷 역시 다양하게 생성하는 딥러닝 알고리즘인 LMM으로 진화한 것이다.

기업들은 다양한 생성형 AI 서비스를 출시하고 있다. 텍스트, 이미지, 오디오 등을 동시에 인식하고 이해할 수 있는 구글의 제미나이(Gemini)와 이미지 내 특정 객체를 정확하게 인식하고 분리할 수 있는 메타의 샘(SAM), 텍스트 프롬프트 기반으로 영상을 제작하는 오픈AI의 소라(Sora) 등이 대표적이다.

AI 활용의 확대 추세가 지속되면서 그동안 막연히 생각했던 일자리의 대체도 현실화되고 있다. 인도 전자상거래 업체 두칸(Dukaan)은 지난해 고객 상담 직원 가운데 90%를 해고하고 이들을 AI 챗봇으로 대체했다.[1] 영국 통신회사 BT도 2030년까지 최대 5만5천 명을 감축한다고 밝혔으며, 이는 전체 직원의 42%를 줄이는 대규모 감원이다. 그리고 감원 인원의 18%에 해당하는 1만 개의 일자리는 AI로 대체하

---

1  한국경제(2023. 7. 14). AI 챗봇이 더 일 잘해요.
    (https://www.hankyung.com/article/2023071462955)

겠다고 밝혔다.[2]

AI 열풍이 채용의 지형도도 바꾸고 있다. 채용 시장에서도 취업이나 이직을 준비하는 사람들의 이력서가 AI를 기준으로 바뀌고 있다. 즉 기존에 자신이 내세우던 전통적인 강점인 지식이나 기술 그리고 실무 경험보다는 AI 기술을 얼마만큼 다뤄봤고, 조직에서 AI 기술을 어떻게 활용할 수 있는지에 이력서의 초점이 맞춰지는 것이다.

AI 활용이 산업의 전반적 기술혁신에 미치는 영향이 지대하다는 인식이 확대되면서 AI으로 인한 대이직(The Great Resignation)의 시대도 시작됐다. 특히 생성형 AI를 개발하는 빅테크는 대규모로 AI 기술 인력을 흡수하고 있다. AI에 대한 수요가 급증함에 따라 기업들이 AI 관련 업무 경험이 있는 이들을 높은 연봉에 대거 채용하고, 다른 한편에선 AI가 기존 업무를 대체하면서 일자리를 위협받는 이들이 양산되고 있다.[3]

또한 이들이 연쇄적으로 움직이면서 노동시장의 구조도 급격하게 재편되고 있다. 글로벌 컨설팅 업체인 PwC가 세계 50국 약 5만6천 명의 근로자를 대상으로 한 설문조사에서 응답자의 28%가 향후 1년 내 이직할 가능성이 높다고 응답했다. 이 조사 결과는 흔히 대이직의 시대라고 불리던 코로나 팬데믹 때인 2022년의 19%, 2023년의 26%보다 높은 수치다. AI가 일자리 이동의 현상을 더 심화시키고 있는 것이다.[4]

---

2  조선일보(2023. 5. 20). BT 2030년까지 42% 감원 추진. AI로 대체.
   (https://www.chosun.com/economy/economy_general/2023/05/19/IRBJEKC34FASF
   CEEKMXK3EVZPE/)
3  조선일보(2024. 6. 26). AI가 쏘아올린 대이직. (https://www.chosun.com/economy/tech_it/
   2024/06/26/6F6QY46NPNGNXOFBYKO7KJTNFU/)
4  PwC 리포트, 「Global Workforce Hopes & Fears Survey 2024」. (https://www.pwc.com/
   gx/en/issues/workforce/hopes-and-fears.html)

## AI와 조직관리

많은 전문가들은 AI의 활용이 사람들의 일과 기업 경영을 완전히 새롭게 바꿀 것이라고 전망한다. 이러한 전망 가운데는 기술적 혁신, 생산성 향상, 신사업 기회의 등장 그리고 새로운 일자리의 창출과 같은 긍정적인 측면도 있으나 그동안 사람이 수행하는 일자리를 AI가 완전히 대체하는 것과 같은 부정적인 측면도 동시에 포함하고 있다.

주목해야 할 문제는 일상적인 업무는 대부분 AI가 수행하고 조직 구성원은 비일상적인 문제를 해결해야 하는 업무가 부여될 것이다. 즉 조직 구성원에게 부여되는 업무의 복잡성과 난이도가 높아짐에 따라 조직 구성원의 직무만족도, 조직몰입도에 부정적인 영향을 미칠 뿐 아니라 직무에 대한 정신적 스트레스에도 부정적인 영향을 미칠 것이라고 전망한다.

AI가 조직에 미치는 변화 추세의 핵심은 AI의 속성인 이성적이며 과학적인 논리가 조직 전반에 지금까지 경험하지 못했던 새로운 영향을 미칠 것이라는 점이다. AI 시대에는 의사결정의 권한을 AI에게 양도해야 할 것이며, 인간이 AI의 지시를 수행하는 상황이 올 것이다. 이런 상황에서 조직에서의 인간의 역할에 대한 궁극적인 의구심이 발생하며, 조직관리 분야에서도 새로운 시각이 요구되고 있다. 특히 인간이 AI와 소통하며 일해야 하는 상황에서 조직관리를 어떻게 준비해야 하는지에 대한 도전적인 질문에 응답해야 하는 상황이다.

AI 활용 확대에 대한 새로운 차원의 조직관리 전략이 요구되고 있으며, 그 중의 하나가 EI를 중시하는 조직문화 구축과 EI 중심의 리더십 개발이다. EI에 대한 관심은 하드웨어 중심의 사회에서 소프트웨어 중심의 사회로 변화하는 과정에서 이전에는 주목받지 못했던 정서의 역할을 강조하는 문화적 경향 그리고 AI가 가져올 사회적 파급효과에 대한 우려가 커짐에 따라 함께 증가하게 되었다.

또한 여러 베스트셀러의 저술, 빈번한 미디어 노출에 힘입어 EI는 조직관리 영역에서 최근 가장 주목받는 주제 중 하나로 떠올랐다.[5] 특히 MZ세대가 조직에 진입하기 시작하면서부터 조직 리더십 분야에서도 EI에 대한 관심이 높아지게 되었다. MZ세대를 이해하고 그들과 함께 조직의 목표 달성을 위해 일하기 위해서는 기존의 행동과학적인 관점을 넘어서서 EI 관점에서 그들을 이해할 필요가 있다. 또한 EI는 디지털 전환 시대에 AI와 교류해야 하는 새로운 조직 환경에서 조직 구성원 간의 역학관계를 이해하는 조직행동 연구의 필수적인 영역으로 주목받고 있다.

EI를 처음 제안했던 살로베이(Peter Salovey)와 메이어(John Mayer)는 1990년에 EI를 "사회적 지능의 한 유형으로 자신과 타인의 감정과 정서를 파악하고 다양한 감정과 정서 간의 차이를 이해하여 얻은 정보

---

5  EI에 대한 일반 대중의 관심을 폭발시킨 장본인은 《뉴욕 타임즈》의 과학 담당 기자이자 심리학자인 Daniel Goleman으로 그의 저술인 *Emotional Intelligence*(1995)는 세계적인 베스트셀러가 되었으며, 심리학 관련 단행본으로는 가장 많이 읽힌 책이라는 평가도 있다. 우리나라에서는 『EQ 감성지능』이라는 제목으로 1996년에 번역·출간되었다. EI 중심의 리더십을 『감성 리더십』이라는 용어로 사용하기도 한다.

를 활용하여 자신의 행동과 사고의 방향성을 결정하는 능력"이라고 이미 정의하였다.[6] EI에 대한 사회적 관심의 수준을 보면 EI가 새로운 개념인 것처럼 보일 수 있으나, EI에 대한 개념은 다양한 이론에서 오랫동안 연구되어 왔다.

EI의 개념에 대한 시발점은 지능의 범위를 확대하는 이론을 최초로 제기한 손다이크(Edward Thorndike)의 '사회적 지능 이론'이라고 할 수 있다. 손다이크는 사회적 지능을 다른 사람들과 원활하게 상호작용하고 소통하는 능력으로 정의하였으며, 이것이 대인관계를 구축하고 유지하는데 필수적이라고 주장하였다.[7] 이 사회적 지능의 개념은 초기에는 그다지 주목받지는 못했으나, 하버드 대학교의 심리학자 가드너는 1983년에 '다중지능이론'을 주장하면서 사회적 지능을 지능의 한 유형으로 분류하였다. 이후 사회적 지능에 대한 관심 증대와 함께 EI도 발전하게 된다.[8]

## EI 기반 조직 관리

EI에 관한 대부분의 연구는 조직 구성원의 생산성과 효율성 그리고

---

6  Salovey, P., & Mayer, J. D. (1990). Emotional Intelligence. *Imagination, Cognition and Personality*, 9, 185~211.  "We define emotional intelligence as the subset of social intelligence that involves the ability to monitor one's own and other's feelings and emotions, to discriminate among them and to use this information to guide one's thinking and actions."

7  Thorndike, E. L., & Stein, S.(1937). An Evaluation of the Attempts to Measure Social Intelligence. *Psychological Bulletin*, 34, 275~284.

8  Gardner, Howard. *Multiple Intelligences.  Basic Books*. 문용린, 유경재 옮김(2006). 『다중지능』 웅진지식하우스.

행동 수정에 초점을 맞추고 있다. 예로, 미 공군의 연구 결과에 따르면, EI를 기준으로 선발된 신병 모집인은 EI를 고려하지 않고 채용된 신병 모집인에 비해 거의 3배 이상의 성과를 거뒀다. 미 공군은 이러한 결과를 바탕으로 신병 모집인 채용 및 선발 과정에서 EI 평가를 실시하게 되었다. 이에 더하여 미 공군은 직무 역할과 적합한 인재를 식별하는 도구에도 EI를 사용했으며, 그 결과 효과적인 직무 배치가 이루어졌고, 연간 300만 달러 이상의 비용을 절감할 수 있었다.[9] 화장품 회사인 L'Oreal에서 EI 수준을 평가기준으로 선발된 영업사원은 기존의 평가기준으로 선발된 영업사원보다 연간 9만1천불 이상의 매출 실적을 달성했으며, 자발적인 이직률은 63% 이상 낮았다.

EI가 높은 근로자는 직무에 대한 만족도(r=.27), 경력개발에 대한 의지(r=.38), 일 · 가정 갈등에 대한 현명한 대처(r=.27), 이타적 조직시민행동(r=.38) 등에서도 높은 수준을 보였다.[10] EI가 높은 사람은 팀워크가 뛰어나 업무 성과가 높고, 업무의 질도 대체로 높다는 것이다.[11] 이러한 사실은 EI가 조직의 성과에 미치는 영향이 크다는 점 그리고 조직 구성원 개인의 성공과 EI 사이의 연관성을 실증적으로 보여주고 있다.[12]

9  Cherniss, C.(1999) The Business Case for Emotional Intelligence. (https://www.eiconsortium.org/reports/business_case_for_ei.html)

10  r은 두 변인 간의 상관관계 지수를 의미하며, 여기에서는 정서지능이 직무에 대한 만족도, 경력개발에 대한 의지, 가족 갈등에 대한 현명한 대처 그리고 이타적 조직시민행동 등과 매우 밀접한 관계를 보이는 경향이 강하다는 것을 의미함. 일반적으로 사회과학에서는 0.10 이상이면 유의미한 관계가 있는 것으로 판단하며, 0.20 이상의 상관계수는 두 변인 간의 상관관계가 강력한 것으로 판단함.

11  Carmeli, A. (2003). The Relationship Between Emotional Intelligence and Work Attitudes, Behavior and Outcomes, *Journal of Managerial Psychology*, 18(8). 788~813.

12  Spencer, L. M. J., McClelland, D. C., & Kelner, S. (1997). *Competency Assessment Methods: History and State of the Art.* Boston: Hay/McBer.

## 티 기반 리더십

리더십 개발에서의 EI의 활용을 선도적으로 연구한 골먼(Daniel Goleman)은 EI 기반의 리더십을 "자기 자신과 주변 사람들에게 동기를 부여하고 좌절에도 불구하고 끈기 있게 버티는 능력, 충동을 조절하고 만족을 지연시키는 능력, 기분을 조절하고 고통이 사고 능력을 압도하지 않도록 하는 능력, 공감하고 희망하는 능력"으로 설명하였다.

학교 관리자 대상 연구에 따르면, 학교 관리자의 EI 수준이 높을수록 학교를 효율적으로 이끌고 교사들과 긍정적인 관계를 형성하는 능력과 학교 관리자의 행동에 대한 교사의 만족도가 높아지는 것으로 나타났다. 특히 우수 집단은 평균 집단에 비하여 자신의 업무 수행에 대한 높은 자신감과 자신 정서를 효과적으로 표현하는 능력을 보유하였다.[13]

EI가 리더의 권한위임(empowerment)에 미치는 영향을 탐구한 연구에서는 EI가 권한위임 리더십(emplowering leadership)의 중요한 선행요인(ß=.772)이며, 조직 구성원의 심리적 권한위임(psychological empowerment)의 중요한 선행요인(ß=.398)이라는 사실도 밝혀졌다.[14] 그리고 심리적 권한위임은 직무몰입(work engagement)과 높은 연계성(r=.65)를 보여 EI 리더십이 조직에 미치는 전반적인 영향력이 매우

---

[13] Cherniss, C.(1998). Social and Emotional Learning for *Leaders, Educational Leadership*, 55(7), 26~28.

[14] ß는 두 변인 간의 인과관계 지수로서 선행변인이 종속변인에 미치는 영향을 의미하며, 여기서는 정서지능이 권한위임 리더십이나 조직 구성원의 심리적 권한위임에 선행변인으로 상당한 영향을 미쳤음을 알 수 있음. 일반적으로 사회과학에서는 인과관계 지수가 0.2 이상이면 선행변인의 영향력이 유의미하다고 판단하며 0.5 이상일 경우 선행변인의 영향력이 매우 강력하다고 판단함.

긍정적이라는 점을 시사하고 있다.[15] 또한 EI 수준이 높은 관리자는 부하 관리에 적극적으로 참여하는 경향을 보였으며, 또한 상사의 EI 수준이 높을수록 부하가 인식하는 상사·부하 교환관계의 질이 높은 것 (r=.30)으로 나타났다.[16] 이러한 결과들은 조직의 변화를 주도하는 리더에게 높은 수준의 EI가 요구된다는 사실을 뒷받침하고 있다.

## AI 시대 필요조건, EI 기반 조직관리

기업들은 창의적이고 소통 능력이 뛰어난 인재뿐 아니라 공감 능력이 풍부한 인간적인 사람을 높게 평가하기 시작했다. EI는 일반적인 지능에 비해 본질적으로 다른 형태의 지능이다. 이는 생각과 정서를 결합하는 것이 핵심이며, 사회적 상황과 갈등을 읽고 소통할 수 있는 능력을 촉진시켜 준다. 특히 AI의 활용 확대로 인하여 조직 내에서 인간의 역할이 모호해짐에 따라 발생할 수 있는 문제를 해결할 수 있는 최적의 대안으로 주목받고 있다. 차가운 AI가 온다면 우리는 조직 내에서 따뜻한 EI를 육성하고 개발하여 인간의 가치가 존중되고 인간이 자율적으로 능력을 소신껏 발휘할 수 있는 환경을 구축하는 노력을 기울여야 할 것이다. 특히 인간의 정서적인 영역은 AI가 대체할 수 없기 때문에 EI의 역할이 더욱 중요해질 것이다. 그리고 EI는 이제 IQ를 측

---

15 Alotaibi, S. M., Amin, M., & Winterton, J. (2020). Does Emotional Intelligence and Empowering Leadership Affect Psychological Empowerment and Work Engagement? *Leadership & Organization Development Journal*, 41(8), 971~991.
16 임유신·박오수(2012). 상사와 부하의 쌍 관계에서 정서지능과 그 상호작용의 역할에 관한 연구. 《경영학연구》, 41권 6호, 1251~1283.

정하듯이 측정 도구가 개발되어 측정이 가능해졌다.

EI는 타고나는 것이 아니라 후천적으로 학습되고 훈련되어 개발될 수 있는 여지가 많다는 점이다. 따라서 조직적 차원에서 조직 구성원과 조직의 리더가 자신의 EI를 측정하고 그 결과를 활용하여 개발할 수 있도록 지원해주는 시스템을 구축하는 것이 조직관리의 최우선 요구 사항이라고 하겠다.

임유신 · 박오수(2012). 상사와 부하의 쌍 관계에서 정서지능과 그 상호작용의
역할에 관한 연구. 《경영학연구》, 41권 6호, 1251~1283.

조선일보(2023. 5. 20). BT 2030년까지 42% 감원 추진. AI로 대체,
https://www.chosun.com/economy/economy_general/2023/05/19/
IRBJEKC34FASF CEEKMXK3EVZPE/

조선일보(2024. 6. 26). AI가 쏘아올린 대이직, https://www.chosun.com/
economy/tech_it/2024/06/26/6F6QY46NPNGNXOFBYKO7KJTNFU/

한국경제(2023. 7. 14). AI 챗봇이 더 일 잘해요, https://www.hankyung.com/
article/2023071462955

Alotaibi, S. M., Amin, M., & Winterton, J. (2020). Does Emotional
Intelligence and Empowering Leadership Affect Psychological Empowerment
and Work Engagement? *Leadership & Organization Development Journal*,
41(8), 971~991.

Carmeli, A. (2003). The Relationship Between Emotional Intelligence and Work
Attitudes, Behavior and Outcomes, *Journal of Managerial Psychology*, 18(8).
788~813.

Cherniss, C.(1998). Social and Emotional Learning for Leaders, *Educational
Leadership*, 55(7), 26~28.

Cherniss, C.(1999) The Business Case for Emotional Intelligence,
(https://www.eiconsortium.org/reports/business_case_for_ei.html)

Gardner, Howard. Multiple Intelligences. Basic Books. 문용린, 유경재 옮김
(2006). 『다중지능』 웅진지식하우스.

PwC 리포트, 「Global Workforce Hopes & Fears Survey 2024」, https://www.
pwc.com/gx/en/issues/workforce/hopes-and-fears.html

Spencer, L. M. J., McClelland, D. C., & Kelner, S. (1997). *Competency
Assessment Methods: History and State of the Art*. Boston: Hay/McBer.

Salovey, P., & Mayer, J. D. (1990). Emotional intelligence. *Imagination,
Cognition and Personality*, 9, 185~211.

Thorndike, E. L., & Stein, S.(1937). An Evaluation of the Attempts to Measure
Social Intelligence. *Psychological Bulletin*, 34, 275~284.

## 15. AI와 건강

# 정밀의학시대와 AI 헬스케어

**강건욱** 서울대 의과대학 핵의학교실 교수, 서울대 생명공학공동연구원 원장

2024년 의료계는 전공의 사태로 혼란 중이며,
AI 헬스케어는 급성장 중이다. 비대면 진료와 AI 도입이
확산되고 있지만, 개인 의료 데이터 접근성은 여전히
부족하다. 2025년 AI 헬스케어 서비스가 확대되려면
정부의 정책 변화와 개인 정보 활용이 필요하다.

내과 및 핵의학과 전문의, 서울의대 교수, 서울대 생명공학공동연구원장, 서울대 창업지원단장, 대한핵의학회장, 『포스트 코로나 대한민국』(공저, 2020), 『인공지능 메타버스 시대 미래전략』(공저, 2022), 『2023 대한민국 대전망』(공저, 2022), 『2024 대한민국 대전망』(공저, 2023), 보건복지부 장관표창(2001), 미래창조과학부 장관표창(2016), 국무총리 표창(2021), 서울대학교 의학사, 의학석사, 의학박사(핵의학), 한국방송통신대학교 행정학석사.
강건욱(Keon Wook Kang, 姜建旭)

## 2024년 의료계 상황과 비대면 진료

올해 의료계는 혼동의 도가니이며 아직도 진행 중이다. 정부의 의대생 2천 명 증원에 대해 반발하여 전공의들이 집단 사직하고 의대생들이 집단으로 휴학하였으며 아직도 돌아오지 않고 있다. 직접 타격을 받은 곳은 전공의들이 많이 근무하는 3차 의료기관이며 수술, 입원 치료 등 주요 진료 활동이 위축되었다. 응급상황이거나 중증이 아닌 경우 대형 의료기관의 진료는 상당히 지연되고 있어 마냥 기다릴 수 없는 환자들은 전공의 근무 비중이 낮은 2차 의료기관에서 진료를 받을 수밖에 없어 2차 의료기관은 활황이다.

의대 증원의 계기는 지방에 근무하고자 하는 의사가 적고 KTX 등 교통의 발달에 따라 지방에 있는 환자들이 서울로 올라와서 진료를 받고자 하기 때문이다. 특히 지방에서는 소아 인구가 급격히 줄어 소아과 의사가 개원을 하여도 환자가 없어 망하기 일쑤다. 환자가 없어 의사를 구할 수 없고 의사가 없으니 의료의 공급이 부족한 악순환의 연속이다.

휴대폰을 꺼내면 인공지능(AI)과 디지털 정보를 바로 접하는 시대에 의료는 아직도 100년 전에 만들어진 1차-2차-3차 의료전달체계를 고집하고 지역에 1차 의료기관이 골고루 설치되어야 할까? 정부는 코로나 이후 다시 억제하였던 비대면 진료를 의대 사태 이후 전면 허용하였다. 다시 재진만 가능하도록 하였다가 이제는 초진도 비대면 진료를 허가하였다. 다만 약 배달은 약사단체의 반대로 허용되지 않는다. 도서 산간 지역에도 택배가 되는 데 약은 꼭 읍내에 나가서 사야 하나?

우리나라 AI 헬스케어의 시장 규모는 2023년 5200억 원 정도이며 연평균 50% 성장하여 2025년 1.4조 원 규모가 될 것으로 예측된다. AI 기술은 의료 데이터를 분석하고 해석하여 각종 질병의 예방, 진단, 치료, 관리 등 의료 서비스의 전주기(全週期)에 걸쳐 활용될 수 있다. 환자의 의무 기록, 검사 결과, 영상 또는 시계열 데이터, 보험 청구 정보 등 병원이나 검진센터에서 진료 시 생성되는 데이터뿐만 아니라 의생명 연구 및 임상시험 등 학계와 제약회사 등에서 발생하는 데이터와 함께, 개인이 휴대폰 등 사물인터넷(IoT) 장비에서 수집하는 생체 데이터, 라이프 로그, DTC 유전체 검사 등 다양한 데이터를 통합하여 분석하는 것이 가능하다.

의료기관에서는 자연어 처리, 영상 인식, 음성 인식 등 기술을 이용하여 의무 기록을 자동화하고 복잡한 데이터를 표준화하여 정리할 수 있게 한다. 지멘스, 필립스, GE 등 의료 영상 기기 회사들은 환자가 받는 방사선량을 낮추기 위해 적은 양의 방사선을 사용하여 화질이 떨어지는 CT 데이터로부터 고해상도 영상을 얻기 위해 인공지능을 이용한다. 치매 진단 뇌전용 PET를 생산하는 국내 벤처회사인 브라이토닉스의 경우 치매를 진단하기 위해 촬영한 아밀로이드 PET 영상을 자동으로 분석하여 의뢰한 임상의가 쉽게 진단을 할 수 있게 한다. 국내 기업인 루닛은 CT나 엑스레이 영상에서 폐결절을 찾거나 골연령을 판단하는 것을 인공지능으로 분석하여 자동화하는 것을 식약처 허가를 받아 상용화하여 해외 진출을 하고 있다. 역시 인공지능 국내기업인 뷰노는 환자의 활력 징후를 분석해 24시간 안에 심정지할 가능성을 숫자로 나타내 주는 의료 인공지능 서비스 뷰노메드 딥카스를 개발하여 미국 식품의약품안전청(FDA)로부터 혁신의료기기로 지정받아 신속하게 허가 절차를 밟는 중이다. 기존 72시간 걸리던 항생제 감수성을 13시간 단축시켜 올해 네이처 본지에 게재되어 우수 기술로 알려진 퀀타매트릭스의 장비 역시 세균 증식을 판별하는 현미경 영상에 인공지능을 이용한다. 미국에서 시장 점유율이 가장 높은 전자의무기록 회사인 에픽은 챗GPT를 도입하여 의사가 환자의 데이터를 환자가 쉽게 이해할 수 있는 언어로 소통할 수 있게 요약해 준다. 간호사와 의료기사 간의 의료진 간 소통할 때에도 인공지능이 환자의 데이터를 요약해 준다.

기업뿐만 아니라 병원들도 다양하게 인공지능을 도입하고 있다. 서울대학교병원, 서울아산병원 등 대형병원들도 병원에서 보유하고 있는 의료정보 빅데이터를 이용하여 인공지능 연구를 하고 있으며 연구자와 기업들이 참여하는 인공지능 경진대회를 하고 있다. 서울대학교병원은 빅데이터들을 분석하는 시스템을 갖추고 의료진들이 연구용으로 활용하며 많은 논문을 출간하고 있다. 그러나 이 시스템을 직접적으로 환자 서비스와 연결되도록 하는 부분은 아직 부족하다. 서울대학교병원, 서울아산병원 등 대형병원들은 환자가 앱을 이용하여 자신의 검사 결과를 볼 수 있도록 해주었다. 예를 들어 환자들이 자기의 아이디와 패스워드를 누르고 서울대학교병원 앱에 들어가면 자신이 검사받았던 혈액 검사 결과들을 볼 수 있다. 그러나 다운로드는 막혀 있다. 따라서 환자 개인이 스스로 인공지능 서비스를 활용할 수는 없다.

개별 의료기관의 의료정보 조회서비스와 별도로 정부는 마이차트 사업을 통해 의료기관 간의 진료기록을 전달하는 '진료 정보 교류 시스템'을 구축하였고 연계 의료기관을 작년 8605곳에서 올해 9400곳으로 9.3% 늘리기로 했다. 이 경우 전체 의료기관의 24%가 정보 교류에 참여하게 된다. 이를 이용하면 환자가 병원을 옮길 때 각종 진료 기록과 CT 등 영상 정보를 종이나 CD로 제출하지 않아도 된다. 그러나 병원끼리만 온라인으로 공유할 수 있고 환자 자신은 다운로드받을 수 없어 인공지능을 이용한 제3자 서비스는 불가능하여 반쪽짜리 서비스다.

## 챗GPT의 등장과 개인 건강 데이터 분석

작년 챗GPT 3.5 공개와 더불어 올해 4.0 버전의 출시는 인공지능에 대한 일반인의 인식을 바꾸어 놓았다. 인공지능이 더 이상 프로그래머나 전문가들만이 이용하는 것이 아니라 일반인도 쉽게 접근할 수 있고 데이터를 많이 갖고 있거나 자신의 분야에서 전문가이면 인공지능을 쉽게 활용할 수 있는 시대가 되었다.

필자는 자신의 의료 정보를 이용하여 챗GPT한테 분석을 시켜 보았다.

"나의 공복 혈당은 108mg/dL이고 키는 167cm, 체중은 65kg으로 5년 전 75kg였는데 1일 1식하고 하루에 metformin 2000mg, dapagliflozin 20mg 복용하고 감량됨. HbA1c는 6.3%에서 5.8%로 1년 만에 줄었음. 현재 상태를 평가하고 향후 어떻게 해야 하는지 가르쳐 줘."

# 챗GPT의 답변

## 현재 상태 평가

- 공복 혈당 108mg/dL은 당뇨병 전단계(100~125mg/dL)의 범위에 속합니다. 이 수치는 당뇨병으로 진행될 위험이 있으므로 주의가 필요합니다.
- HbA1c 6.3%에서 5.8%로 감소한 것은 긍정적인 변화입니다. HbA1c는 지난 3개월 동안의 평균 혈당을 반영하므로, 혈당 관리가 잘 이루어지고 있음을 나타냅니다.
- 체중 변화 5년 전 75kg에서 현재 65kg으로 10kg의 체중 감량을 이루었습니다. 이는 건강한 체중 범위에 가까워졌음을 의미하며, 혈당 관리에도 긍정적인 영향을 미칩니다.
- 약물 복용 Metformin 2000mg과 Dapagliflozin 20mg 복용은 혈당 조절에 효과적입니다. Metformin은 인슐린 감수성을 개선하고, Dapagliflozin은 신장을 통해 포도당을 배출하여 혈당을 낮추는 데 도움을 줍니다.
- 식사 습관 1일 1식은 체중 감량에 도움이 되었으나, 장기적으로 영양 불균형을 초래할 수 있습니다.

## 향후 관리 방안

- 식사 패턴 개선
  - 균형 잡힌 식사 : 1일 1식 대신 3끼 또는 최소 2끼의 균형 잡힌 식사를 권장합니다. 각 식사에 단백질, 탄수화물, 지방, 비타민, 미네랄이 골고루 포함되도록 합니다.
  - 저당 식품 섭취 : 정제된 탄수화물과 설탕 섭취를 줄이고, 섬유질이 풍부한 식품을 섭취합니다. 이는 혈당 급등을 방지하는 데 도움이 됩니다.
- 운동
  - 규칙적인 유산소 운동 : 매일 30분 이상 걷기, 조깅, 자전거 타기 등을 실천합니다.
  - 근력 운동 : 일주일에 두 번 정도 근력 운동을 추가하여 근육량을 늘리고 인슐린 감수성을 향상시킵니다.
- 혈당 모니터링
  - 정기적인 혈당 체크 : 공복 혈당과 식후 2시간 혈당을 정기적으로 체크하여 혈당 변화를 모니터링합니다.
  - 정기적인 HbA1c 검사 : 최소 3개월에 한 번 HbA1c 검사를 받아 혈당 관리 상태를 평가합니다.
- 의료진 상담
  - 약물 복용 평가 : 현재 복용 중인 약물의 효과를 주기적으로 평가하고 필요 시 의료진과 상의하여 용량을 조절합니다.
  - 정기적인 검진 : 합병증 예방을 위해 정기적인 검진을 받습니다.
- 생활 습관 개선
  - 스트레스 관리 : 명상, 요가, 취미 생활 등을 통해 스트레스를 관리합니다.
  - 충분한 수면 : 적절한 수면을 취하여 전반적인 건강을 유지합니다.

챗GPT는 단순히 검사 결과 수치와 복용 약물을 넣었을 뿐인데 진단과 함께 건강 관리 방안에 대해서도 생활 습관 교정, 진료 등 다양한 관점에서 조언을 해준다. 이제는 자신의 건강의료 정보를 알게 되면 손쉽게 2차 의견(Second Opinion)을 얻을 수 있다.

## 인공지능과 예방 중심 의료

건강하게 오래 사는 것은 꼭 의료뿐만 아니라 식이 조절, 특히 적게 먹는 소식이 중요하며 적절하게 운동하는 것도 중요하다. 우리나라의 경우 보통, 건강한 사람이 환자가 된 다음부터 진료하는 게 일반화되어 있다. 예를 들어, 당뇨 환자의 경우 당뇨의 전 단계에서부터 여러 가지 치료를 하면 당뇨의 진행을 막을 수 있다. 공복 혈당 126mg/dL부터 우리가 당뇨라고 진단하는데, 120 정도 나오면 정상이 아니라 당뇨 전 단계이다. 생물학적으로 보면 어떤 선을 명확히 긋고 '여기서부터는 질병이고 여기서부터는 정상이다'라고 이분법으로 단정할 수 없다. 당뇨의 전 단계는 노화 현상일 수도 있고, 질병으로 가는 전 단계일 수도 있는데, 적극적으로 예방 치료하는 것이 중요하다.

필자는 의사이기 때문에 나 자신의 건강 검진 정보를 일일이 보고 트렌드를 분석하여 어떤 부분이 정상에서 벗어났거나, 점점 변화 속도가 더 빨라진다든지 파악한다. 콜레스테롤 같은 경우도 점점 더 올라가는 패턴이 보이면, '아, 이건 확실히 병으로 간다'는 걸 감지할 수 있기 때문에 미리 치료한다. 즉 콜레스테롤을 낮춰주는 스타틴 계열 약을 쓴다. 당뇨 같은 경우, 메트포르민(metformin)처럼 초기에 쓸 수 있는 약들도 미리 쓴다.

그러나 검진을 받은 사람이 의사가 아니라 일반인이면 어떨까? 검진 결과 정보는 종이로 프린트된 것을 받고 설명을 듣는 순간 잘 이해하지 못하면 끝이다. 검진 후에 정상은 아니지만, 그렇다고 환자도 아닌, 그런 단계에서는 의사가 "열심히 운동하시고, 음식 조절하세요"라고 말한다. 그러나 운동과 식이조절이 3개월 이상 유지되기란 쉽지 않다. 사람이 생활 습관을 단번에 바꾸기란 어렵기 때문이다. 질병의 전 단계이면 증상도 나타나지 않는다. 뭔가 증상이 있으면 신경을 쓰는데, 증상이 없으면 신경 쓰지 않고 넘기고 다음 해 검진에서 상태가 더 안 좋아졌다고 통보받는다.

결국 누군가가 계속 피드백을 주고, 건강이 좋아지고 있는지, 나빠지는지 등의 패턴을 봐줘야 하는데, 일일이 의사가 따라다니면서 할 수가 없다. 검진센터도 환자의 건강 상태를 체크해 주기 때문에 환자의 데이터를 분석해서 계속 그 사람한테 피드백을 줄 수가 있다. 요즘은 건강 데이터를 인공지능으로 분석해 주는 디지털 헬스케어 서비스도 많다. 그러려면 수검자 자신이 디지털 형태의 검진 데이터를 갖고 있어야 된다. 그래야만 인공지능이 스스로 분석해서 본인한테 피드백을 주고, 적절한 예방이 되는 것이다.

## 의료 마이데이터 '나의 건강 기록'

'나의 건강 기록'이라는 앱을 보건복지부가 2021년부터 시작했지만, 정작 현재 그 앱을 갖고 있는 사람도, 알고 있는 사람도 많지 않다. 보건복지부가 홍보를 거의 하지 않고 있기 때문인데 다운로드를 받으러 들어가면 앱에 대해 "불편하다"는 안 좋은 평가들이 많다. 정부의 예산과 인력이 부족하기 때문이다. 아직까지 인공지능이 활용할 수 있는 정보가 매우 부족하기 때문이다. 예를 들어 혈당 검사는 언제 하였는지에 대한 정보는 있지만 혈당 수치에 대한 정보는 없다. CT 검사를 한 날짜 정보만 있고 검사 결과에 대한 정보는 없다. 그 이유는 보건복지부가 쉽게 접근할 수 있는 공공기관, 즉, 국민건강보험공단, 건강보험심사평가원, 질병관리청의 정보를 넣고 의료기관의 정보는 대부분 빠져있기 때문이다. 다행히 대형 의료기관의 진료정보는 올해 중 연동하겠다고 하니 2025년부터는 수술기록, 검사결과 등을 다운로드받을 수 있어 활용성이 늘어날 것이다.

그러나 정부에서 직접 정보사업을 하다 보니 여전히 한계가 있다. 진료 기록은 최근 3년만 제공되고 복약 정보는 1년치 밖에 제공되지 않는다. 필자의 아버지는 전립선 비대증으로 10여 년 이상 약물을 복용하였고 병원을 변경하면서 약이 바뀌게 되어 과거에 부작용이 있었던 약의 명칭이 무엇인지 알고자 하였다. 나의 건강 기록 앱을 휴대폰에 설치하고 2년 전 복용 약을 검색하려 하니 최근 1년 치밖에 제공되지 않는다고 대답한다. 왜냐하면 의약품 안전 사용 서비스(DUR)이라고 해서, 보건복지부가 하는 사업 중에 다른 병원에서 처방받은 약을 이 병원에서 또 처방하면 걸리게 되어 있는 데이터베이스가 있다. 이

사업에서는 현재 먹는 약이 예전에 다른 병원에서 처방받은 약과 중복되는지, 아닌지에만 관심이 있기 때문에 최근 정보만 있으면 된다.

또한 CT, MRI 영상 등 의료영상전달시스템(PACS; Picture Archiving and Communication System)에 있는 영상 정보는 제공할 계획이 없다. 인공지능이 분석할 수 있는 고급 정보는 빠지는 것이다. 필자는 서울대학교병원과 보라매병원에서 검진을 받았는데 상호 간의 정보교류가 되지 않는다. 즉, 보라매병원의 정보를 서울대학교병원으로 이관하여 같이 분석할 수 없다. 올해 정기 건강검진에서 안저검사 상 드루젠이라는 황반 이상이 처음으로 나왔다. 작년에는 정상이었다. 그러나 안저검사 영상을 모두 다운받아 인공지능으로 분석하면 1년 만에 갑자기 생긴 노화 현상인지 여부를 알 수 있다. PACS에 존재하는 오리지널 영상 데이터에 대한 소비자의 접근이 어렵기 때문에 인공지능의 도움을 받을 수가 없다.

소비자들의 의견은 본인이 직접 병원의 진료 기록을 다운로드받더라도 관리가 어렵고 해석할 수 없어 무용지물이라는 것이다. 그러나 최근 이런 서비스를 대행해 주겠다는 회사가 많이 있다. 개인 건강 기록(PHR) 기반 의료 및 헬스케어 인공지능 전문기업 라이프시맨틱스, 블록체인을 이용한 메디블록이라는 회사도 있고, 카카오 헬스나 네이버 헬스도 이런 서비스를 해 주겠다는 회사들이다.

우리나라는 데이터 3법(개인정보 보호법, 정보통신망법, 신용정보법)의 개정으로 익명 또는 가명 처리하면 소비자의 건강 정보를 개인의 동의 없이 자유롭게 연구용, 산업용으로 활용할 수 있는 길이 열렸다. 그러나 정작 이 정보를 제공한 개인은 연구 결과 새로운 건강 리스크 정보가 발표되더라도 자신은 그 대상이 되는지 아닌지 모른다. 모두 익명 또는 가명 처리를 했기 때문이다. 과학과 기술이 발전하더라도 개인이 직접 혜택을 받기 어려운 구조이다.

현재 시행되고 있는 비대면 진료는 전화 진료이다. 환자가 자신의 의료 정보를 전달할 방법이 없으며 자신의 증상을 전화로 설명하는 것이다. 평상시 복용약에 대해서 의사가 물어봐도 기억에 의존하여 답변할 수밖에 없었다. 라이프시맨틱스의 '닥터콜'은 민간 비대면 진료 플랫폼 중 최초로 '나의 건강 기록' 앱과 연동하여 자신의 약물 정보를 비대면 진료 의사한테 제공할 수 있다.

## DTC 유전자 검사와 개인 맞춤 정밀 의료

우리나라는 유전자 검사와 개인 맞춤 정밀 의료 분야에서 중요한 전환점을 맞이하고 있다. 유전자 검사를 DTC(소비자 대상 직접 시행 서비스)라고 해서 의료기관을 거치지 않고 직접 개인한테 알려주는 것을 제한하고 있다. 그러나, 보건복지부는 2023년 12월 DTC 검사 항목을 기존 70개에서 165개로 대폭 확대하며, 소비자가 접근할 수 있는 유전자 정보의 범위를 넓혔다. 또한, 2024년 7월에는 건강관리와 관련된 질병유사 항목이 신설되어, 유전자 검사 기업들이 콜레스테롤, 혈압, 혈당, 알레르기 등의 질병유사 항목에 대한 유전자 검사를 제공할 수 있게 되었다. 의사 처방 하에 시행하는 질병 진단 관련해서는 기존처럼 병원에서 서비스할 수 있다.

이러한 변화는 단순히 유전자 정보의 접근성을 높이는 것에 그치지 않고, 의료 환경 전반에 걸쳐 큰 변화를 가져올 것이다. 의사의 처방을 필요로 하는 질병 진단에 대해서는 여전히 병원에서 검사가 이루어지지만, 유전체 정보와 진료 기록, IoT 기반의 건강 데이터를 종합적으로 분석하는 인공지능이 발전하면서 환자 개개인에 최적화된 정밀 의료가 가능해지고 있다. 이러한 AI 기반 분석은 환자의 생활 습관, 환경 요인, 유전적 소인을 종합적으로 고려해 맞춤형 예방과 치료 계획을 제시한다.

세계적인 의학 트렌드는 치료 중심에서 예방 중심으로 바뀌고 있다. 특히, 질병 발생 이전 단계에서 조기 진단을 통해 예방적 치료를 시행하는 것이 중요해지고 있다. 이를 실현하기 위해서는 소비자가 자신의 건강 관리에 적극적으로 참여하고, 개인 맞춤형 예방 치료를 받을 수 있는 환경이 필요하다. 무엇보다 환자 스스로 개인 정보를 다운로드받고 파워풀하게 활용할 수 있도록 정부의 적극적인 정책 변화가 필요하다.

정부는 소비자가 자신의 유전자 정보를 보다 쉽게 접근하고 활용할 수 있도록 데이터 보호와 활용에 대한 법적, 제도적 장치를 강화해야 한다. 동시에, 이러한 정보를 안전하고 효과적으로 관리할 수 있는 인프라를 구축하여, 개인 맞춤 정밀 의료의 시대를 열어갈 준비를 해야 할 것이다. 2025년 이후, 개인 맞춤형 의료는 치료의 새로운 패러다임을 제시할 것이며, 이를 통해 건강한 삶을 유지하는 것이 현실화될 것으로 기대된다.

## 결론

챗GPT를 비롯한 인공지능은 곧 일반인공지능(AGI; artificial general intelligence)[1]로 발달할 것이다. 개인이 인공지능을 잘 활용하

---

1 인간이 할 수 있는 어떠한 지적인 업무도 성공적으로 해낼 수 있는 인공지능을 말한다.

려면 자신의 데이터를 자신이 소유하고 관리할 수 있어야 한다. 개인 의료 정보는 개인의 건강증진을 위해 쓰여야 하는 것이 주목적임에도 자신의 접근성이 떨어지고 오히려 익명화되어 다른 용도로 쓰이는 것이 일반화되었다. 보건복지부는 건강정보 고속도로를 만들어 흩어져 있는 개인의 의료 정보를 다운로드받을 수 있는 '나의 건강 기록' 사업을 시작했다. 그러나 예산과 인력의 한계로 인해 서비스를 시작한 지 3년이 지났지만 이제야 대형병원의 정보가 연결되있고 오리지널 영상 데이터 서비스는 요원하다.

금융 마이데이터는 금융감독원과 금융위원회가 관리감독만 하고 은행, 증권회사 등 민간에서 서비스를 한다. 예를 들어 필자는 신한은행, 하나은행 중 더 서비스가 좋은 데로 마이데이터를 몰아줄 수 있다. 의료 정보도 자신이 주로 이용하는 병원에 몰아줄 수 있다. 필자의 경우 보라매병원 등 타 병원에 있는 정보를 서울대학교병원에 몰아줄 수 있으며 지방에 거주하는 환자는 자기 지역에 주로 가는 병원에 몰아줄 수 있다. 병의원끼리 마이데이터 서비스 경쟁을 하면 정부 예산에 의존할 필요 없이 수준 높은 서비스를 골라서 할 수 있다. 정부는 국민이 자신의 의료 정보를 주체적으로 활용할 수 있게 전향적으로 정책을 바꿔야 하고 이는 인공지능을 이용한 의료 서비스를 국제적 수준으로 향상시킬 것이다. 2025년에 이런 변화를 볼 수 있길 바란다.

참고문헌

삼정KPMG 경제연구원(2024). AI로 촉발된 헬스케어 산업의 대전환. 《Samjung Insight》, 89권.

## 16. 대만 반도체

# 대만 반도체 '관민 합력' 성장 과정과 도전 과제

**왕수봉** 아주대 경영대학 교수

대만의 반도체 산업은 1960년대부터 정부 주도하에
시작하고 발전하였다. 지난 60여년간의 노력으로
대만 반도체 특히 파운드리가 전 세계에서
차지하는 비중은 80%다. 이러한 산업 발전은
정부와 민간 합력(合力)의 결실이라고 할 수 있다.
대만은 2024년 새로운 정부가 들어서면서
향후 반도체 산업의 발전을 위해 정부의 적극적인
세제 지원 및 인재 육성 정책을 펼칠 예정이다.

아주대학교 경영학과 교수, 전 국립대만중앙대학교 재무금융학과 교수, 《재무연구》 편집위원, 한국재무학회 국제위원장, 한국금융정보학회 총무이사, 《Journal of Derivatives and Quantitative Studies》 부 편집위원장, 대만국립정치대학교 재무관리학과 졸업, 서울대학교 경영학(재무금융) 석사학위, 서울대학교 경영학(재무금융) 박사학위. 왕수봉(Shu-Feng, Wang 王樹鳳)

# 1960년대 초 패키징으로 시작한 대만 반도체 산업의 역사

대만 반도체 산업은 초기에 외국기업이 주도하였다. 대만은 1960년대 전까지 농산품 수출이 전체 수출의 80%를 차지하는 대표적인 농업 수출 위주의 국가였다. 1953년부터 대만 정부는 농업을 대신하는 노동집약적인 경공업을 발전시키기 위해 경제 건설계획의 첫 번째 단계를 시행하였다. 수출을 통해 국내 생산을 증진시키는 것을 목표로 하였고, 수출 자유화 및 장려 정책을 결정하였다. 투자 장려 조례 등을 제정하여 임대료와 세금 감면을 통해 대만에 외국인 투자자를 유치하였고, 가오슝에 가공 및 수출 특구를 설립한 데 이어 타이중에도 가공 및 수출 특구를 설립하였다. 이러한 정책으로 1970년대에 외국인 투자자가 크게 증가하였다.

초기 대만의 전자산업은 값싼 노동력을 제공하는 가공 및 수출 특구를 기반으로 발전 기회를 얻었다. 외국자본을 유치하기 위한 각종 혜택 정책으로 미국 반도체 제조업들은 반도체 제조 공정에서 기술 수준이 낮은 하단의 패키지 단계를 대만으로 이전하였다. 당시 대만의 반도체 수출국가는 주로 미국이었고, 미국 반도체기업들의 전략은 대만의 값싼 노동력을 우선적으로 확보하는 것이었고, 대만 역시 값싼 노동력을 활용해 외화를 벌어들였다.

이 단계의 전자산업에 대한 투자는 주로 외국인 투자자가 주도하였지만 반도체 패키징 산업에 진입하는데 필요한 자본이 많지 않았고, 기술도 어렵지 않았기 때문에 대만 국내 기업인 화타이(華泰), 완방(萬邦), 환유(寰宇) 등 기업도 반도체 패키징 산업의 선구자 역할을 하였다. 그들은 이 분야에 유능한 국내 인재를 양성하기 위해 외국 기업과 협력했다. 1964년 대만자오통대학(交通大學)이 설립한 반도체 연구소는 대만 국내 반도체 인재를 양성하는데 중요한 역할을 하였다.

1971년에 10여 년 동안 추진한 공업 수출지향 정책의 효과가 나타나면서 대만은 무역흑자를 기록하기 시작하였는데, 이 무렵에 전 세계적으로 석유파동이 발생하면서 세계 경제는 위기와 불황에 빠졌고, 대만도 수출에서 매우 큰 영향을 받았다. 동시에 대만은 경제뿐만 아니라 외교적으로도 유엔 탈퇴, 중일 국교 단절 및 댜오위다오 분쟁(釣魚台事件) 등으로 외국인 투자자들은 투자를 줄여 수출에 영향을 미쳤다.

1974년 당시 행정원 원장이었던 장찡궈(蔣經國)는 중공업과 화학산업을 발전시키고 독립적인 경제체제를 구축하기 위해 10대 건설 프로젝트를 추진하고 철강, 석유화학, 조선 산업을 위한 교통, 전력, 고속도로 등 인프라에 대규모 투자를 시작하였다. 이때 장찡궈는 그때 당시 행정원 비서장이자 엔지니어협회 회장인 페이화(費驊)에게 과학기술 발전을 위해 획기적인 프로젝트를 찾아야 하며 이 프로젝트의 규모는 클수록 좋다고 지시하였다. 이에 따라 페이화는 그때 당시 통신국 총국 국장(Directorate General of Telecommunication, MOTC)인 방현치(方賢齊)와 대만 반도체 산업의 아버지라 불리우는 판운위안(潘文淵)과 함께 논의한 결과 전자산업 발전을 위해 전자제품에 필수적인 핵심부품인 IC(Integrate Circuit)가 중요하기 때문에 IC제조 프로젝트를 시작하기로 하였다. 1974년 7월에 정부는 IC 산업발전을 위해 1200만 달러라는 거액 투자를 결정하였다.

대만의 IC산업 발전은 이렇게 정부의 지원으로부터 시작되었다. 이때 프로젝트의 목표는 대만이 저비용 고품질의 전자시계 IC를 개발하고, 성공 시 이를 민간 부분에게 기술을 이전하는 것이었다. 판운위안의 주도 하에 7인의 미주기술고문단(Technical Advisory Committee; TAC)을 구성하였다. TAC는 대만 전자산업 발전 관련하여 기술 자문을 주로 담당하였고, TAC 설립 후 첫 번째 임무는 미국의 반도체 회사로부터 기술이전을 받아오는 것이었다. 다양한 논의와 고민 결과 TAC는 대만 정부에게 RCA로부터 기술이전 해올 것을 건의한다.

1976년 3월에 국책 연구기관인 공업기술연구원(Industrial Technology Research Institute: ITRI)과 RCA는 10년의 기술이전 계약을 체결하였다. 전기 5년은 기술이전을 하고 후기 5년은 인재 육성을 중심으로 한 계약이다. 1976년 4월 13명의 대만 기술자가 기술이전을 위해 미국으로 출국하였고 동년 7월에 신주(新竹) 동부에서 대만의 첫 번째 IC 시범공장을 건설하기 시작하였다. 1977년 11월에 RCA로부터 훈련을 받은 기술자가 도착하면서 IC 시범공장이 문을 열었고 시범공장에서 성공적으로 IC를 양산하였다. 시범공장이 성공적으로 IC를 생산하면서 1979년도 초에 시범공장을 운영한 지 12개월 만에 순이익이 매출액의 20%에 이르렀다.

## 첫 번째 IC회사 UMC 설립

1980년대와 1990년대는 정부 주도하에 기업을 육성하여 반도체 산업을 성장시켰다. 대만 행정원은 1980년도에 산업기술의 연구와 혁신을 촉진하기 위한 기술과 인재 유치를 위해 대만 북서부 도시인 신주에 과학단지(Science Park)를 조성하였다. 과학단지에 입주한 최초의 기업은 UMC(United Microelectronics Corporation)이다. IC산업 발전의 초기 계획은 RCA로부터 기술을 이전받고 이 기술을 이용하여 시범공장에서 IC를 양산한 후 기술을 민간으로 이전하는 것이었다. 시범공장이 성공적으로 운영됨에 따라 1979년부터 민간 이전을 시작하였다. 기술이 민간으로 이전이 되지 않으면 IC기술은 계속 공업발전연구원에 남게 되고 IC산업 자체의 발전이 지체되기 때문에 민간으로의 이전은 산업발전을 위해 필수적이었다. TAC는 시범공장이 IC 연구개발에 주력하고 기술개발의 결과를 민간기업으로 이전하면 민간기업이 IC 생산에 주력하도록 건의하였다. 회사설립을 위해 민간으로부터 자본 투자를 받아야 하였으나, 그 당시에 민간기업들은 반도체 산업에 대한 이해 부족으로 투자 의지가 매우 낮았다. 미국 학계에서도 투자 실패한 사례가 많았기 때문이다. 공업기술연구원의 원장이었던 방현치는 평소에 친분이 있는 기업 회장들에게 투자를 권유하였지만, 이들은 자본 투자에 대해서 굉장히 부정적이었다. 결국 최종 4개 기업인 Walsin Lihwa, SAMPO, TECO, Orient Semiconductor Electronics에서 각각 5%, 10%, 5%, 10%를 투자하기를 결정하였고, 나머지 70%인 3억 6천만 대만 달러(NTD)는 정부 관련 공기업에서 투자하여 1980년 5월 대만 최초의 IC회사인 UMC을 설립하였다. UMC는 ITRI에서 민간으로 기술을 이전한 최초의 사례이자, IC기술을 민간에서 활용하기 시작한 ITRI 전자연구소의 스핀오프 회사였다.

## TSMC 설립과 성장 과정

모리스 창(Morris Chang)은 1970년대 Texas Instruments가 대만 및 일본에서 공장 설립 당시 주도적인 역할을 하였던 인물이다. 공장 설립 후에 공장 시찰을 위해 종종 대만을 방문하였다. 이때 대만 정부의 초청으로 IC기술 발전에 대한 제언을 하기도 하였다. 그가 Texas Instruments 재직 기간에 당시 행정원 원장인 선윤샨(孫運璿)는 대만 과학기술 발전을 주도할 수 있는 역할을 제안하였다. ITRI 원장이 그 중 하나였다. 하지만 창은 이 제안을 받아들이지 않았다. 이후 창은 일본 국제무역산업성(MITI)이 반도체 산업을 육성해 성과를 거둔 것을 보고, 대만 정부의 신기술 육성 정책에 매우 중요한 역할을 할 수 있다는 것을 인식하고 ITRI 원장직을 수락하였다. 창은 ITRI를 미국의 벨연구소처럼 세계적인 연구기관으로 발전시키고자 하였다.

1984년도에 미국 유학생들이 대만으로 돌아와 IC설계회사를 설립하였다. 이들은 정부에 IC생산을 할 수 있는 공장 설립을 요청하였고, 정부는 이에 대해 모리스 창에게 검토를 요청하였다. 창은 대만의 IC 설계와 연구개발은 전 세계적으로 미국과 일본에 비해 매우 낙후되어 있고, IC제조 부분은 오히려 우위가 있다고 판단하여 전문적으로 생산만 하는 회사를 제안하였다. 그 당시 이러한 위탁생산의 사업구조가 수익을 낼 수 있을 지 아무도 몰랐다. 이렇게 정부 주도하에 모리스 창은 파운드리(Foundry) 전문회사인 TSMC(Taiwan Semiconductor Manufacturing Corporation) 설립을 준비하였다.

TSMC 설립 자금은 자본과 부채를 합하여 약 2억 달러(US dollars)로 계획하였다. 이 중 자본금이 약 70%였다. 이러한 자본금은 당시 대만회사 입장에서는 천문학적인 숫자였지만 국제적으로 봤을 때는 최소 자본금이었다. 정부는 자본금의 50%는 국가발전기금에서 투자하고, 남은 50%는 민간기업에서 조달할 것을 요구하였다. 이때는 UMC는 이미 주식시장에 상장이 되고 주당 40대만달러(NTD)에 거래되고 있었기 때문에 매우 성공적인 회사라고 할 수 있었다. 또한 경기도 호황이었기 때문에 많은 IC제조 또는 설계기업이 창업을 준비하는 과정이라 민간기업에서는 예전처럼 반도체 산업에 대한 거부감이 있지 않았다. 그러나 파운드리라는 비즈니스 모델에 대규모 투자하는 것은 여전히 조심스러웠다.

모리스 창은 국내 기업뿐만 아니라 적어도 한 개의 국제적인 반도체기업의 투자가 매우 중요하다고 생각하여 미국 Intel과 Texas Instruments에게 투자요청을 하였다. 하지만 이 기업들은 파운드리 기업에 대한 전망이 좋지 않다고 보아 투자하지 않았고, 최종적으로 필립스만 투자하였다. 결과적으로 1987년 TSMC가 설립되었고, 설립 당시 국가발전기금 48.3%, 필립스 27.5%, 민간기업 24.2% 투자로 출발하였다.

창은 TSMC설립 초기부터 미국 및 일본 등 국제적인 반도체 기업에 IC제조의 수요가 있다고 판단하여 CEO도 국제적으로 저명한 경영자를 초빙하고자 하였다. 여러 차례 논의 끝에 미국의 General Electronic 반도체 부서 CEO인 제임스 E. 다이크스(James E. Dykes)를 임명하였다. 외국인 CEO를 고용하여 TSMC의 지명도를 높이고 동시에 외국기업의 관리 제도를 도입하여 대만기업 "인치(人治)" 색깔을 최대한 낮추었다.

초기 TSMC는 예상과 같이 수익을 내지 못하고 있었다. 그러다가 1987년 말에 인텔 CEO인 앤드류 그로브(Andrew Grove)가 대만을 방문하여 TSMC 공장을 방문하게 되었고, 1988년 2월 인텔은 직원을 파견하여 1년 동안 TSMC 제조 기술 등에 대해서 인증작업을 진행하였다. 반도체 제작공정은 대략 200여 개 공정이 있는데 인텔은 이에 대해서 하나하나 전부 점검하고 인증하였다. 1989년 5월 인텔 인증이 완료되면서 인텔은 TSMC의 첫 IDM(Integrated Device Manufacturer) 기업 고객이 되었다. 인텔 인증 후 1990년도부터 매년 영업이익이 급속도로 증가하였다. 1994년 9월 5일 TSMC는 대만 주식시장에 상장되었다.

## 코로나19 이후, 반도체 산업 급성장과 TSMC "호국신산(護國神山)"

대만 반도체 산업이 대만 경제에 미치는 영향이 점차 증가하고 있다. 반도체 산업이 대만 GDP에 차지하는 비중이 2013년 10% 미만이었고, 2014년부터 2019년까지 11%~12% 사이였다. 코로나19로 인해 재택근무와 원격교육으로 개인용 컴퓨터, 클라우드 서버 및 기타 단말기에 대한 수요가 급격히 증가하면서 전 세계적으로 반도체 시장이 크게 성장하였다. 대만 반도체 산업도 2020년부터 2022년까지 GDP의 13.06%, 15.27%, 16.37%로 급성장했다.

2023년 기준으로 TSMC 매출액은 GDP의 8%를 차지한다. 대만 경제에 반도체가 미치는 영향이 매우 크다. 또한 2023년 기준으로 반도체 기업이 전체 대만 주식시장 시가총액의 38%를 차지하며 TSMC 비중이 30% 이상이다. 이는 한국 주식시장에서 삼성전자가 차지하는 비중보다 상당히 높은 수준이다. 대만의 전체 수출에서 반도체 산업의 비중은 40%이며 반도체 산업의 자본적 지출은 전체 민간투자의 20% 이상을 차지한다.

카운터포인트 리서치(Counterpoint Research)가 2024년 1분기에 기업별 세계 파운드리 시장 점유율(매출액 기준)을 발표했다. 전 세계 1위는 TSMC(62%), 2위 삼성전자(13%), 3위 중국 SMIC(6%), 4위

UMC(6%)다. 2022년 기준으로 대만 파운드리 산업의 가치 창출액은 909억 달러며 이는 대만 반도체 전체 가치 창출액의 52%다. TSMC가 대만 경제에 미치는 영향을 매우 크기 때문에 대만에서는 TSMC를 "호국신산(護國神山)"이라고 부른다.

고용 관련해서 2022년 반도체 산업 종사 인원수는 32만7천 명이다. 대만 인구가 2300만 명인 것을 고려한다면 1.4%이고, 2012년 21만3천 명에 비해 1.5배 상승했다. 소득은 일반제조업보다 약 3배 높으며, 매년 종업원당 900만 NTD의 부가가치를 창출하고 있다. TSMC 직원수는 2022년 기준으로 6만5152 명이며 전체 반도체 산업 인력의 약 3분의 1을 차지한다.

전 세계에 미치는 영향도 매우 크다. 전 세계 최첨단 프로세서 칩의 90%가 TSMC에서 생산되는 것으로 추정되고, 대만은 소규모 칩 제조업의 나라로 전 세계에 큰 역할을 하고 있다. 블룸버그는 만약 대만에서 전쟁이 발발된다면 전 세계 경제에 약 10조 달러 손실을 일으킬 것으로 추정하였다. 이는 전 세계 GDP의 10%이다. 특히 2024년 4월 3일에 대만 동쪽에 규모 7.4인 강진이 발생하였는데, 이는 최근 25년 동안 가장 강한 지진이었다. 지진으로 TSMC의 손실은 약 200~300억 NTD로 추정된다.

대만 경제가 TSMC에 영향을 매우 크게 받기 때문에 한편으로는 우려의 목소리도 있다. 대만이 최근 몇 년 동안 높은 경제 성장률을 보인 것은 반도체 및 전자통신산업의 호황 때문이다. 특정 산업에의 지나친 의존도는 소득불균형을 일으키고 사회적 문제로도 연결된다. 이러한 우려로 대만 정부는 서비스업과 반도체를 제외한 제조업에 대한 소득불균형을 해소하는 방안을 모색하고 있다.

## 정부와 기업의 반도체 산업 인재 양성 정책

대만의 반도체 산업은 1974년부터 1979년까지 국가가 개입하여 기술 도입을 주도하였다. 1980년부터 1989년까지는 국가가 주도하는 대만 반도체 기업이 설립되고 발전되었다. 이후 기업이 스스로 성장하였는데, 최근 전 세계 주요 국가들에게 반도체 발전은 매우 중요한 이슈다. 미국이 반도체 지원인 칩스법을 통과시켰고 한국도 한국판 칩스법을 통과시켰다. 대만에서도 대만판 칩스법을 2023년 11월 17일에 통과시켰다. 향후 반도체 연구개발을 하는 기업의 조세 혜택을 15%에서 25%로 상향하고, 또한 최첨단 장비를 구매할 경우에도 5%의 조세 혜택을 받을 수 있으며 장비 구입시 자본적 지출의 상한이 폐지되었다.

인재 육성에 대해서도 대만 경제부 산업발전청(IDA)은 2021년부터 반도체 산업의 인재 수요에 대응하기 위해 반도체 산업에 관심있는 학생들을 선발해 산업기술연구원(ITRI), 정보기술연구소(IIT)의 선임 엔지니어와 기업의 전문가가 강사로 나서 6개월 동안 실무프로젝트 업무를 수행하도록 지도하는 도제 시스템을 통해 학생들의 졸업 후 취업 시장 진입 시간을 단축하는 "인재 고도화 프로젝트"를 추진하고 있다.

또한 교육부에서는 대만 전 지역에 반도체를 비롯한 산업의 인재 육성을 위해 전국에 약 18개의 인재 육성기지를 설립하였다. 주로 대학과 연계하여 진행하는데 이중 반도체 인재 육성 대학은 2개이다. 또한 국가 중점산업의 연구 중심인 대학원도 전국적으로 반도체 관련된 연구원 3개를 설립하였고, TSMC, UMC, Mediatek 등 기업들도 참여한다. 과학기술부에서도 기업과 대학이 공동으로 반도체 연구개발연구소를 설립하여 석·박사급 연구원을 육성한다. 5년간 총 15억

4600만 NTD를 투입 예정이고, 2000명의 반도체 인재, 400명의 박사급 인재를 육성을 목표로 한다. 과학기술부는 학교당 매년 최고 1000만 NTD의 보조금으로 지원하며 동시에 기업도 최소 1000만 NTD를 학교에 출자해야 한다.

## 도전 과제, 지정학적 리스크와 인재 양성

대만 반도체 산업이 전 세계적으로 매우 중요한 역할을 하고 있다. 향후에도 반도체 산업이 대만 경제에 가장 중요한 산업이 될 것으로 생각된다. 대만의 반도체 산업은 기술 R&D와 혁신으로 유명하며, 특히 공정 기술, 웨이퍼 제조 및 테스트 분야에서 강점을 가지고 있다. 또한 글로벌 공급망에서 필수 핵심 산업이다. 대만의 반도체 회사가 공급하는 칩에 의존하고 있는 Apple, Intel, Nvidia, AMD등 글로벌 유명 기업들이 매우 많다. 또한, 반드시 극복해야 할 문제도 존재한다.

대만 반도체 산업 발전의 도전 과제는 크게 두 가지이다. 첫째, 지정학적 리스크다. 과거 몇 년 동안 중국은 지속적으로 대만을 군사적 위협하고 있다. 이로 인해 대만의 경제적 안정과 반도체 산업의 잠재적 위험을 초래할 수 있다. 미중 무역전쟁과 기술 전쟁, 동남아시아 및 남아시아 일부 국가와 중국 간의 긴장 관계에 이르기까지, 대만은 국제 지정학적 변화의 중심에 있다. 이에 대처하기 위해 공장 재배치 전략을 생각해봐야 한다.

둘째는 과학기술 인재다. 현재 대만은 한국과 같이 저출산 문제가 심각하다. 2023년 기준으로 출생율 1.09(한국 2023년, 0.72)로 전 세계적으로 낮다. 저출산으로 향후 기술인재 양성에 어려움이 있다. 이에 대처하기 위해서는 우수한 유학생을 유치해 반도체 연구소 등 관련 프로그램을 이수하도록 해야 한다. 하지만 대학별로 외국 학생 모집인원의 제약, 외국인 학생의 졸업 후 취업 기회, 대만의 외국어 환경 및 이민정책 등 국제 인재 양성과 대만 인재 양성에 대한 전반적인 계획에 대해서 정비할 필요가 있다.

# 제 4 편

# 사회 균형력

흔들리는 사회적 균형추

# 17. 연금

## 2025년, 지속가능한 연금개혁의 원년

**윤석명** 한국보건사회연구원 명예연구위원, 연금연구회 리더

지금 대한민국은 제대로 된 연금개혁을 하느냐,
아니면 '개혁이라는 이름으로 개악을 하느냐'의 기로에 있다.
연금 문제가 워낙 복잡하다 보니, 표현 하나만 바꾸어도
개혁내용은 완전히 달라질 수 있다.
100% 투명한 방식으로 연금개혁 논의가 진행되어만
하는 이유다. 다행히 2024년 9월에 정부가 내놓은
연금개혁안에는 의미가 큰 내용이 포함되어 있다.
연금개혁 논의를 탈정치화시켜, 재정안정을
자동으로 달성하는 '자동조정장치'가 포함되어 있어서다.
OECD 회원국의 70%가 이미 도입한 방식이다.
2025년이 지속가능한 연금제도를 구축하는 원년이
될 수 있도록, 우리 사회 구성원 모두가 눈을 부릅뜨고
연금개혁 논의를 지켜봐야 할 때다.

한국보건사회연구원 명예연구위원, 연금연구회 리더, OECD Pension Expert Meeting의
Chairperson 및 한국 대표 발표자, 리셋코리아 연금분과장, 경제사회노동위원회 초고령사회
계속고용연구회 위원, 5차 국민연금재정계산위원회 위원, 국회 연금개혁특별위원회 민간자
문위원, 고려대학교 영어영문학 학사, 경제학 석사, 미국 Texas A&M 대학교 경제학 박사.
윤석명(Yun Suk-myung, 尹錫明)

들어가며

 2023년은 5년 주기의 국민연금 재정계산을 시행하는 해였다. 재정
계산이란 국민연금의 장기 재정 상태를 점검하여, 연금제도의 건강 상
태가 악화된 것으로 판명되면 그에 걸맞도록 제도 개선을 도모하기 위
해 1998년 국민연금법 개정을 통해 도입된 제도이다. 2003년 1차 재
정계산의 결과 '소득대체율 50%-보험료율 15.9%' 조합이 당시 우리
나라에서 가장 적절한 재정안정방안이라는 판단이 내려졌다. 연금제
도로서 노후소득보장의 적절성과 부담 가능성을 종합적으로 고려한
결과였다. 2003년 10월 정부가 이 안을 국회에 제출한 이후, 2007년
까지 지루한 정치적인 공방이 이어졌다.
 당시에는 국민연금을 도입한 지 얼마 지나지 않다 보니, 재정안정
이 시급한 것이 아니라, 연금제도 적용의 사각지대 축소와 높은 노인
빈곤율을 해결하기 위한 대책들이 먼저라는 야당들과 시민단체의 주
장 때문이었다. 지루한 정치적 공방 끝에 재정안정방안이 대폭 후퇴
하면서 보험료를 올리지 못했다. 1998년 9%에서 2024년 현재까지 단
1% 포인트의 보험료도 올리지 못하게 된 출발점이 되었다. 대신 2007
년(법 통과시점 기준) '기초노령연금'이 국민연금을 개혁하기 위한 정
치적 타협 과정에서 도입되었다.
 이렇게 도입된 기초노령연금은 2014년 '기초연금'으로 이름뿐 아
니라 제도의 기본 성격까지 바뀌었다. 기초노령연금은 정부가 재정여
건을 고려하면서 수급 대상자를 조절할 수 있는 제도였던 반면에, 기
초연금은 무조건 65세 이상 노인 70%에게 지급하는 제도이기 때문이
다. 당시 대통령 선거에서 높은 노인 빈곤율을 핑계로 포퓰리즘이 기

승을 부린 결과다. 현재 방식대로 기초연금을 운영하면 장기적으로 지출액이 GDP 대비 3.2%에 달할 것으로 전망되고 있다. OECD는 "투입비용 대비 노인 빈곤 완화 효과가 적은", 즉 가성비가 낮은 기초연금의 개혁 필요성을 지속적으로 권고해 오고 있다.

2023년의 5차 재정계산에 따르면 국민연금은 기금이 소진되는 해인 2055년의 부과방식 보험료가 26.1%로 치솟은 뒤, 최대 35%까지 증가할 것으로 전망된다.[1] 연금개혁이 시급한 이유다. 상황이 이러함에도 지난 5월 극적으로 국회에서 통과되지 않았던 '소득대체율 44%−보험료 13%' 조합은 오히려 미래세대의 부담을 더 늘리는 안이었다. 대통령실이 반대 의사를 표시했고, 필자가 소속된 연금연구회가 국회에서의 두 차례 기자 회견 등을 통해 매우 강하게 반대 표시를 하면서, 야당 대표와 국회의장까지 나서 5월 내로 통과시키자는 것을 극적으로 막을 수 있었다.

대다수 언론과 연금전문가, 정치인이 지난 5월에 보였던 행태는 기이할 정도다. '보험료는 찔끔 올리면서도 소득대체율(근로기간 월급 대비 연금액 비율)을 더 올리는 안(소득대체율 44%−보험료 13%안)'을 연금개혁이라 강변하면서, 당장 통과시키지 않으면 나라가 망할 듯한 분위기 조성에 앞장섰기 때문이다. 최근까지도 대통령실이 받아들이지 않았다고 비난해 왔다.

작년에 5차 국민연금재정계산 결과가 나왔음에도, 그동안 연금개혁안을 제시하지 않았던 정부가 마침내 개혁안을 발표했다. 8월 29일

---

1 2023년 통계청의 신인구 전망을 반영한 가장 최신의 정부 재정추계에 따르면 국민연금은 2056년에 기금이 소진되는 것으로 나타나 기금소진 시점이 1년이 연장이 되었다. 반면에 기금이 소진되는 2056년의 부과방식 보험료는 기존의 26.1%보다 더 올라간 27%로 전망되고 있다.

정책 브리핑을 통해 대통령이 먼저 연금개혁 방향을 제시했다. 9월 4일에는 소관 부처인 보건복지부가 구체적인 연금개혁안을 발표했다. 정부의 연금개혁안 발표 후에도 정치권은 연금개혁 논의 방식을 두고 여전히 첨예하게 대립하고 있다. 더불어민주당은 국회 보건복지위 상임위에서의 연금개혁 논의를 고수하고 있다.

반면에 정부와 여당은 제대로 된 논의를 위해서는 보건복지부, 고용노동부, 기획재정부, 금융위원회도 참여하여 노후소득보장체계 전반을 다루는, 구조개혁 논의를 해야 한다는 입장이다. 국회에 상설 특위를 구성하여, 정부와 함께 논의하는 여·야·정 협의체를 구성하는 논의 구조의 필요성을 강하게 주장하고 있다. 이러한 상황 전개 변화를 염두에 두면서 연금개혁 전망을 하고자 한다.


## 지난 1년 동안의 연금개혁 논의과정

2022년 가을에 출범한 행정부의 국민연금 재정계산위원회와 국회 연금특별위원회 산하 자문위원회에서 연금개혁 논의가 이루어졌다. 5차 재정계산을 담당한 재정계산위원회가 작년 9월 1일 공청회를 개최한 후, 10월 중순 보건복지부에 논의내용을 보고서로 제출했다. 이 내용 등을 바탕으로 10월 하순 보건복지부가 '국민연금 종합운영계획'을 작성하여 국회에 제출했다. 당연히 제출해야 할 정부의 재정안정방안이 없다 보니, 자연스럽게 연금개혁 논의 주도권이 국회로 넘어가게 되었다.

국회 연금특위 산하 민간자문위원회는 1기 6개월이 지난 뒤, 2기 6개월을 추가로 연장해 1년 동안 활동하였고, 위원회 논의내용을 취합하여 특위에 보고하면서 종료되었다. 이후 공론화위원회를 구성하여 시민대표단들이 연금개혁 방향을 결정하도록 하였다. 시민대표단의 다수가 오히려 후세대 부담을 가중시키는 개편안을 선택함에 따라, 이후 이러한 결정에 대한 논쟁이 치열하게 전개되었다. 결국 지난 5월 말 21대 국회가 종료될 때까지 합의도출에 실패했다.

국회에서 의사 결정을 주도할 수 있는 거대 야당은 21대 국회에서 논의되던 모수개혁안을 그대로 유지하기를 바라고 있는 반면에, 정부와 여당은 좀 더 지속이 가능한 구조개혁을 선호하고 있다. 모수개혁은 내는 돈과 받는 돈, 즉 보험료와 소득대체율의 조정을 통해 재정안정 달성을 추구하는 접근방법이다. 현재 국민연금 소득대체율 42%와 보험료 9%를 변경하여 재정안정이 이루어지도록 제도를 고치는 것을 의미한다. 지난 1년 동안 행정부의 재정계산위원회와 국회 연금특위 논의내용을 알고 있어야 향후 진행될 방향을 예상할 수 있다는 점에서, 먼저 지난 1년 동안의 논의내용을 살펴볼 필요가 있다.

## 1) 국민연금 재정계산위원회와 국회 연금특위 민간자문위원회 논의 내용

작년 10월까지 운영된 5차 재정계산위원회는 위원회 출발 시점부터 혼란스러웠다. 행정부와 국회에서 전례가 없이 동시에 연금개혁 논의가 진행되다 보니, 역할 차별화 필요성과 이에 따른 역할 분담이 필요했다. 재정계산위원회는 위원회의 기본 취지에 부합되도록 모수개혁 중심으로 논의하고, 국회 연금특위에서는 구조개혁 중심으로 논의하는 것으로 정리가 되었다. 모수개혁은 국민연금의 '소득대체율과 보험료 조합'을 통해 재정안정 방안을 마련하는 것을 의미한다. 반면에 구조개혁은 국민연금의 기본구조 변경을 포함하여 관련된 제도들, 예를 들자면 기초연금과 퇴직연금, 나아가 공무원연금과 사학연금까지도 함께 고려하여 노후소득보장체계의 구조 자체를 변경시키는 개혁방안을 뜻한다.

국회 연금특위와 재정계산위원회가 동시에 운영되다 보니, 과거의 재정계산위원회 운영과는 차이가 있었다. 통상적으로 재정추계 결과는 재정계산을 하는 연도의 3월 말에 발표되었다. 문제는 국회 연금특별위원회의 활동 기한이 작년 3월 말로 정해져 있다 보니, 국회 특위 쪽에서 재정추계 결과를 더 빨리 알아야만 하는 상황이었다. 작년 1월 말 국회 특위 연금개혁 자문위원회가 1박 2일의 세미나를 개최할 때 의, 가장 첨예했던 쟁점 사항이 재정안정방안이다 보니 재정추계 결과를 먼저 알아야만 했다.

국회 특위 자문위원회에서 재정안정방안을 담당했던 필자가 그 시점에서의 잠정 추계 결과를 반영하여 재정안정방안을 발표했다. 통상적인 재정추계위원회보다 2달 먼저 재정추계 결과를 알게 되다 보니, 그 이후부터 재정계산위원회의 재정안정방안 논의는 시들해졌다. 재정안정방안 마련에 대한 기본 정보를 이미 확보한 뒤였기 때문이었다.

필자는 행정부의 5차 국민연금 재정계산위원회와 국회 연금특위의 민간자문위원회에서 모두 재정안정방안을 담당했었다. 동일한 전문가가 양쪽 위원회의 재정안정방안을 동시에 담당하다 보니, 또한 국회 특위 자문위원의 상당수가 행정부의 재정계산위원회 위원을 겸직하다 보니, 두 위원회 모두 긴장감이 현격히 떨어졌다.

2023년 1월에 이미 재정안정방안의 골격이 특위 자문위원회에서 발표되었고, 당일 위원회 투표 결과 위원회 위원 15명 중에서 10명이 필자가 발표한 재정안정방안을 지지했다. 사실상 전문가 차원에서는 결론이 난 것이나 다름이 없었던 상황이었다. 당시 필자가 제안했던 재정안정방안은 소득대체율은 40%로 그대로 유지하면서, 향후 10년에 걸쳐 보험료율을 15%로 인상하는 방안이었다. 국회 특위 자문위원회를 통해 위원들의 선호도가 알려지고 난 뒤부터는, 재정계산위원회 논의가 이해하기 어려운 방향으로 흘러갔다. 정작 제일 중요한 재정안정방안 발표는 차일피일 미루고 부수적인 주제 위주로 회의가 진행되어서였다.

위원 다수가 필자의 재정안정방안을 지지하였음에도, 정작 9월 1일 개최된 공청회에서는 재정안정방안을 무려 18개에서 24개까지 발표했다. 국민과 언론이 무엇이 제대로 된 재정안정방안인 지를 제대로 파악하기 어렵게 하려는 의도가 있었다는 것이 당시 필자의 판단이었다. 이후에는 국민연금 소득대체율을 오히려 올리는 내용을 재정계산 보고서에 수록하자는 소수 위원(2인)으로 인해, 위원회 운영이 파행적으로 운영되었다. 위원회 다수로 결정한 내용을 위원회 밖에서, 재정안정을 강조하는 위원 수가 많다 보니 힘으로 제압당했다는 식의 기자회견을 공적연금강화국민행동[2]과 같이 진행하였다. 9월 1일 공청회 당일에도 공청회 장소 앞에서 대규모 집회를 개최했다. 이미 이들 위원 2인은 위원회를 자발적으로 사퇴한 이후였다.

## 2) 국회 공론화위원회 논의 내용

국회 특위 민간자문위원회의 활동이 종료 이후에는 시민들의 의견을 들어 연금개혁 방향을 결정하겠다고 국회 연금개혁 특별위원회 산

---

2  참고로 공적연금강화국민행동은 민주노총, 한국노총, 여성단체연합, 참여연대 등 시민단체 300개 이상의 단체로 구성되었으며, 공적연금 강화라는 명분으로 국민연금 소득대체율 인상을 지속적으로 주장해 오고 있다.

하에 공론화위원회가 만들어졌다. 공론화위원회는 시작부터 너무도 문제가 많았다. 재정안정방안이 가장 중요함에도 행정부의 재정계산위원회와 국회 연금특위 자문위원회에서 '40% 소득대체율 유지의 재정안정방안을 담당했던 위원'은 배제시켰다. 반면에 소득대체율 50%와 42.5%로 인상하는 방안을 각각 제안했던 위원들은 포함되었다. 심지어 재정안정을 강조하는 위원이라면서, 1기와 2기 특위 자문위원회에서 퇴직연금을 담당하던 자문위원을 공론화위원회 자문위원으로 선정하였다. 재정안정을 담당했던 위원은 배제하고 다른 주제를 담당했던 위원들을 공론화위원회의 위원으로 선정한 것이다.

그동안 재정안정방안을 주도해 왔던 위원은 배제하고, 다른 주제를 맡았던 위원들, 더욱이 재정계산위원회와 1-2기 국회 특위 자문위원회에 한번도 참여한 적이 없었던 위원을 재정안정을 강조하는 자문위원이라고 선정한 것이다. 11명의 자문위원 중에서 2명만이 경제학 전공자였고 나머지 대부분은 사회복지학 전공자였다. 경제학 전공자 2인도 1인은 퇴직연금 담당자였고, 다른 1인은 재정계산위원회와 그 이전의 국회 특위에는 참여하지 않았던 위원이었다.

반면에 소득대체율 50%를 주장하는 쪽은 재정계산위원회와 국회 특위에서 활동했던 위원이 그대로 자문위원으로 선정되었다. 재정안정을 강조하는 쪽은 재정안정방안을 담당했던 전문가를 배제시키고 그 이전까지의 논의내용들을 전혀 모르는 위원을 신규로 선정한 것이다. 객관적으로 볼 때 납득이 어려운 인적 구성이었다.

더 큰 문제는 이것이 시작일 뿐이었다는 점이다. 이해하기 어려운 위원회의 룰 세팅을 정한 뒤, 시민대표단을 학습시킬 의제 설정단이 노사 등 이해 관계자 중심으로 구성되다 보니, 객관적인 관점에서 의제를 설정하기가 어려운 구조였다. 특히 문제가 되었던 대목은 각각의 주제에 대해 두 개 안만이 시민대표단 학습 내용에 포함될 수 있도록 되었다는 점이다. 이해 관계자 중심의 의제 선정단이 결정한 재정안정방안은 '소득대체율 40%-보험료 12%' 조합과 '소득대체율 50%-보험료 13%'조합이었다. 돌고 돌아서, 이해할 수 없는 논의 구조를 만든 뒤에 전문가들이 결정한 내용을 뒤집어버린 결과가 되었다. 양 위원회에서 전문가들이 가장 선호했던 '소득대체율 40%-보험료 15%' 조합을 시민대표단이 존재 자체도 모르게 한 뒤에 학습하는 구조로 바뀌어 버린 것이다.

이러한 상황 전개라면, 누군가가 치밀하게 밑그림을 그려 놓고서 진행했다고 볼 수밖에 없을 것 같다. 더욱 충격적인 대목은 보건복지부가 공론화위원회에 제출한 핵심 자료를 소수 공론화 위원들이 임의로 삭제를 해버렸다는 사실이다. 시민대표단 다수가 선택한 '소득대체율 50%-보험료 13%'안은 2005년생(14.8%)과 2035년생(36.1%)의 생애 국민연금 보험료 부담이 21.3% 포인트나 차이가 난다는 내용을, 중요한 내용이 아니라고 보아 임의로 삭제한 것이다. 당초에는 시민대표단의 학습자료에 포함되어 책자가 인쇄되었으나, 이 핵심 자료를 삭제한 후 다시 인쇄하여 시민대표단의 학습자료로 사용하였다. 이러한 사실은 국회 연금특위의 여당 간사인 유경준 전 의원의 문제 제기로 인해 언론을 통해서 알려지게 되었다.

이처럼 정상적인 사고로는 이해하기 어려운 과정을 거쳐서 나온 것이 지난 3월의 시민대표단 결정이었다. 학습하기 전에 고통스러운 개혁 내용을 더 선호했던 시민대표단이, 학습 후에는 후세대에게 더 부담을 가중시키는 안을 선택했다. 제대로 판단하라고 학습하였는데, 학습 후에 후세대에 더 덤터기를 씌우는 안을 선택했으니 기가 막힐 지경이다.

## 1) 정부 연금개혁안 주요 내용

2024년 8월 29일 윤석열 대통령의 국민연금 개혁 방향에 대한 국정브리핑이 있었다. 제도의 지속 가능성, 세대 간 공정성, 노후 소득 보장을 우선순위로 연금개혁 방안을 제시할 것임을 천명했다. 9월 4일에는 정부 연금개혁안이 구체적으로 발표됐다. 주요 내용으로는 국민연금 '소득대체율 42%-보험료율 13%'의 모수 개혁안, 연금재정의 자동조정장치와 국가 지급보장 도입, 연령별 국민연금 보험료 차등 부담, 기초연금 40만원 인상, 국민연금 의무 납입 연령 5년 상향 조정 검토, 퇴직연금 강제가입 추진 등이다.

'소득대체율 42%-보험료율 13%'의 정부 개혁안은 지난 5월 국회에서 거의 통과될 뻔했었던 '소득대체율 44%-보험료 13%'에 비해 후세대 부담 전가 규모가 적은 편이나, 재정안정방안으로는 여전히 미흡한 안이다. 정부 개혁안 중에서 가장 주목해야 할 내용이 연금재정의 자동조정장치 도입이다. 일본식의 '매크로 슬라이드' 개념과 유사한 방식을 제안했다. 자동조정장치란 "인구·경제 상황변화를 연금지급액에 연동시켜 연금제도가 지속가능할 수 있도록 자동으로 조정하는 장치"를 의미한다. 출생률 감소로 연금 가입률이 떨어지고 기대여명 증가로 연금 받는 기간이 늘어나, 연금재정에 미치는 부정적인 영향만큼을 연금지급액에서 삭감하는 조치이다. 이미 OECD 회원국의 70%가 이 제도를 도입했다.

'연령별 국민연금 보험료 차등 부담'도 제안했다. 중·고령 세대가 젊은 세대에 비해 높은 소득대체율을 적용받는 점을 고려했다. 정부가 제시한 차등 보험료 부담은 현재 9%인 국민연금 보험료율을 13%까지 4% 포인트를 인상함에 있어, 세대별로 인상속도를 달리하는 방안이다. 구체적으로 50대는 매년 1% 포인트, 40대는 0.5% 포인트, 30대는 0.33% 포인트, 20대는 0.25% 포인트 인상하되, 인상 속도만 달리할 뿐 결국은 13%까지 인상하는 방안이다. 보험료를 납부할 기간이 얼마 남지 않은 중·고령층을 대상으로 더 빨리 보험료를 인상하여 연금개혁 방향에 대한 젊은층 불만을 달래겠다는 의도가 있다.

'국민연금 의무납입연령을 5년 상향 조정'하는 방안을 검토하겠다고도 했다. 국민연금 의무납입연령, 즉 직장에서 보험료를 절반 부담하는 나이인 의무납입연령을 현재의 59세에서 64세까지 5년 연장하는 방안을 신중하게 검토하겠다는 것이다. 명목적인 소득대체율(현재 40년 가입 기준으로 42%)보다는 연금 가입 기간을 늘려서 실질 소득대체율을 올려주는 것이 노후소득 강화에 도움이 될 수 있다고 본 것이다.

연금 지급을 국가가 보장하는 '국가 지급보장조항' 도입도 제안했다. 국민연금을 받을 수 있을지에 대해 불안감을 느끼는 청년층을 겨냥한 대책이다. 야당에서는 이미 국회의원 3명이 국민연금지급보장법안을 발의했다. 65세 이상 70%에게 지급하고 있는 기초연금을 소득수준에 따라 단계적으로 월 40만원까지 모두 올리겠다는 내용도 발표했다.

## 2) 정부 연금개혁안 평가

필자가 정부안을 평가하자면, 연금개혁 관련하여 정부가 설정한 제도의 지속 가능성, 세대 간 공정성, 노후 소득보장으로의 우선순위는 적절해 보인다. 특히 자동조정장치 도입과 의무납입연령 연장, 퇴직연금 강제가입 검토는 높게 평가할 수 있을 것 같다. 반면에 소득대체율 인상, 지급보장, 기초연금 인상에 대해서는 매우 비판적인 입장이다. '소득대체율 42%-보험료율 13%'의 정부안은 지난 5월 국회 논의 때의 '소득대체율 44%-보험료율 13%'보다 1825조 원의 미적립부채(연금을 지급하기로 약속했으나 부족한 금액)의 증가 속도를 감소시킨다. 문제는 미적립부채 규모 증가 속도만 줄어들 뿐이고 미적립 부채의 절대 액수는 계속해서 늘어나기 때문에 소득대체율 2% 포인트를 인상하는 정부안을 비판하는 것이다.

젊은 세대의 불안을 덜어주기 위한 지급보장에 대해서도 필자는 매우 부정적이다. 지급보장이 연금개혁을 소홀히 할 주요 동인이 될 가능성을 우려하기 때문이다. 지급보장 관련하여서는 추상적인 문구를 사용하되, '지속가능한 연금개혁이 자동으로 이루어지도록 한다'는 조항 명시가 반드시 필요하다. 소득 하위 70% 모든 노인에게 기초연금을 40만원까지 인상하는 것에 대해서도 비판적이다. 이미 기초연금 수급자 3분의 1은 빈곤한 노인이 아닌데도, 빈곤한 노인과 동일한 액수의 기초연금을 받고 있어서다. OECD도 한국 기초연금이 가성비가 매우 낮은 제도라며, 취약 노인에게 더 혜택이 갈 수 있게 운영하라고 권고하고 있다.

반면에 정부가 제안한 자동조정장치 도입은 우리 연금개혁 논의에서 가장 큰 의미를 부여할 수 있는 사안이다. 지금까지 알려진 바로는 기대만큼 강도가 높은 자동조정장치가 아니라는 점에 문제가 있어 보인다. 당초 기대한 것과 달리 미세조정하는 방식이 될 가능성도 있어 보여서다. 정부안 발표 이후 야당이 주최한 토론회에서는 정부의 자동조정장치가 연금액을 20%나 깎는 '자동깎기 장치'라고 비판했으나, 지금 알려지는 내용만으로는 정확한 평가가 아닌 것 같다. 소득대체율 삭감이 아닌, 첫 연금 결정 후의 매년 연금액 연동방식에 적용되는 자동조정장치라서 그렇다. 오히려 정부 개혁안에서 예상되는 재정안정 효과의 상당 부분은 기금 투자 수익율을 향후 70년 동안에 걸쳐서, 매년 1% 포인트 더 올리는 공격적인 투자 포트폴리오로부터 발생하게 되어있다. 이러한 접근에 대해 필자는 매우 비판적이다. 기대 수익률을 높일수록 투자 위험 역시 커져서다.

이같은 우려에도, 자동조정장치 도입, 세대별 보험료 차등 부담, 의무납입연령 상향 조정, 퇴직연금 가입 의무화 추진은 제대로 된 방향 설정이라 할 수 있다.

### 3) 2024년 하반기 연금개혁 논의 전망

그동안 정부보고 개혁안을 내놓으라고 독촉하던 야당은 정부 개혁안이 나오자마자 비판 일색이다. 필자 같은 연구자에게는 다소 미흡해 보이는 개혁안이나, 야당이 그토록 비난만 할 안인 지에 대해서는 동의하기가 어려워 보인다. 지난 5월 국회 특위에서 논의되었던 안과 비교하면, 제도 지속 가능성과 세대 간 공정성을 더 강조하고 있어서다. 공적연금강화란 명목으로 국민연금 소득대체율을 지금보다 더 올리자는 야당 입장과는 결이 달라서다. 특히 연금 자동조정장치와 세대 간 보험료 차등부담에 대해 강하게 비판하고 있다. 자동조정장치는 '자동삭감조치', 보험료 차등부담은 '세대 간 갈라치기'로 공격하고 있다.

정부와 여당은 정부가 제안한 연금개혁안에 국민연금뿐 아니라 퇴직연금과 개인연금까지 포괄하는 구조개혁 속성이 많이 포함되어 있다 보니, 국회의 여러 상임위와 여·야·정 협의체를 구성하여 폭넓게 연금개혁 논의를 진행하자고 야당을 압박하고 있다. 반면에 야당은 기존에 해왔던 것처럼 국회 보건복지위원회에서 국민연금 모수개혁에 한정하여 논의하자는 입장이다. 21대 국회에서 논의했던 '소득대체율 44%-보험료 13%' 연장선상에서 논의하자고 하고 있다. 이러한 주장은 여당과 야당의 국회 의석 분포 지형과 맞물려 있다. 국회 보건복지위원회는 야당 의원이 다수인지라 야당 주도로 연금개혁 논의를 이끌어갈 수 있어서다.

## 글을 맺으며

현재 대한민국은 제대로 된 연금개혁의 갈림길에 있다. 21대 국회 말에 '개혁안으로 포장된 개악안'이 그 어려운 여건 속에서도 정치적인 압력을 견디어 내면서 통과되지 않았던 것은 천만다행이라고 할 수 있다. 이미 OECD 회원국 70%는 자동조정장치를 도입했다. 전 세계적으로도 전례가 없다고 비판받는 '세대별 보험료 차등 부담'은 핀란드 등 외국의 사례도 있다. 연금 지급보장은 야당이 오래전부터 도입하려 했었다. 연구자인 필자는 여러 측면에서 정부 개혁안이 미흡하다고 비판할 수밖에 없다. 그런데 정치권에서도 그리할 일인 지에 대해서는 이해하기가 어렵다. 지속 가능성과 후세대의 부담 경감을 고려한다면 뾰족한 대안이 없어서다. 정치권에서 화려한 수사들을 동원하고 있으나, 연금은 그저 돈이 들어오고 나가는 제도일 뿐이라서 그렇다.

큰 틀에서 볼 때 정부의 연금개혁 방향은 적절해 보인다. 각론에서 보면 문제가 될 수 있는 부분도 있다. 연금을 더 지급하자는 야당의 주장이 계속되는 한, 정부 혼자서만 뼈를 깎는 개혁을 주장하기는 어려워 보인다. 적어도 정치공학적으로는 그렇다는 말이다.

이 정도는 개혁해야 우리 연금제도의 지속 가능성 확보를 위한 초석을 다질 수 있는 길이라는 점을 대통령이 국민에게 호소하여 국민의 지지를 받을 수 있도록 총력을 기울여야 할 것 같다. 이미 연금개혁의 골든타임을 놓친 대한민국호의 생존을 위해 더 이상 머뭇거릴 시간이 없다. 최근 청년단체 모임인 바른청년연합이 "국민연금 폭탄 돌리기 스톱(STOP)"을 외치며, 포퓰리즘을 조장하는 국회의원 낙선 운동 및 1000만 명 서명운동을 하겠다고 했다. 지난 5월 야당 대표와 국회의장은 개혁 시급성을 강조했다. 개혁이 늦어질수록 하루 1000억 원 이상의 부채가 늘어난다고도 했다. 이미 4달 넘게 지났으니 상황은 더 나빠졌다. 중립적인 관점에서 다양하게 여론을 수렴하면서, 책임 의식을 가지고 연금개혁 논의를 시작해야 한다. 그렇게 하는 것이 국회의 기본 책무가 될 것 같다. 2025년이 지속가능한 연금개혁의 원년이 될 수 있도록 우리 사회 구성원 모두가 눈을 부릅뜨고 연금개혁 논의를 지켜봐야 한다. '개혁이라는 이름으로 연금 개악안'이 통과되는 것을 막기 위해서다.

## 18. 차세대

# MZ세대의 직업윤리(work ethic) : 세대 갈등을 넘어 세대 공감을 향해

**함인희** 이화여대 사회학과 명예교수

MZ세대의 직업윤리 특성을 탐색하는 이 글에서는,
평생직장 개념이 사라진 상황에서 즉각적 보상에
민감한 반응을 보이는 개인주의적 성향, 조직을 향한
충성보다 업무를 향한 몰입과 자신의 성장을 중시하는 태도,
그리고 일과 라이프의 균형을 직업 선택 기준으로
꼽는 트렌드에 주목한다. 향후 과제로는
사회적 비용부담이 높은 세대 갈등을 넘어 다양성의
시너지에 기반한 세대 공감 전략을 모색해 본다.

이화여자대학교 사회학과 명예교수, 전 사회대 학장, 전 가족사회학회 부회장. 『인간행위와 사회구조』, 『가족난민』(공역), 『문화로 읽는 페미니즘』, 『가족과 친밀성의 사회학』, 『오늘의 사회이론가』(공저).

## MZ세대, 그들은 누구일까?

"파리올림픽에서 한국 선수들의 '예상을 뛰어넘는 선전'은… 당초 금메달 5개를 예상했으나… 최고 성적을 거둔 2012년 런던올림픽(금메달 13개 종합순위 5위)도 넘을 수 있을 것으로 기대된다. 기성세대는 대체로 신세대를 불안하게 바라보지만, MZ세대 선수들의 역량과 자세는 글로벌 일류임을 새삼 확인시켜 주기에 충분하다"(문화일보, 2024. 8. 5).

2024년 여름밤을 뜨겁게 달군 파리올림픽 대한민국 대표팀의 선전(善戰), 그 중심에 MZ세대의 활약이 있었다는 내용이다. 그들은 공정경쟁을 통해 선발되었으며, 과정은 즐기고 결과엔 당당했다고 평가하고 있다. 이 기사에서는 MZ세대를 1990년~2010년생으로 규정하고 있다.

위키피디아에서는 MZ세대를 밀레니얼 세대와 Z세대를 통틀어 지칭하는 대한민국의 신조어라 정의하고 있다. 밀레니얼 세대는 X세대와 Z세대 사이의 인구통계학적 집단으로, 전기 밀레니얼(1981년~1988년)과 후기 밀레니얼(1989년~1996년)로 구분하기도 한다. Z세대는 밀레니얼 세대와 알파 세대 사이의 인구통계학적 집단으로, 1990년대 중·후반과 2000년대 초반 출생자라 본다. Z세대 구성원들은 어린 시절부터 인터넷과 디지털 기술과 함께 성장한 "디지털 원주민"의 특성을 갖는다고 본다.

MZ세대라는 표현이 최초로 등장한 것은 20대 전문 연구기관인 〈대학내일 20대 연구소〉가 2018년 11월 발간한 보고서 『트렌드 MZ 2019』로 알려져 있다. MZ세대를 1980년~2004년생으로 정의한 이 보고서를 따라, 이후 언론과 각종 마케팅 홍보자료에서 'MZ세대'가 빈번하게 쓰이며 확산됐다는 것이 정설이다.

세대 논의에서 세대 구분은 세대 정서와 더불어 매우 중요한 이슈이다. 그럼에도 누가 MZ세대인가에 대해서는 그 경계가 유연하게 설정되어 있다. 그만큼 세대를 정의하는 일이 간단치 않음을 보여주는 실례라 하겠다. 인간 경험의 다중(多重)성을 전형적으로 드러내는 세대의 중요성에 본격적인 관심을 기울인 최초의 인물은 독일의 사회과학자 칼 만하임이다. "사회 변화의 역동적 과정 속에서 생물학과 역사가 만나는 지점에서 형성되는 사회현상"(Manheim, 1927)이라 규정한 그의 세대 정의는 지금도 고전으로 남아있다.

세대 연구자 대부분이 동의하는 일반적 세대 구분은, 1955년~1964년생은 베이비 붐 세대, 1965년~1979년생은 X세대, 1980년~1989년생은 Y세대, 1990년~1999년생은 Z세대라 칭한다. MZ세대의 M은 밀레니얼의 첫 글자로 20대에 21세기를 맞이한 세대를 의미한다. Y세대가 M세대가 된 셈인데, 실상 M세대와 Z세대는 하나의 범주로 묶기 어려운 이질적 세대라는 비판도 있다. Z세대 이후 21세기에 출생한 집단이 자신들이야말로 진정한 밀레니얼이라 주장하기도 한다. 이 글에서는 1980년대 Y세대와 1990년대생 Z세대를 묶어 20대~40대를 MZ세대로 규정하고자 한다.

## MZ세대의 세대 정서

각 세대는 고유한 '세대 정서'를 공유한다. 세대별로 정체성의 차이, 가치관 및 행동양식의 차이, 경험 세계의 차이 등을 보이고 있는 것이다. 세대 정서는 20대 초반에 경험하는 의미있는 사회적 사건에 의해 구성된다. 20대 초반이야말로 개인의 생애주기에서 자신의 정체성을 공고히 하는 가운데, 이를 토대로 커리어를 구축하고 배우자를 선택하는 과업을 수행하는 시기라는 점에서, 중요한 세대 정서의 핵심이 형성되는 시기로 본다.

MZ세대와 기성세대 간의 간극은 한국 사회의 정보화라는 거대한 사회 변동 과정에서 형성되었다. 양 세대는 정체성 및 가치관 형성 과정에서 사이버 공간의 확산에 직접적 영향을 받았다. MZ세대는 디지털 환경에 대한 인지적 동화 작용을 겪음은 물론, 디지털 매체 자체가 그들의 신체 '옵션(option)화'(신체의 일부로 인식한다는 의미) 되면서 특유의 의사소통 구조를 형성하게 되었다. 기성세대가 정보를 얻기 위한 수단으로써 디지털 매체를 이용한다면, MZ세대는 의사소통의 도구 및 여가 활용의 공간으로 받아들인다. MZ세대 다수가 디지털 기술을 자연스럽게 구사할 수 있다는 공통점과 그들만의 언어 세계를 구축하고 있다는 점에서, 기성세대와 차별화된 그들만의 세계를 형성해가는 측면이 강하다 할 수 있다.

다만 MZ세대에 대한 평가는 긍정과 부정이 교차한다. 사이버 공간에 익숙한 MZ세대는 아이디어의 참신성과 창조력에 있어서는 이전 세대와 비견될 수 없을 정도로 뛰어나다는 평가를 받지만, 다른 한편에서는 무늬만의 개성일 뿐 복제화된 개성이 대부분이고 정체성이 분명치 않다는 비판도 제기되고 있다.

흥미로운 사실은 이들 MZ세대가 자녀 양육 및 교육에 헌신하는 '집중 모성(intensive mothering)'을 구현하기 시작한 베이비부머 및 X세대의 자녀 세대로서, 경제적 실용주의와 정치적 보수주의를 표방하고 있으며, 또한 탈정치 성향이 강하다는 점이다. 특별히 IMF 외환위기 이후 본격화된 고실업 사회 진입 및 청년 실업율 증가는 산업화 및 민주화 세대로 불리는 기성세대와 정보화 세대를 대변하는 MZ세대 사이의 간극 확대의 주요인이라 할 수 있다.

밀레니얼 세대의 사회 진출이 시작된 이후, 청년세대의 분노를 표출하는 대표적 담론으로 N포 세대, 88만원 비정규직 세대, 헬조선, 금수저 흙수저론, 노오력의 배신, 『우리는 차별에 찬성합니다』(오찬호, 2013) 등이 등장했다. 좌파 성향의 진보적 지식인에 의해 주도되고 있는 한국의 청년세대 담론은 MZ세대의 현주소를 해석함에 경제적 요소가 과도하게 강조되고 있고, 분노와 좌절 등 부정적 측면에 초점이 맞추어지고 있다는 한계를 보인다는 평가도 있다(단편선 외, 2010).

그럼에도 고도성장기를 지나면서 계층 구조가 공고화됨에 따라 부의 양극화가 진행되는 과정에서 청년기에 진입한 MZ세대의 경우, 계층 상승 이동의 가능성이 매우 희소하다는 점과 이들이야말로 금수저 흙수저론이 대변하듯 동년배 내부의 경제적 양극화가 그 어느 때보다 확대된 집단이라는 점은 주목할 필요가 있다(조귀동, 2020). 이들의 세대 정서에서 결과의 평등보다 과정의 공정을 중시하는 경향이 강하게 나타나고 있음은 이들이 직면한 사회경제적 상황과 무관치 않음은 물론이다.

## MZ세대의 직업윤리(Work Ethic)

최근 조직 심리학 및 경영학 분야에서는 조직 내 밀레니얼 세대를 주제로 한 연구가 폭발적으로 증가하고 있다. 사회 변화의 가속화로 인해 동일 조직 내에 3세대 혹은 4세대가 동시에 공존하는 세대의 세분화가 진행되고 있기 때문이다. 소수의 베이비 붐 세대와 더불어 X

세대, Y세대, Z세대가 동일 공간 안에서 상호작용 및 소통을 해야 하는 상황이 도래하면서 세대를 기반으로 한 다양성 매니지먼트의 중요성이 핵심 이슈로 부상 중이다.

미국에서는 최근 4년 사이 밀레니엄 세대의 비중이 조직 구성원의 14%에서 32%로 2배 이상 증가했다(딜로이트, 2020). 조직 사회학 분야에서는 로자베스 M. 켄터가 제기한 19%의 법칙에 주목하는데, 어느 소수집단이든 19%를 넘어서면 소수집단의 지위를 벗어나 조직문화의 변화를 추동할 수 있다는 것이다. 양(number)의 변화는 필히 질(quality)적 변화를 수반하기에, 밀레니엄 세대가 다수를 이루게 되면서 기존의 조직문화에 대해서도 근본적인 패러다임의 전환을 요구하는 상황이 발생하고 있다.

한국의 MZ세대든 서구의 신세대든 글로벌 차원에서 수렴 중인 이들 세대만의 특징을 열거해보면 a. 자신을 향한 높은 기대(High expectations of self): 신세대는 동료나 선배보다 더욱 빠르게 더욱 효율적으로 일하기 위해 노력한다. b. 고용주를 향한 높은 기대(High expectations of employers): 신세대는 자신들의 성장과 발전에 깊이 몰입하면서 부하 직원을 공정하게 대하는 매니저를 원한다. c. 끊임없는 학습(Ongoing learning): 신세대는 끊임없이 창의적인 도전을 시도하며 자신의 동료를 지식과 정보의 보물창고로 간주한다. d. 즉각적 책임감(Immediate responsibility): 신세대는 출근 첫날부터 자신이 조직을 향해 의미있는 영향을 미치기를 원한다. e. 목표지향성(Goal-oriented): 신세대는 촉박한 데드라인 하에 작은 목표를 성취함으로써 스스로 자신이 담당한 업무의 주인공이길 원한다(Seemiller and Grace, 2019).

세대 담론은 넘쳐나나 MZ세대에 초점을 맞춘 경험적 데이터는 상대적으로 희소한 상황에서, 조직 내 세대별 특성에 주목한 2018년의 온라인 설문조사 결과와 2022년의 심층 면접 자료[1]를 중심으로 MZ세대의 직업 윤리를 간략히 정리해보기로 한다.

그림 1은 설문조사를 통해 발견한 바, 이론적 세대 구분과 실제 조직 내 세대 구분 사이에 일련의 격차가 있음을 보여주는 흥미로운 자료이다. 곧 출생 연도에 따르면 X세대에 속하지만 조직 내 행동양식에 있어서는 B세대적 특성을 보이는 경우가 나타나고 있고, Y세대에 속하지만 조직 안에서는 X세대적 특성을 보인다는 점에서, 조직 안에서는 실제 연령 대비 기성세대 군이 보다 두텁게 포진해 있다 할 것이다.

그림 1_ **조직 내 세대와 이론적 세대의 차이**[2]

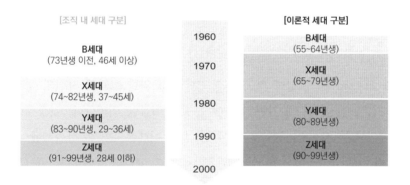

---

1 설문조사 및 질적 연구 결과는 〈신세대 이해와 소통: 세대 공존 보고서〉 (대기업경제연구소, 미발표) 참조. 2018년 온라인 조사는 1월 5일~20일 사이 대기업 및 중소기업 임직원 1,800명을 대상으로 실시되었고, 2022년 심층 인터뷰는 코로나19로 인한 일시적 위기 상황에서 필자 개인이 수집한 자료임을 밝혀둔다.
2 조직 내 세대 구분의 연령은 2018년 조사 당시 연령을 지칭한다.

기성세대와 MZ세대 사이에는 조직 내 행동양식에서 만만치 않은 세대 격차가 존재한다. 기성세대는 장기근속 내지 평생고용에 대한 기대를 안고 직장에 첫발을 내디디면서, 직장에 대한 강한 소속감과 충성심을 토대로 '묵묵히 일하면 언젠가는 인정받을 수 있으리라'는 신념 하에 적당한 수준의 희생과 헌신을 자연스럽게 내면화해왔다. 반면 평생직장에 대한 기대 없이 직장생활을 시작한 MZ세대는 '이직은 능력의 증거'라는데 동의하며 '보상받는 것만큼만 일할 것'이기에 구체적이고 즉각적인 보상을 원한다. 강한 개인주의를 특징으로 하는 MZ세대는 조직을 향한 충성심보다는 자신의 적성에 맞는 업무를 통해 성장과 발전을 도모하는 동시에 자신의 고용가능성을 높이고자 하는데 일차적 관심이 있다(송길영, 2023). 나아가 불확실하고 불안정한 미래에 투자하기보다는 '소확행'(작지만 확실한 행복)을 추구하기도 한다.

워라밸(일과 삶의 조화)도 세대 충돌이 두드러지는 이슈 중 하나이다. ILO(세계노동기구)는 워라밸의 정의로 안정되고 품위있는 일자리(decent work), 건강한 가족과 행복한 부모 역할 그리고 자신의 성장을 위한 투자, 이 세 가지 사이에 균형을 이룸을 의미한다. 기성세대는 '일이 곧 삶이요 삶이 곧 일'인 "일 우선 이데올로기"를 학습해왔다. 반면 MZ세대는 일을 더욱 잘하기 위해 삶을 양보할 수 없다는 인식을 갖고 있다. 덕분에 일과 라이프 중 더 중요한 것을 선택하라 한다면 일보다 자신의 삶을 선택하겠다는 의지를 분명히 갖고 있다. 자신의 휴가나 여가를 희생하면서 회사 일을 감당했던 X세대로서는 워라밸을 외치며 당당히 여가와 휴가를 즐기는 Z세대를 보면서 이질감을 느낄 것이 분명하다. 워라밸을 중시하는 태도는 글로벌 시장에서 신세대를 중심으로 문화적 차이를 넘어 공통적으로 나타난다(피터슨, 2021).

2018년 한국행정연구원 주관하에 한국사회 소통의 현주소를 파악하기 위한 조사가 이루어졌다. "귀하는 다음 집단과 소통이 어느 정도 이루어지고 있다고 생각합니까?"라는 질문에, 가족 간 소통이 87%로 가장 높게 나타났고 다음은 직장 구성원 간 소통이 73%로 뒤를 이었지만, 세대 간 소통은 38%로 가장 낮게 나타났다.

『압축적 근대화』(장경섭, 2009)[3] 과정에서 농축적 변화를 경험해온 한국사회는 다른 사회와 비교해볼 때 매우 다양한 세대가 생성되고 매우 빠른 속도로 분화되어온 사회임이 분명하다. 사회변화 과정에서 필연적으로 자연스럽게 발생한 세대 간극이 불필요하게 과도한 세대 갈등으로 전환되고 있음은 한국사회의 아킬레스건이라 해도 과언이 아닐 것이다. 세대 갈등 또한 여타의 사회 갈등과 동일하게 사회적 비용을 발생시킴은 물론이다. 현재 세대 갈등으로 인한 사회적 비용의 규모가 얼마인지는 확실치 않으나, 과도한 갈등으로 인해 불필요한 비용을 치르고 있음은 분명하다.

세대 갈등을 유발하는 원인으로는 다음 5가지가 지목되고 있다.

첫째, 기업 조직의 다세대화(化): 사회 변화 속도가 완만하던 상황에서는 기업 내 세대 분화가 두드러지지 않았으나, 사회 변화가 가속화되면서 차별화된 세대정서를 공유하는 다양한 세대가 분화되는 결과를 가져옴으로써 조직 내 세대 갈등을 유발하게 되었다고 본다.

---

3  압축적 근대화(compressed modernity)란, 방향은 서구의 근대화와 동일하게 이루어져왔으나 매우 빠른 속도로 진행됨에 따라 전통과 근대와 탈근대가 동일한 공간 안에 나타남을 의미하는 개념이다. "비동시적인 것의 동시성"이란 측면도 포함되어 있다.

둘째, 세대별 이해관계 및 이상적 가치의 충돌: 각 세대는 세대 정의에 내포된 바 서로의 이해관계를 달리하고 있고 이상적 가치와 규범에 대해서도 이견과 차이를 전제로 하는 만큼, 이로 인한 갈등은 필연적이라 할 수 있다.

셋째, 세대 간 근거 없는 고정관념 및 편견: 세대는 객관적 근거나 합리적 자료의 뒷받침 없이 유통되는 고정관념 및 편견에 노출되는 경우가 많다. 일례로 밀레니얼 세대는 지나치게 자기중심적이다, 책을 멀리해서 무식하다, 생각하는 힘이 약하다, 개성을 추구하는 것 같지만 복제된 개성이다, 콘텐츠가 빈약하다 등의 부정적 평가가 널리 회자되고 있다. 이러한 편견이나 고정관념은 상대방에 대한 오해를 불러일으킴으로써 갈등을 유발하는 요인이 됨은 물론이다(박길성 외, 2005).

넷째, 미디어의 갈등 조장: 미디어가 각 세대를 포착하는 방식이 세대 갈등을 조장 (manipulate)하기도 한다. 세대 개념은 이미지와 메타포, 슬로건의 격전장임이 분명하다. 일례로 미국에서도 대공황과 제2차 세계대전을 경험한 "위대한 세대"(Great Generation)와 전후 출생한 베이비 붐 세대 간 갈등이 매우 심각하다. 전자는 후자를 이기적이고 무책임한 Me 세대, 반전주의자 등으로 표상하고 있고, 후자는 전자를 명분을 앞세우는 위선자라고 공격하고 있다(Steinhorn, 2006).

다섯째, 디지털 테크놀로지 활용 스킬의 차이: 디지털 네이티브의 경우 디지털 테크놀로지 활용이 매우 유연한 반면, 기성세대의 경우는 기술 변화 속도를 따라가지 못하는 경우가 많다. 이로 인해 세대 간 갈등 내지 충돌이 일어나고 있다.

한국의 조직문화에서 세대 갈등은 윗세대가 아랫세대를 관리한다는 인식이 전제되어 왔다. 서구와 비교해볼 때 다양성 매니지먼트 경험이 부족한 한국의 조직문화에서 갈등은 부정적인 것, 비합리적인 것, 해소되어야 할 것으로 인식됨에 따라, 관리와 통제의 대상이 되어온 것은 부인할 수 없는 사실이다. 조직을 향한 몰입(commitment) 혹은 충성심, 더불어 완벽한 동화(assimilation)를 중시해온 한국의 조직문화에서 세대는 '길들임'의 대상이라는 인식이 암암리에 전제되어 있기도 하다.

그 결과 지금까지는 신세대로 하여금 입사와 더불어 기존의 조직 문화에 동화될 것을 기대하고 요구해왔다(전상진, 2018). 동화 모델은 동질성(homogeneity)을 기반으로, 동조성(conformity)을 중시하는 특징을 갖는 동시에, 갈등을 부인하고 기계적 통합에 가치를 부여하기도 한다. 여기서 통합을 의미하는 영어에 unification과 integration 두 가지가 있음은 시사하는 바가 크다. 전자는 동질성을 전제로, 분열된 상황을 통일시키고자 하는 의미를 담고 있고, 후자는 이질성 및 다양성을 전제로, 보편적 가치 및 룰에 따라 공동의 목표를 추구함을 의미한다.

사회구조적 차원에서 통합을 논의할 경우는 구성원 간 이해관계의 다양성 및 충돌을 전제로 민주적 룰을 정립한 연후에 구성원 다수가 인정할 수 있는 보편적 가치로서의 자유, 정의, 공정성, 인권 등을 추구해감을 뜻한다. 사회구조적 차원에서 통합이 성공적으로 진행될 경우, 집단 간 사회적 거리가 축소되고 가치관 및 행위양식의 간극도 줄어들게 된다.

조직 내 세대 공감을 정의한다면, 세대 간 이질성 및 다양성을 전제로, 세대 간 갈등의 슬기로운 조정과 극복을 통해 공동의 목표를 추구해가는 과정을 의미한다 할 것이다. 나아가 세대 간 유기적 협력(cooperation)과 평화로운 응집력(cohesiveness)을 실현함을 뜻한다.

실제로 세대 공감을 위한 덕목을 주제로 워드 클라우딩을 실시한 결과, 이해·배려·존중·소통 등의 단어가 제시되었다(**그림 2** 참조). 곧 세대별 세대정서, 세대별 특성, 가치관 및 태도, 행동양식 등을 이해하도록 하고, 서로를 배려하고 존중해주며 활발한 소통이 필요하다는 의견이 제시되었다.

여기서 한 걸음 나아가 다른 세대를 향한 "사회적 인정"(social recognition) 및 신세대를 향한 고정관념 및 편견의 극복도 필수적이다. 우리는 신세대에 대한 myth(고정관념이나 편견)를 갖고 있다. 일례로 신세대는 소통 기술이 열악한 job-hoppers들이라는 편견이 있지만, 신세대도 도전적 업무를 제공해주는 직장이나 자신의 발전이 가능한 직장을 발견하게 되면, 그대로 머물 가능성이 높다. 오프라인보다 온라인 소통을 선호한다는 것, 회식과 야근은 무조건 기피한다는 것 또한 고정관념으로 밝혀졌다.

그림 2_ **세대 공감을 위한 덕목의 워드 클라우딩 결과**

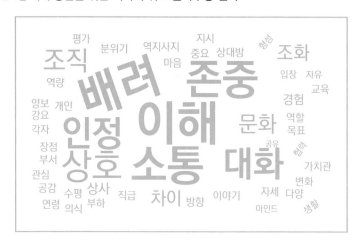

조직 내 세대 갈등을 넘어 세대 공감을 향해 가는 길은 우리 모두 이미 답을 알고 있는 듯하다. 관건은 어떻게 실천할 것이냐 여부일 텐데, 실용성과 효율성을 중시하는 MZ세대라면 그 답을 실천에 옮길 수 있으리라 희망한다.

### 참고문헌

박길성 · 조대엽 · 함인희(2005). 『현대 한국인의 세대 경험과 문화』. 집문당.

송길영(2023). 『시대 예보: 핵개인의 시대』. 교보문고.

오찬호(2013). 『우리는 차별에 찬성합니다: 괴물이 된 이십대의 자화상』. 개마고원.

장경섭(2009). 『가족 생애 정치경제: 압축적 근대성의 미시적 기초』. 창비.

전상진(2018). 『세대 게임: 세대 프레임을 넘어서』. 문학과 지성사.

전아름 · 박연(2010). 『요새 젊은 것들—88만원 세대 자력갱생 프로젝트』. 자리.

조귀동(2020). 『세습 중산층 사회』. 생각의 힘.

Deloitte Consulting(2020). *Human Capital Trends*. Deloitte.

Mannheim, Karl(1997). "The Problem of Generations." ed. M. Hardy. *Studying Aging and Social Change*. Sage Publications, 22–65.

Peterson, Anne Helen(2020). Can't Even. Dey Street Books. 박다솜 옮김 (2021). 『요즘 애들』. 알에이치코리아.

Seemiller, Corey and Meghan Grace(2019). Generation Z: a *Century in the Making*. Routledge.

Sheahan, Peter(2005). Generation Y and Surviving: *Thriving With Generation Y at Work*. Hardie Grant Books.

Steinhorn, Leonard(2006). *The Greater Generation: In Defense of the Baby Boom Legacy*. St. Martin Griffin.

문화일보(2024. 8. 5). MZ세대 에너지 보여주는 파리올림픽과 대한민국 저력. 사설.

## 19. 다문화

# 다문화사회로 가는 여정 :
# 2025년, 갈등과 통합의 기로

**이정옥** 대구가톨릭대 명예교수, 제8대 여성가족부 장관

2025에는 이주에 대한 갈등이 증폭될 것으로 예상한다.
열린 다문화사회로 나아갈 것인가 닫힌 보호주의적
민족주의에 안주할 것인가 갈림길에 서게 된다.
이민정책의 통합을 둘러싼 논의가 무성해질 것이다.

대구가톨릭대 명예교수, 전 다문화연구원장, 전 사회적 경제 대학원장, 전 데모크라시 인터내셔널 이사, 제8대 여성가족부 장관. 저서로 『글로컬 시대의 한국 시민사회의 이해』, 『가족과 젠더의 사회학』, 『지구촌 사회의 이해』, 『가족관계의 변모와 여성 문제』(공저), 『경계의 여성들』(공저), 『직접민주주의로의 초대』(번역) 등 다수

# 상상적 호모 노마드(Homo Nomad)[1] 현실적 유리 장벽

　2025에는 이주에 대한 '욕망'도 늘어나고 이주 자체도 늘어나지만 동시에 이주에 대한 규제도 늘어나게 될 것이다. 인터넷을 통한 정보의 개방으로 몸이 국경을 넘기 전에 이미 마음이 국경을 넘는 시대이다. 상상적 국경 넘기가 일상화되면서 호모 노마드, 노마디즘이라는 용어도 익숙해졌다.[2] 그렇지만 동시에 이주에 대한 현실적 규제도 늘어나고 있다.

　계층이동을 '유리천장 깨기'라는 용어로 표현했다면, 이주에 대한 규제는 '유리 장벽'[3] 때로는 '전기철조망 벽'으로 구체화된다. 국경 안에서 계층이동의 유리천장이 확인될 때, 국경을 넘는 공간이동을 통해 새로운 상승이동의 기회를 엿볼 수 있는 '드림형' 이민은 2025년에도 촉진될 것으로 보인다.[4] '드림형' 이민을 희망하는 만큼 그 희망을 현실화시키는 여행, 유학, 취업 이민, 투자 이민, 결혼 이민 등 이민과 이주의 유형도 다양해진다.[5] 생활비 부담을 줄이기 위한 '은퇴형' 이민도 동시에 늘어날 전망이다. 성별에 따른 이주의 유형도 다르다. 건축 노동 이주자

---

[1]　여기에서 '호모 노마드'는 실제 이주민 그리고 공간 이주를 희망하는 사람들로 한정한다.

[2]　아탈리는 노마디즘을 "공간적인 이동만을 가리키는 것이 아니라, 한자리에 앉아서도 특정한 가치와 삶의 방식에 매달리지 않고 끊임없이 자신을 바꾸어 가는 창조적인 행위를 뜻한다."라고 규정했다(자크 아탈리, 2005). 본문에서의 호모노마드는 '창조적인 행위'까지를 포함하지는 않는다.

[3]　유리 장벽이라는 표현을 쓴 이유는 지구촌이라는 표현으로 이동의 자유가 보장되는 것처럼 느껴지기 때문이다.

[4]　아메리칸 드림, 코리안 드림 등 드림형 이민을 지칭하는 용어가 일상화되어 있다. 국제 이주기구는 이주자를 바라보는 시선을 배출요인에 의해 밀려난 희생자들이 아닌 생존자로 규정해야 할 것을 권유하고 있다. 인간개발 지수가 높은 경우 이주가 더 활발하게 일어난다.

[5]　'이민'은 한 개인이나 집단이 정착을 목적으로 출신국을 떠나 다른 국가로 이동하는 행위를 지칭한다. 반면 '이주'는 '이민'보다는 더 포괄적인 의미로, 개인이나 집단이 단기적 체류나 영구적 정착을 위하여 국내 이주와 국제 이주 행위를 지칭한다.

는 주로 남성이고 가사도우미, 간병 등은 여성 이주자로 특화된다.

이주민의 숫자도 증가하고 있다. 전 세계 국제 이주자 수는 공식 통계의 집계에 의하면 2022년 말 기준 2억8100만 명으로, 전 세계인구의 3.6%에 달한다(World Migration Report, 2024). 지난 3년간 코로나19로 이주가 제약을 받았다가 이제는 다시 코로나 이전 수준을 회복해 가고 있다. 정주의 기본 안정성이 와해되는 상황에서 발생하는 기후 난민, 전쟁 난민이 증가하면서 이주의 필요성과 요구는 더 증가하고 있다. 난민 수용의 문제가 난민들이 희망하는 목적국에서 정치적 쟁점으로 급부상하고 있다.[6]

## 사회문제 대응책으로서 이민정책의 기획

2025년의 한국 사회는 이주 유형도 다양해지면서 동시에 이주 양도 증가하게 될 것이다.[7] 추계에 의하면, 2025년 체류 외국인 비율은 현재 5.0%에서 5.2%로 증가할 것으로 전망하고[8] 있으며, 국내 체류 외국인 비율의 증가 속도가 다른 나라에 비해 빠르다.[9]

경제성장의 배후지로 작동했던 농촌공동체, 가족공동체 등 '사회공동체'의 영역이 빠르게 해체되고 소멸의 조짐이 명백해지고 있다. 저

---

6  2024년 미국선거에서도 이민문제가 정치적 쟁점이 되고 있다. 대표적인 목적국은 미국, 독일, 영국, 프랑스, 호주, 캐나다 등이다.

7  체류 외국인 비중은 2019년 4.87%, 2021년 3.79%, 2022년 4.37%, 2023년 4.89%이다. 2024년 7월 말 현재 체류 외국인은 2,616,007명(등록외국인 1,434,897명, 외국국적동포 국내거소신고자 547,349명, 단기 체류 외국인 633,761명)이다. (출입국·외국인 정책 통계월보 2024년 7월호)

8  2025년 추계에 의하면 총인구 5168만 명 중 이주 배경 체류 외국인은 268만 명이며, 이중 이민자 2세가 36만 명, 귀화자가 26만 명이다.

9  한국은 1995년 0.2%에서 2020년 3.9%로 증가했지만, 일본은 동 기간 1.1%에서 2.3%로 증가했다.

출생 고령화, 인구의 수도권 집중, 이중 노동시장 구조라는 사회문제에 대한 처방전으로 외국인 유입이 본격화될 전망이다.

결혼이민자를 수용하고[10] 산업노동력의 연수생 도입과 농업 노동력의 계절적 개방에 이어 2024년에는 필리핀 '가사 관리사' 도입이 시범적으로 이루어졌다. 지속가능한 발전으로의 전환을 통해 해체된 사회 공동체를 복원하는 장기적인 정책 대신, '외국인'을 선택한 셈이다. 필리핀 가사 관리사의 시범적 유입은 그간의 외국인 노동자의 유입방식이 민간주도로 이루어진 것과는 차별화된다. 정부 차원에서 저출생 지원이라는 사회문제의 해결을 목적으로 기획됐다. 2025년에는 외국인에게 생산 노동영역뿐만 아니라 서비스 영역까지 의존하면서 한국이 더욱 경쟁력 있는 이민 목적국이 되는 정책 방향에 대한 논의가 본격화될 전망이다. 지방 대학 학령인구 감소에 따른 유학생 유치 등의 활동도 확장될 것이다. 현재 외국인 구인 · 구직을 위한 시장은 분절되어 있는데, 중앙정부(고용노동부, 산업통상자원부 등)의 시장 형성을 위한 중개자 역할에 대한 요구가 늘어날 것으로 보인다.

### 1) 배출국과 목적국의 중첩과 전환 : 국적의 의미에 대한 질문

한국은 다양한 외국인의 목적국이 되었으며 재외동포의 귀환도 활발하게 이루어지고 있다.[11] 역사적으로 한국은 이주의 배출국이었다.[12]

---

10  2024년 7월 말 기준 결혼이민자는 179,106명이다. (출입국 · 외국인 정책 통계월보 2024년 7월호)

11  재외동포 비중이 높고 유학생 비중이 늘어나며, 결혼이민자는 감소 추세다. 2024년 7월 말 현재 외국 국적 동포는 872,380명으로 전체 체류 외국인(2,616,007명)의 33.3%를 차지한다. (출입국 · 외국인 정책 통계월보 2024년 7월호)

12  2023년 기준 해외 한민족은 193개국에 7,081,510명이며 미국과 중국 거주가 절반 이상이다.

조선왕조의 붕괴와 함께 독립운동을 위한 적극적 이주, 식민 통치 정책에 따른 강제 이주, 신학문과 근대문물 습득을 위한 유학 이민, 취업 이민이 활발하게 이루어졌고, 그 결과 해외 한민족은 고려인, 조선족, 재일 교포, 재미 교포 등으로 호명되면서 국적을 넘어 '동포', '한민족'이라는 범주를 구성하고 있다.

2024년 7월 말 기준 한국 국적 취득자는 **7442**명이고, 국적 상실(이탈)자는 1만**4568**명이다. 한국인의 해외 이민도 늘어나고[13] 한국 사회에 거주하는 외국인도 늘고 있다.[14] 한국말을 잘하는 외국인도 늘어나고 한국 국적을 취득한 외국인도 늘어나면서 국적, 영주권, 거주권, 시민권의 개념이 좀 더 분화되고 구체화하는 시기를 맞이한다고 본다. 국적을 취득한 결혼이민자 중에는 이혼 후 본국 출신 외국인 노동자들과 재혼하는 사례도 나타난다. 베트남계 한국인, 필리핀계 한국인, 또는 인도계 한국인 등 다양한 한국인이 구성되고 있다.

징병제에 기초한 군 복무 제도 속에 병역 의무를 자원하는 해외 한인들도 늘어나고 징집을 피하기 위한 해외 국적취득도 늘어나면서 자연스럽게 납세의 의무, 교육의 의무, 병역의 의무 등 국적 의무 조항의 준수에 대한 질문이 더욱 심화할 것이다.

### 2) 이민정책의 통합 : 동화주의와 상호문화주의의 균형 잡기

2024년 이민청 신설에 관한 논의가 부상하면서 이민정책 전반의

---

13　국적취득의 유형은 귀화가 5,603명(중국 출신 3,357명, 베트남 출신 1,431명), 국적 회복이 1,839명이다. 국적 이탈자 국가별 현황은 미국(10,304명), 캐나다(1,530명), 호주(1,081명) 등의 순이다. (출입국 · 외국인 정책 통계월보 2024년 7월호)

14　2024년 7월 기준, 한국 체류 외국인 국적은 중국 975,983(37.3%), 베트남 306,300명(11.7%), 태국 189,353(7.2%), 미국 176,460명(6.7%), 우즈베키스탄 91,577명(3.5%) 등이다. 외국인 유학생은 232,031명이다. (출입국 · 외국인 정책 통계월보 2024년 7월호)

통합에 대한 논의가 무르익고 있다. 그간의 성과와 차이를 인정하는 가운데 균형적 통합이 요구된다. 현실은 동화주의적인 산술적 통합의 위험이 있다. 그간 한국의 이민정책은 '기본 인권'의 문제에 대응하면서 정책의 방향이 구성된 것이다. 다문화가족 지원 정책이 그 대표적 사례이다. 농촌 총각 결혼 문제에 대한 대책으로 도입된 결혼이민(1997)은 다문화가족에 대한 사회적 낙인, 결혼이민자의 자살 등 수많은 사회문제를 공론화한 시민단체의 노력으로 「결혼중개업의권리에관한법률」(2007), 「다문화가족지원법」(2008, 2011)으로 사후적으로 제도화되었다. 「다문화가족지원법」에 따라 여성가족부는 217개 다문화가족 지원센터를 통해 처음에는 한국어와 한국문화를 가르치는 '동화'적 차원의 적응에 역점을 두었다.

센터 차원의 단체 학습을 넘어 다문화가정을 가가호호 방문하여 지원하는 방문지도사가 제도화되었다. '다문화가족'이라는 법적 규정을 기초로 '다문화 감수성', '다문화 교육' 등의 개념으로 확장하였고 더 나아가 '상호문화'적 차원까지 진전되었다. 결혼이민자의 모국 문화를 배워야 한다는 '상호문화'의 개념이 자리 잡게 되었고 코로나19 대응 과정에서 이들 결혼이민자가 모국의 노동자들을 위한 통역 서비스를 담당하여 사각지대 없는 방역망을 구축하게 하는 기반이 되었다.[15] 다문화가족지원센터가 건강가정 지원센터와 통합 운영하게 되면서, 상호문화성이 실질적으로 배양될 수 있는 거점이 구성되었다.

다문화가정은 한국인으로서의 동화 차원을 거쳐 상호문화로까지 나아가면서 한국인 가족의 교육으로 확대하고 있는 통합형을 지향하

---

15 코로나19라는 감염병 문제를 대면하면서 불법 체류, 비정규 체류자의 포용에 대한 문제가 제기되었다.

고 있다. 단기 체류 상태에서 적응적 동화교육을 목표로 하는 외국인 노동자의 상황과는 다르다. 결혼이민자 교육을 외국인 노동자 교육과 통합하게 되면 결혼이민자들을 여전히 동화정책에 묶어놓을 위험이 있다고 본다. 결혼이민자를 통해 구성된 상호문화정책과 단기 체류 외국인노동자의 동화정책에 대한 균형 잡기가 필요해지는 시점이다.[16]

### 3) 2025년, 열린 다문화사회와 닫힌 보호주의의 기로

2025년에는 어떤 다문화사회를 어떻게 구성할 것인가에 대한 본격적인 질문을 하게 될 것이다. 그간 배출국과 목적국의 중첩, 전환이 압축적으로 이루어졌기 때문에 다문화사회를 어떻게 구성해야 하는지에 대한 통합적 구상은 시작 단계이다. 다문화사회의 유형 그 자체가 다양하다. 다양성을 버무리는 방식에서 때로는 용광로형 때로는 샌드위치형을 택할 것이다. 용광로형은 모든 것을 뒤섞어서 제3의 유형을 만들어내는 것이고 샌드위치형은 각자의 특수성을 살리면서 느슨한 통합의 방식을 취하는 것이다.

다문화사회의 반대편에는 문화의 획일성, 폐쇄주의적이고 보호주의적인 특수성에 대한 고착이 자리한다. 다문화사회로 나아갈 것인가 아니면 갈등과 혐오 대립으로 이어지는 해체 수준으로 나아갈지 갈림길에 서 있다고 본다. 전 세계가 보호주의적 성향을 보이는 추세에 영향을 받을 것이다. 여성가족부의 〈2015~2021 다문화 수용성 조사〉

---

16 법무부는 출입국 관리, 체류 자격을 관리한다는 측면에서 '통합'을 위에서는 타 부처와 협력적 파트너십이 필요하다.

에 따르면 다문화 수용성 지수가 낮아지고 있다.[17] 일자리를 선주민에게 먼저 주어야 한다는 의견도 높다.

한국은 이민의 배출국인 동시에 목적국이라는 다중적 입장에서 다문화 체험이 누적되면서 용광로형이든 샌드위치형이든 다문화사회로 나아가는 정책적 의지와 일자리의 기회를 둘러싼 보호주의적 논리가 충돌할 가능성이 커진다. 용광로의 불, 샌드위치의 소스 역할은 글로벌 스탠더드로서의 '인권'이 담당할 것이다. 2025년에는 글로벌 스탠더드로서의 인권에 기반을 둔 문화 다양성 수용을 통해 다문화사회를 사는 시민이 더 많이 만들어질 것을 희망한다.

참고문헌

법무부 출입국법무부 출입국 · 외국인정책본부(2024). 《출입국 · 외국인 정책 통계월보 》, 7월호.

Jacques Attali(2005). *L'Homme Nomade*. Livre de Poche. 이효숙 옮김(2005), 『호모 노마드 유목하는 인간』. 웅진닷컴. .

---

17  2018년에 비해 2021년 전반적으로 낮아졌으며 자국민 우선 고용의견에 79.6%가 동의하고 있다. 다문화 수용성의 척도를 다양성(문화 개방성, 국민 정체성, 고정관념 및 차별), 관계성(일방적 동화 기대, 거부 회피 정서, 교류 행동 의지), 보편성(이중적 평가, 세계시민 행동)으로 조사했다.

# 20. 저출산

## 2025년, 대한민국 합계출산율
## 유지, 반등, 하락의 기로

이재인 대구가톨릭대 사회적경제학과 특임교수

2025년 출산율은 잘해야 추가 하락을 막는 수준일 것이다.
만약 올해 출산율이 2023년 0.72에서 더 이상 추가
하락하지 않는다면, 그 이후는 일정한 구간 내 횡보하는
흐름을 가질 것으로 전망한다. 올해「인구전략기획부」의
신설 및 기타 정책의 도입이 가임 세대의 호응을
얻어 하락 추세를 멈추도록 만드는 것이 매우 중요하다.
한국 사회 특유의 여건 때문에, 향후 선진 제국의
모범적 저출생 정책 수준을 뛰어넘는 획기적인
정책을 구사하지 않으면, 출산율 반등을
담보하기 어려울 것이다.

대구가톨릭대 사회적경제학과 특임교수. (사)서울인구포럼 대표, 전 대구가톨릭대학교 사회학과 교수, 전 (특)한국보육진흥원 원장, 전 청와대 여성가족비서관, 전 여성가족부 여성정책국장. 『대한민국 인구정책, 길은 있는가』(저자, 2023), 『나는 왜 인구전도사가 되려고 하는가(증보판)』(저자, 2020), 서울대학교 교육학과 학사, 서울대학교 사회학과 석사, 이화여자대학교 여성학과 석사, 서울대학교 사회학과 박사, 전 서울대학교 총여학생회장(1980).
이재인(Jae In Lee, 李在仁)

## 들어가며

2023년 한국 합계출산율 0.72은 세계 역사상 최저 기록이다.[1] 2024년 출산율에 대한 전망은 낙관에서 비관을 오락가락한다. 전년도 대비 출생아 수 감소가 계속되고 있으니 더 내려갈 것이라는 비관론과 올해 2분기(4월~6월)의 지표가 개선되는 것으로 보아 최소한 0.7대를 유지할 것으로 보는 낙관론이 공존한다. 개선된 지표는 두 가지다. 출생아 수가 전년 대비 1.2% 늘었고, 통상 출산율의 선행지표라고 하는 혼인 건수가 전년 대비 17.1% 증가했다. 만약 2024년 출산율이 전년도 0.72에서 더 이상 하락하지 않는다면, 25년 이후 출산율은 보합에서 다소 반등까지 전망해 볼 수 있을 것 같다. 그러나 그 경우에도 추세 반등의 모멘텀까지는 기대하기 어려울 것이다.

## 25년도 대한민국의 저출생[2] 전망

내년 출산율은 조심스럽지만 0.7대를 유지할 가능성이 있다고 본다. 물론 이 낙관은 올해 하반기에 정부와 정치권이 적극적으로 이 문

---

1  한국이 1.0 이하로 내려오기 전까지는 세계적으로 우리보다 더 낮은 저출산 몇 개 국가가 있었다. 대만, 마카오, 싱가포르, 홍콩과 같은 유교권 도시국가들이었다. 그러나 코로나19를 지나며 우리가 워낙 가파른 속도로 하락해 이제는 이 국가들조차 우리보다 높은 출산율을 가지게 되었다.

2  최근 '출산율'이라는 용어는 '출생율'로 교체 표기하는 경향이 늘고 있다. '출산율'이라는 용어는 단어 자체에 출산을 여성의 책임으로 돌리는 효과가 내재해 있다고 보기 때문에, 그보다 중립적인 '출생율'이라는 용어를 사용하자는 취지다. 정치적 해석의 논란을 별개로 한다면 두 용어가 지칭하는 바가 서로 다르다. '출생율'는 특정 시기, 특정 지역의 전체 인구 대비 태어난 아이의 비율을 말하는 것이며(몇 명 출생 / 천 명 인구), '출산율'은 전체 가임여성 대비 태어난 아이의 비율을 지칭하는 것으로서(한 명의 여성이 평생 낳을 것으로 예상되는 아이의 수) 엄밀하게 말하면 두 용어의 용례를 구분할 수 있어야 한다.

제에 임해 일정한 성과를 낼 것이라는 전제하의 전망이다. 최근 상황은 2000년대 초와 여러모로 유사한데, 그때 우리는 정책적 개입을 통해 추락하던 출산율을 반등시키고 일정기간 횡보 장세를 유지해 낸 역사적 경험이 있다.

돌이켜보면, 2000년대 초 출산율 수치가 주는 충격은 대단했다.[3] 이른바 초저출산이라 불리는 1.3(2001년)을 역사상 처음으로 깼고 그마저 맥없이 무너지더니 심지어 2005년에는 1.09까지 추락하는 것을 지켜봐야 했다. 당시 여야 정치권은 물론 학계와 언론의 반응은 폭발적이었다. 2002년 연말 대선을 전후하여 이 이슈는 정치권을 뜨겁게 달구면서 관련 입법이 일제히 만들어졌고, 그 덕분에 '출산·양육에 대한 정부 지원'의 시그널을 민간에 내보낼 수 있었다. 그러자 출산율은 회복되었다. 그리고 난 후 비록 초저출산율 1.3을 상회하지는 못했지만 2015년경까지 15년간 1.0~1.3 구간의 박스권은 유지되었다(이재인, 2023, 94~100).

2024년은 묘하게 그때와 닮아있다. 올해 우리는 8년 연속 출산율 수치가 계속 하락하고 있으며, 그것도 1.0 아래에서만 움직이는 경험을 하고 있다. 당시처럼 저출산은 2024년 총선 국면에 여야의 주요 정치 이슈였다. 그 결과 정책적 에너지가 고조되면서 다양한 새 정책들을 쏟아내기 시작했다. 여야 합의와 정부가 획기적 정책을 추진한다면, 출산율 하락을 멈출 수도 있지 않겠느냐는 조심스러운 전망을 해본다.

---

3  이 시기 출산율은 가파르게 하락해 우리나라 인구정책 역사상 가장 떠들썩하게 대응한 시기로 유명하다. 2000(1.48), 2001(1.31), 2002(1.18), 2003(1.19), 2004(1.16), 2005(1.09)으로 1.3 이하 초저출산 행진을 계속한다.

중앙 정부 차원 대책 발표도 전에 없이 활발하게 이어지고 있으며, 특히 최근에는 지방 정부들의 정책 행보[4]가 전례 없이 적극적이다. 올해 윤석열 정부는 「정부조직법」과 「저출산고령사회기본법」에 저출생 정책 부서 신설을 위한 개정안을 제출해 놓은 상태다.[5] 그 법률안이 통과된다면 시행안 등 구체적인 방안이 윤곽을 드러내면서 저출산 정책 20년 만에 처음으로 저출산 정책의 담당 부서와 역할이 개정될 것이다.

사실 지난 20년 간 우리는 적지 않은 노력을 해왔다. 대표적인 것으로서 육아휴직의 유급화(2001), 양육수당(2009), 무상보육(2012), 아동수당(2018) 제도를 도입 또는 확대함으로써 아동 가족 복지 제도의 골격을 선진국 수준으로 끌어올렸다. 한국의 저출산 인구 정책이 이 정도로 선진 각국의 주요 제도들을 대부분 갖출 만큼 성장한 것은 한편 놀라운 면이 있다. 어떠한 복지 제도라 하더라도 도입과 안착에는 이른바 제도의 양생기간이라는 최소한의 시간이 걸린다(이재인, 2023, 217).

만약 정부의 정책적 노력이 결실을 맺어 올해 2분기 출생아 수 반등 및 혼인 건수의 증가가 올해 하반기 이후로도 연결된다면, 당분간 출산율 하락세는 멈출 것이다. 또한 2000년대 초와 같이 한동안 보합세라도 만들 가능성이 있다. 하지만 강한 추세 반등의 모멘텀으로 이어질 가능성은 여전히 낮다.

---

4 2023년 12월 인천시는 아이당 1억 드리는 '아이 드림 프로젝트'를 선포하였다. 또한 경북도는 '저출생과의 전쟁'을 선포하며 저출생 대응 정책 수행을 위한 전담 부서를 신설하고, "저출생과 전쟁, 100대 과제" 발표하여 결혼, 출산, 양육을 지원하기 위해 가능한 각종 수단을 총동원하는 체제로 돌입함으로써 지방정부 주도의 지방 특색 정책발굴과 집행에 앞장서고 있다.

5 정부는 지난 7월 인구전략기획부 신설 등 정부 조직 개편 방안을 발표하였다. 1960년대 '경제기획원'을 모델 삼아 저출산 고령화 정책은 물론, 인력과 이민 등 인구감소로 인한 대응 기능을 총괄하며 관련 예산의 심의 기능을 갖춘 부처를 신설함으로써 저출산 및 인구 대응 정책을 효과적으로 뒷받침하겠다는 내용임.

돌이켜보면, 북유럽 고출산 국가들의 출산율 하락 자체는 2010
년대 들어서면서 이미 시작되었던 일이었다(Julia Hellstrand, et al.,
2021, 1375). 그러나 대략 2010년대 말까지만 해도 세계는 여전히 출
산율의 반등을 정책으로 유도하는 일에 큰 관심을 쏟았었다. 세계 각
국의 많은 연구자들은 저출산에 관여하는 사회문화적, 정치경제적 변
인을 찾는 데 주력했으며, 자유분방한 성문화(sexuality)와 개인주의적
가족문화, 높은 성평등(gender equality)을 고출산의 일등 공신으로 칭
송하곤 했다. 그 연장선상에서 공적부조로 양육의 기회비용을 낮춰주
고, 일ㆍ가정 양립 환경을 구축하며, 양성평등을 촉진하는 일련의 정
책 개혁들이 집중적 관심 거리였다.

그러던 것이 코로나 팬데믹 이후 고출산 국가와 중출산 국가, 저
출산 국가[6]를 가리지 않고 폭탄 맞은 것처럼 출산율 하락이 급속하
게 확산되자 분위기가 확 바뀌었다. 특히 북유럽 5개국(스웨덴, 노르
웨이, 핀란드, 덴마크, 아이슬란드)의 출산율 지표가 쇼크를 주고 있
다(Nicholas Campisi, Hill Kulu, Julia Mikolai, Sebastian Klusener,
2023). 2023년도 합계출산율은 스웨덴(1.45), 노르웨이(1.40), 덴마크
(1.50), 핀란드(1.26), 아이슬란드(1.59)이다. 아직 우리나라만큼 심각
한 수준은 아니지만 2010년대에 들어설 당시의 2.1 근처, 최소 1.6 이
상의 고출산율을 기록하던 나라들의 계속 하강 추세이며 반등이 나타

---

[6] 산업화 국가를 기준으로 저출산 국가군에는 동아시아 국가들과 남유럽 국가들이 들어가며, 고출산 국
가군에는 북유럽과 프랑스 및 미국과 캐나다 등 이민국가들이 포함되고, 중출산 국가군에는 중부 및
동부 유럽 국가들이 포함된다..

나지 않아 비상한 관심을 끈다. 이제 '고출산의 비결'이 아니라 '저출산의 근원'을 찾는 데 집중하는 경향이 완연하다.

최근 다수의 연구에서 출산율 하락의 주범으로 주목받는 문제는 사회적 차별과 격차 내지는 사회 양극화와 같은 문제들이다. 예컨대 유럽의 경제불황 시기인 2002~2014년에 EU 영내 251개 지역으로 좁혀서 분석할 때 각 지역의 출산율은 정확히 그 지역의 일자리 상황에 연동된다(Anna Matysiak, Tomas Soboka, Daniele Vignoli, 2021). 출산율 변수로서 지역별로 메가시티와 대도시, 중소도시와 농촌 지역 사이에 큰 차이가 벌어지는 거주 여건(공간 특성)이 새로운 주목을 받고 있다(Nicholas Campisi, Hill Kulu, Julia Mikolai, Sebastian Klusener, 2023; Darrell Bricker & John Ibbitson, 2019). 이 연구들은 일제히 메가시티와 대도시, 중소도시, 소도시, 농촌지역 간 출산율은 순차적으로 차이가 나며 대도시로 갈수록 출산율이 떨어짐을 보여준다. 세계 각 지역이 점점 더 출산율에 부정적인 대도시로 집중하는 추이 또한 관심의 대상이 되고 있다.

세계사적 흐름에서 볼 때 이제 몇 개의 예외적인 국가(미국이나 캐나다 같은 이민 국가 및 프랑스)를 제외하고, 모든 산업화 국가에서 인구감소가 '정해진 미래'가 되어 버렸다. 그런데 문제는 인구감소의 사회에서 출산율 하락은 가중될 수밖에 없다는 점이다. 즉 인구감소는 각국의 경제 활력을 둔화시키고 국내외적 경쟁 및 집단 간 갈등과 반목을 격화시키며 양극화를 가속화하는 경향이 있다(Alan Mallach, 2023; Darrell Bricker & John Ibbitson, 2019; Peter Zeihan, 2022; 內田樹, 2018). 인구가 감소하는 사회가 노정하는 이런 사회 양극화의 확대 및 지방 소멸 등의 추이는 출산율에 더욱 암울한 영향을 주는 요소들이기 때문이다.

사회 양극화나 대도시화 추이 등은 사회 정책적 노력으로 통제되기 어려운 영역으로서 거시적이고 구조적인 변동의 결과에 직면할 수밖에 없다. 그러한 자각 때문인지 출산율 제고를 위한 사회 정책적 개입을 넘어서서 '효율과 성장'을 대체하는 대안적 세계관의 모색을 촉구하는 흐름이 부쩍 활발해지는 것을 목격한다. 연대와 공동체주의의 복원을 통해 성장과 경쟁의 '반생명(反生命) 문명'을 치유하자는 목소리에 힘이 붙을 전망이다.

## 향후 한국 사회 저출생의 과제

향후 합계출산율은 횡보 장세를 이룰 가능성이 있으나, 유럽의 저출산국 수준으로 올라서기는 쉽지 않다. 왜 그럴까? 한국 사회는 세계 각국과 공유하는 인구감소 여건 이외에도 한국 사회 고유의 출산에 대한 비친화적인 사회문화적인 여건들이 더 있기 때문이다. 그런 연유로 서구 각국의 정책 정도를 뛰어넘는 무언가를 해야 할 필요성이 제기된다고 하겠다.

합계출산율 1.3 이상으로 가기 위해서는 첫째, 2024년 현재 추진 중인 정부 조직 개정은 물론, 재원확보를 위한 일련의 추가적인 행·재정적 장치의 정비를 완료해야 할 것이다. 둘째, 아동 가족 복지 예산을 적정 수준으로 끌어올리되(신윤정 외, 2013), 특히 최소 양육비용에 미달하는 소득 가구를 대상으로 한 촘촘한 경제적 지원을 새롭게 설계 추진해야 한다. 그간 우리나라 사회정책은 취약 계층의 양육 환경 개선에 상대적으로 소홀했다(이철희, 2022). 즉 전국의 모든 가정에 안전한 양육을 보장할 수준으로 현금 및 조세 지원 정책을 강화해야 한다(이재인, 2023, 229~264).

신윤정 외(2013). 『자녀 양육 지원 정책 평가와 개선방안』. 한국보건사회연구원.

이재인(2023). 『대한민국 인구정책, 길은 있는가』. 해남.

이철희(2022). 저출산 대응 정책 효과의 이질성 분석: 현금지원과 보육지원 정책의 소득분위별 효과. 《한국경제포럼》, 15권 3호, 한국경제학회, 53~85.

內田樹(2018). 人口減少社會と未來學. 김영주 옮김(2018). 『인구감소 사회는 위험하다는 착각』. 위즈덤하우스.

Bricker, Darrell & John Ibbitson(2019). *Empty Planet*. Crown. 김병순 옮김(2019). 『텅빈 지구』. 을유문화사.

Campisi, Nicholas, Hill Kulu, Julia Mikolai, Sebastian Klusener(2023). A Spatial Perspective on Unexpected Nordic Fertility Decline: The Relevance of Economic and Social Contexts. *Applied Spatial Analysis and Policy*, 16, 1~31.

Hellstrand, Julia, et al.(2021). Not Just Later, But Fewer: Novel Trends in Cohort Fertility in the Nordic Countries. *Demography*, 58(4), 1373~1399.

Mallach, Alan(2023). *Smaller Cities in a Shrinking World*. Island Press. 김현정 옮김(2024). 『축소되는 세계』. 사이.

Sobotka, Tomas(2008). Does Persistent Low Fertility Threaten the Future European Population? *Demographic Challenges in 21st Centuries*(pp. 27~89). Brussel: Vubpress.

Soboka, Tomas, Daniele Vignoli(2021). The Great Recession and Fertility in Europe. *European Journal of Population*, 37, 29~64.

Somavilla, Ana, Marta Ley, Ana Ruiz-El(2023). Birth Rates are Falling Even in Nordic Countries: Stability is No Longer Enough. *European Data Journalism Network*(August 31st).

Zeihan, Peter(2022). *The End of the World is Just Beginning: Mapping the Collapse of Globalization*. Harper Business. 홍지수 옮김(2023). 『붕괴하는 세계와 인구학』. 김앤김북스.

제 5 편

# 환경 회복력

도시와 숲

# 21. 도시

## 입체화·복합화·콤팩트화 등 도시공간 혁신 중

**김현수** 단국대 도시계획부동산학과 교수

고속도로와 철도를 지하화하고 지상부를 공원으로 조성하는
사업들이 확산된다. 철도역사와 환승센터, 환승역세권을
지하로 연결하고 고밀복합화하는 콤팩트시티가
등장한다. 혁신기업들은 대도시의 모빌리티 허브,
편리하고 쾌적하며 입체화 복합화된 직주락(職 · 住 · 樂)
플랫폼을 선호한다. 공간혁신구역 등 새로운
도시계획제도와 함께, 도시공간 혁신을 위한
입체화 · 복합화 · 콤팩트화가 요구되는 대전환의 시대다.

단국대학교 사회과학대학 학장, 도시계획부동산학부 교수, 새만금수변도시 MP, 고양창릉신도시 MP, 전 대한국토도시계획학회회장, 전 단국대학교 부동산건설대학원장, 저서 『기술혁명과 국토도시공간의혁신』(편집위원, 공저), 『한국의논점2022』(편집위원, 공저), 『도시주택정책의 이해』(편집위원, 공저), 『포스트로코나 도시가 바뀐다』(편집위원, 공저), 서울대학교 공과대학 도시공학과 졸업, 동대학원 도시공학박사. 김현수(HyunSoo Kim, 金昡秀)

## 도로 지하화, 공원 지상화 사업이 확산된다.

도심부를 관통하는 고속도로를 지하화하여 단절된 지상부를 공원으로 연결하는 새로운 시도와 기반시설 입체화가 확산되고 있다. 경의선숲길을 통하여 선형의 공원이 철도로 단절되었던 주변 지역을 어떻게 변화시키는가를 보았기 때문에 기대감도 높다. 미국 보스톤 시내를 관통하는 고속도로를 지하화하고 지상부에 건설된 빅딕(Big Dig)은 쇠퇴한 도심을 보스톤의 신업무지구로 변모시킨 세계적인 성공사례로 평가되고 있다.

동탄신도시를 동서로 나누는 경부고속도로를 지하화하고 지상부에는 축구장 12개 규모의 공원을 조성하는 작업이 진행 중이다. 그간 경부고속도로로 분리되었던 동탄1신도시와 2신도시는 앞으로 공원과 6개의 도로망으로 연결되면서 생활권이 통합될 것이다. 지상에는 신도시 간 연결도로와 공원이, 공원 하부에는 경부고속도로 동탄 터널이, 동탄 터널 하부에는 동탄 광역환승센터와 SRT, GTX 철로가 위치하는 중첩구조로 변모하게 되는 것이다. 지금까지 보지 못했던 새로운 입체적 지하 시설과 함께 편리하고 쾌적한 새로운 복합적 혁신공간이 등장할 것이다.[1]

분당–수서 고속도로의 일부 구간을 지하화하고 지상부에 조성한 "굿모닝파크"도 등장하였다. 주택단지를 관통하는 고속도로는 장벽으로서, 또 소음을 일으키는 혐오시설로 여겨져 왔으나, 도로를 지하화하면서 단절되었던 지상부는 공원으로 이어지게 된다. 이는 주변 주택

---

[1] 한국경제(2024. 7. 18)

가격에도 민감한 영향을 주게 되어 주민들로부터 환영받고 있다.[2] 서울 국회대로를 지하화하고 지상부에는 서울광장 8배 규모의 공원 조성 사업도 추진중이다. 한남–양재IC 구간의 경부고속도로 지상부 공원화 사업도 지속적으로 논의되고 있다.

## 환승역 중심의 콤팩트시티가 도시의 새로운 랜드마크로 등장한다.

올해 초 국토교통부는 기존 고속열차보다 속도가 빠른 KTX청룡을 선보였다. 지하철보다 2배 이상 빠른 속도로 달리는 GTX도 운행을 시작하였다. 일론 머스크(Elon Musk)가 제안한 하이퍼 루프(Hyper–Loop)는 항공기보다 빠른 속도로 달릴 수 있다고 한다. 이동의 속도가 빨라지고 있다. 통신망의 속도가 빨라짐에 따라 플랫폼 기술, 자율주행기술, AI 기술이 비약적으로 발달한다. 이동의 속도가 빨라지고, 연결(환승)이 원활해짐에 따라 콤팩트한 환승 거점으로 인구와 혁신기업이 집중하는 새로운 공간 현상이 확산된다.[3] 파리의 리브 고슈(Rive Gauche), 뉴욕의 허드슨 야드(Hudson Yard), 런던의 킹스 크로스 역(King's Cross Station) 등도 세계적인 수도의 도심에 철도역과 철도차량기지, 철도부지를 입체화, 지하화, 복합화하여 업무 · 상업 · 문화 · 예술 · 연구의 세계적인 랜드마크를 조성한 성공사례다.

주요 환승역에 건설되는 복합환승센터는 갈아타기(transfer)를 편하게 하여 대중교통 이용을 촉진할 것이다. SRT에서 GTX로, 또 지하

---

2 한경비즈니스(2024. 5. 2)

3 김현수(2024), "GTX가 그리는 수도권의 미래", ≪국가철도공단≫, https://blog.naver.com/kr_blog/223502678137

철과 버스로 갈아타는 일이 편리하고 쾌적, 안전해야 대중교통 이용이 늘어날 것이다. 대중교통 이용이 늘어나면, 개인 승용차 이용을 줄일 수 있어서 교통 정체 문제를 완화할 수 있고, 취약계층의 교통복지 효과를 늘리는 동시에, 자동차로부터 발생하는 탄소배출을 줄이는 일석삼조(一石三鳥)의 효과를 가져온다.

서울 2호선 삼성역과 9호선 봉은사역 사이의 영동대로 600m 구간이 지하화하고 지상에는 대규모 녹지광장이 들어선다. 이 구간 지하에 폭 63m, 깊이 53m 규모로 조성되는 광역복합환승센터는 철도 환승시설(4~7층)과 공공·상업 공간(2~3층)으로 조성된다. 기존 도로는 지하화해 지하 1층을 지나게 되고, 그 위 지상에는 1만8천㎡ 규모의 녹지광장이 들어선다. 지하에 건설 중인 복합환승센터에는 2개의 광역철도, 3개의 도시철도와 광역버스에 더하여 공항터미널까지 연결된다.[4] 다양한 교통수단들이 보행으로 연결되고 지상부에는 광장이 조성되면서 전에 보지 못한 입체적 지하공간의 등장이 기대된다. 영동대로 지하도시는 대한민국의 대표적인 혁신공간으로 변모하지 않을까 생각된다.

서울역, 청량리역, 여의도역, 수서역, 동탄역, 용인역 등에도 복합환승센터가 들어선다. 다양한 교통수단들이 편리하고 쾌적하게 연결되는 곳에 사람들과 비즈니스가 모인다. 서초구 3호선 양재역에는 향후 GTX-C노선이 정차한다. 지하의 복합환승센터 위로는 구청사와 업무복합기능이 들어선다. 교통·행정·업무가 입체화되고 복합화하는 새로운 랜드마크를 볼 수 있을 것이다.

---

4  나무위키, 영동대로 복합환승센터, https://namu.wiki/w/영동대로 복합환승센터

철도 지하화 사업도 추진 중이다.

　　도심부의 지상 철도를 지하화하고, 철도로 단절된 시가지를 연결, 공원화, 혁신 공간으로 조성하는 '철도지하화'사업도 추진 중이다. 철도로 인한 단절은 고속도로에 의한 단절보다도 소음과 진동이 심하여 주변 지역의 쇠퇴도 심각하다. 그러나 지하화 구간이 장대하고, 사업 구조가 복잡하여 도로 지하화보다도 비용과 시간 소요가 크다. 「철도지하화및철도부지통합개발에관한특별법」(2024) 제정으로, 철도 부지를 현물 출자하고, 이를 재원으로 상부를 개발할 수 있는 수단이 마련되었다. 전국에서 다양한 제안들이 나오지만 사업 실현 과정에 많은 어려움이 우려된다. 지상부 개발을 통하여 지하화 사업비를 만들어내는 일도 오랜 시간과 숙의가 필요하다.[5]

　　경의선숲길을 걸어보면, 일부 구간은 아파트단지 사이를 통과한다. 이로 인해 주변 집값이 올랐는데, 지하화 구간을 선정할 때에는 공간 구조의 개선효과와 동시에 지하화에 소요되는 막대한 건설비를 회수할 수 있는 방안을 함께 찾아야 한다. 관련법에서는 지하화 사업비는 지상부 개발을 통하여 확보하는 것을 원칙으로 하고 있다. 철도선상 부지에 더하여 철도 주변 지역의 개발, 정비사업에서 공공기여로 사업비를 환수해가는 방안도 강구돼야 한다.

　　선형의 철도 부지는 길죽한 형태에다, 도로 연결이 미흡하여 개발에 적잖은 어려움이 예상된다. 면적인 역사부지, 그리고 대규모의 철

5　김현수(2024), "철도지하화와 도시공간혁신", 《국가철도공단》, https://blog.naver.com/kr_blog/223518163151

도차량기지를 활용하여 복합개발하는 방안도 강구돼야 한다. 특히 차량기지는 도심 부적격시설로 원성을 사고 있어, 외곽 이전이나 입체 복합화하는 방안이 적극적으로 강구돼야 한다. 무엇보다도 도시혁신 구역 등 민간 참여를 독려하기 위한 다양한 인센티브와 규제 완화도 동원돼야 한다.[6] 경의선숲길 구간 중에서 마포 공덕오거리와 홍대 입구 쪽에는 스타트업, 벤처기업 등 청년들이 선호하는 혁신기업들이 집중하고 있다. 이는 경의선숲길 효과라 보아도 좋겠다. 철도 지하화를 통하여 공간구조를 개편하고, 혁신 일자리를 만들어내어 도시경쟁력 강화도 달성되도록 기본계획이 수립돼야 한다.[7]

철도 지하화 사업은 이제 시작 단계에 있어 실현가능한 구간을 선정하는 기본계획을 수립 중에 있다. 실현 가능성, 찬반 논란 등 많은 난관이 있으나, 도시를 단절하였던 철도를 지하화하는 일은 도시공간의 혁신을 가져올 획기적 기회임은 분명하다.

## 직주락(職·住·樂) 혁신지구

새로운 혁신, 부가가치를 만들어내는 장소가 바뀌고 있다. 과거에는 국가산업단지나 대도시의 도심(CBD) 등 대기업의 생산공장이나 본사 빌딩이 집중한 곳에서 높은 매출과 고부가가치 생산이 이루어졌다. 그러나 혁신기업과 창의인재가 모여있는 혁신지구(Innovation District)가 높은 소득과 혁신적 부가가치가 창출되는 장소로 변화되고

---

6 「국토의계획및이용에관한법률」 개정(2024)에 따른 '도시혁신구역', '복합용도구역', '입체복합구역'을 공간혁신 3종을 말한다.

7 김현수(2024. 7. 17), "[브릿지 칼럼] 철도 지하화 사업 성공하려면", ≪브릿지경제≫.

있다. 빠르게 성장하는 첨단기업들의 경쟁력은 인력의 혁신역량에 좌우된다. 이들이 선호하는 편리하고 쾌적하면서도 매력적인 환경, 즉 직주락(職·住·樂)을 갖춘 장소가 미래의 혁신지구로 주목받는다. 창조도시의 주창자 리차드 플로리다(R. Florida) 교수는 창의적인 혁신 인력들은 편리하면서도 쾌적하고 매력적인 환경을 선호한다고 역설했다.[8]

한국의 실리콘밸리라 알려진 판교테크노밸리는 대학 캠퍼스 규모의 토지에서 1622개 기업, 7만8천여 명의 종사자가 근무한다. 이곳의 2022년 총매출액은 약 167조7천억 원으로 한 해 전에 비해 38.8%가량 상승한 것으로 나타났다. 종사자 한사람이 약 22억 원의 매출을 올린 셈이다.[9] 이곳에 입주한 네이버나 카카오 등 IT 기업들의 사옥은 강남 접근성이 좋고, 쾌적하고 아름다운 건물에 더하여, 멋진 구내 레스토랑에서 공짜 식사를 제공하기도 한다. 구글과 애플, 메타 등 세계적인 플랫폼 기업의 사옥도 마찬가지다. 우수한 인력을 확보하고 유지하는 일이 이들 기업 경쟁력의 핵심이기 때문이다.

서울 마곡지구에는 LG계열사의 12개 연구소가 모여서 한국을 대표하는 혁신지구로 성장하고 있다. 마곡지구에는 안도 다다오(Tadao Ando)가 설계한 LG아트센터, 서울식물원, 스페이스K, 코엑스 마곡 등 직주락(職·住·樂) 플랫폼이 빼곡하다.[10]

---

8  플로리다, 리처드(Florida, Richard), "도시는 왜 불평등한가", ≪매일경제신문사≫, 2023.

9  경기도와 경기도경제과학진흥원, 경기주택도시공사는 2023년 5월부터 10월까지 제1·2 판교테크노밸리 입주 기업을 대상으로 실태조사를 실시하고 이를 31일 발표했다. 출처 : 중소기업뉴스(http://www.kbiznews.co.kr)

10  LG사이언스파크 https://www.lgsciencepark.com/KR/

## 1) 대도시 도심부의 복합 재개발 추세

또한, 대도시의 도심부에, 모빌리티 허브이면서, 철도역이나 터미널과 지하로 연결되며 직주락이 공존하는 입체복합공간에 실력있는 창의인력(creative class)이, 혁신기업(innovative company)이 모인다. 도심의 저이용 공공건축물의 리모델링이나 정비사업, 그리고 주차장·터미널·철도부지의 고밀복합화가 대세다.

도쿄 도심에는 모리빌딩의 아자부다이힐즈(麻布台ヒルズ), 도라노몬힐즈(虎ノ門ヒルズ) 등 기존 노후한 시가지의 복합재개발 성공사례가 속속 등장한다. 아파트로 채워지는 우리의 재개발과 달리 국제·상업·업무·교육·의료·숙박 등의 복합화에 더하여 철도역과 지하로 연결되는 환승센터, 지상 건물 사이의 입체 데크, 그리고 옥상녹화, 벽면녹화, 입체공원 등 입체화·지하화·복합화되어가는 공간의 혁신적 변화 사례를 볼 수 있다. 작년 연말 개장한 아자부다이힐즈는 모리빌딩의 35년 역작이다. 모리빌딩은 새로운 도시개발의 철학을 다음과 같이 설명한다.[11]

"이는 직주락이 함께하는 콤팩트시티 '버티컬 가든시티'모델이다. 도시 안에서 걸어서 10분 거리에서 일하고, 배우고, 먹고, 즐기는게 해결된다면 누구나 저녁이 있는 삶을 누릴 수 있을 것이다. 도심 안에 기존 오피스 외에 새로이 주거와 문화, 상업 기능을 채우되, 버티컬

---

11  브런치스토리(2024), 세계가 주목한 도시기획법, '도쿄 아자부다이힐즈'
https://brunch.co.kr/@lifeartist/194

녹지를 넣어서 편안한 동네를 만드는 것이다."

도쿄 시부야역, 신주쿠역 주변에는 환승센터, 역세권 재개발사업의 입체화, 복합화, 콤팩트화가 활발하다. 철도역 중심의 콤팩트 개발은 대중교통 이용을 촉진하고, 도심 교통체증을 완화함과 동시에 탄소배출을 억제하는 기후위기 대응형 미래도시개발사업으로 자리잡아 간다.

빽빽한 도심에 공원을 새로 만들기 어렵다. 시부야역의 미야시타 파크의 저층부에는 판매·문화·숙박시설을 두고, 옥상을 입체공원으로 조성하여 세계적인 명소로 유명해졌다. 부지 면적 약 1만740㎡, 연면적 약 4만6000㎡, 총길이 330m에 이르는 '공원복합시설'이다.[12] 시부야구청이 미쓰이 부동산의 민간자본과 창의를 동원하여 조성한 민간공원이기도 하다.

## 2) 도시공간 혁신을 촉진하기 위한 제도 개선

도시계획 제도란, 용도지역제와 도시계획시설 결정, 그리고 지구단위계획 등의 수법을 위주로 한다. 이러한 수법은 대개 산업혁명이 한창이던 19세기 중반 도시에 들어서기 시작한 공장입지를 제한할 목적으로 도입되기 시작하였다. 즉, 소음, 매연, 분진 등 정주 환경에 위해가 되는 산업시설과 주택을 분리시키기 위한 목적으로 구역(zone)을 구분하는 행위(zoning)로서 도입된 것이다.[13] 그러나 기술혁명의 진전

12  조선일보(2024. 4. 14), "서울시가 대놓고 벤치마킹…
    日 최초 공중정원 '미야시타 파크'는 어떤 곳?"
13  김현수(2022. 6. 10), "오피니언: 용도지역제에 대한 고찰", 《한국건설신문》.

으로 생산활동의 형태가 공장이 아닌 업무·연구·교육 기능의 형태로 변화함에 따라 주거와의 충돌이 사라지고 있으며, 오히려 주거와 적절하게 복합화되는 것이 필요하게 되었다. 물론, 여전히 제조업의 역할은 중요하나 대도시 내에서의 고용 부문에서는 점점 더 기능 간의 융복합이 요구된다.

「도시계획시설의결정·구조및설치기준에관한규칙」에서도 이러한 필요에 따라 시설의 입체 결정, 중복결정 수단을 도입하였다.[14] 「도시공원법」의 입체공원, 「도로법」의 입체 도로 개발, 「철도지하화특별법」 등은 이러한 새로운 변화를 수용하기 위하여 개정, 도입되었으며, 시행착오를 통하여 많은 변화가 진행 중이다.[15] 지난 2015년에 완공된 경기도 하남시의 유니온파크는 국내 최초로 지하에 폐기물처리시설과 하수처리시설을 함께 설치한 환경기초시설로서, 지상 하수처리장을 지하화함으로써 기존 지상 공간을 대규모 공원으로 조성한 훌륭한 사례로 손꼽힌다.[16]

새로운 요구를 기존의 용도지역제나 도시계획시설사업, 지구단위계획으로는 대처하기 어렵다. 주거와 상가, 오피스, 터미널, 역사를 지하통로로, 지상데크로 연결하는 새로운 도시계획과 건축이 필요하다. 고밀 복합화되는 도심에서 평면적인 공원과 주차장, 학교를 확보하기 어렵다. 어디까지가 사유지이고, 관리의 책임 범위나 비용부담의

---

14  국토연구원(2023. 2.), 도시계획시설 입체·복합활용 현황과 제도개선 방안. 《국토정책브리프》, 906호, 1~6. 「국토계획법」에 도시계획시설 중복결정과 입체적 결정이 가능하다는 조문을 추가하여(제43조 개정) 중복·입체적 결정의 법률적 기반을 강화

15  메트로(2024. 3. 26), "서울에 '입체공원' 생긴다…상업시설 상부 녹지공간으로"

16  학저널(2024. 7. 17), "새로운 개념의 지하공간 활용, 입체적 공간 확대 기대…"
http://www.engjournal.co.kr

주체는 누구인가? 3, 4단계의 종상향, 법정 용적률을 상회하는 화이트 조닝(White Zoning) 부여도 필요한데 이를 기존의 용도지역제 방식으로 대응하기 어렵다. 사전협상제도와 공공기여 제도의 도입과 이를 운영할 수 있는 전문성 높은 조직도 필요하다.

새롭게 조성된 콤팩트한 도시혁신구역 거점을 주변 지역과 연결(network)하여 새로운 입체복합거점의 편익을 주변지역에서도 편리하게 이용할 수 있도록 거점 연계형(Compact & Network) 도시계획 수립도 요구된다.[17]「국토계획법」이외에「공원법」,「도로법」,「주차장법」,「국유재산법」등 관련 규정 개선도 필요하다. 과거 평면적인 용도지역제, 주거 중심의 도시계획, 공공주도 도시개발 중심에서 입체적 · 복합적 도시관리, 융복합 도시계획, 민간참여 확대 시스템으로의 개편이 필요하다.「국토계획법」개정을 통하여 등장한 공간혁신구역과 공간재구조화계획은 이러한 배경에서 시작되었다.

도시공간의 입체화 · 복합화 · 콤팩트화 등 새로운 개념과 수법으로 도시공간을 혁신하여 궁극적으로는 시민 삶의 질 향상과 도시경쟁력 강화를 촉진하는 것이 중요하다.

---

**17** 김현수(2023), 거점연계중심의 공간체계로의 대전환, 2023 대한민국 대전환, 지식의날개

## 참고문헌

김현수(2022), 용도지역제에 대한 고찰, 한국건설신문 오피니언. 2022. 6. 10.

김현수(2023), 거점연계중심의 공간체계로의 대전환, 『2023 대한민국 대전망』, (191~200). 지식의날개.

김현수(2024), "GTX가 그리는 수도권의 미래", 국가철도공단.

김현수(2024), "철도지하화와 도시공간혁신", 국가철도공단.

김현수(2024), "철도 지하화 사업 성공하려면", [브릿지 칼럼] 브릿지경제. 2024. 7. 17.

국토연구원(2023), 도시계획시설 입체복합활용 현황과 제도개선, 국토연구원, 2023. 2.

Florida, Rochard(2017). The New Urban Crisis. Basic Books. 안종희 옮김(2023). 『도시는 왜 불평등한가』. 매일경제신문사.

Guillén, M. F.(2020). 2030 How Today's Biggest Trends Will Collide and Reshape the the Future of Everything. St. Martin's Press. 우진하 옮김(2022). 『2030 축의전환』, 리더스북.

이광형, 미래의 기원, 인플루엔셜, 2024.

조선일보(2024. 4. 14). 서울시가 대놓고 벤치마킹…日 최초 공중정원 '미야시타 파크'는 어떤 곳?

한국경제(2024. 7. 18). LH, 경부고속도로 위 공원 조성…동탄신도시 하나로 잇는다.

한경비즈니스(2024. 5. 2). 성수 · 여의도 · 분당 등 도로 '상부공원화' 열풍.

## 22. 숲과 목재

# 기후위기 해결의 열쇠 : 숲과 목재의 재발견

### 임상섭 산림청장

지속가능한 미래를 위해 자연기반 해법에
대한 관심이 높아지고 있다.
'모두가 누리는 가치있고 건강한 산림'이 온실가스 감축,
기후변화 적응, 순환경제 구축에 앞장선다.

산림청장, 전 산림청 차장, 기획조정관, 산림보호국장, 산림산업정책국장, 동부지방산림청장
등, 홍조근정훈장 수훈, 대원외고 졸업, 서울대학교 조경학과 졸업, 서울대학교 생태조경학 석
사학위, 브리티시 컬럼비아대학교 산림자원관리학 박사학위. 임상섭(Lim Sang Seop, 林尙燮)

## 목재를 활용한 탄소중립 파리올림픽

2024년 7월, 지구촌 최대 스포츠 축제인 파리올림픽이 개최되었다. 이번 올림픽은 한 가지 특별한 점이 있다. 올림픽을 위해 새로 조성한 건축물은 모두 목조건축으로 조성했다는 점이다. 선수촌, 레슬링 경기장 등 신규 건축물의 주요 골조와 내·외장재의 대부분이 목재로 이루어져 있다. 올림픽 수영장인 '파리 아쿠아틱 센터'는 전체 목재 사용량 중 30~40%를 프랑스에서 생산한 자국 목재로 공급했다. 왜 프랑스는 전 세계적으로 가장 주목받는 행사인 올림픽에서 목재 이용을 확대했을까?

이는 파리올림픽이 '지속가능성(Sustainability)'에 기반한 국제올림픽위원회(IOC)의 올림픽 아젠다 2020[1]에 따라 진행되는 첫 번째 올림픽이기 때문이다. 프랑스는 올림픽에서 배출되는 탄소를 최소화하여 환경에 미치는 영향을 완화하기 위해 많은 노력을 기울였다. 특히, 주최 측은 탄소중립을 실현하기 위한 주요 수단으로 산림과 목재를 활용하였다. 신규 건축물에는 최대한 많은 양의 목재를 사용하도록 하고, 사용하는 목재의 50%를 자국 목재로 공급하도록 하는 '프랑스 숲 2024(France Bois, 2024)'[2] 프로젝트가 진행되었다. 아울러 항공 등 대외 배출 분야의 탄소를 상쇄하기 위해 신규 산림 조성, 산림 전용 억제 등을 포함한 산림 분야 프로젝트에 투자하여 탄소크레딧을 확보해나갈 계획을 세웠다.

---

1  IOC에서 지속가능성, 신뢰성 등의 핵심 가치를 중심으로 올림픽과 스포츠의 역할을 강화하고자 올림픽에서 수호해야 할 40개의 세부 권고안을 마련한 것으로, 2014년 12월 IOC 총회에서 채택됨
2  2024년 파리올림픽 및 패럴림픽에 프랑스산 목재 이용을 촉진하기 위해 마련한 프로젝트로, 탄소배출 감축과 함께 프랑스산 목재를 활용한 목조건축의 역량·기술 등을 국제적으로 보여주기 위함임

나무를 심고, 가꾸고, 수확하고, 이용하는 것은 그 자체로 이산화탄소를 감축한다. 산림은 성장 과정에서 광합성을 통해 대기 중 이산화탄소를 흡수해 나무 속에 저장한다. 수확된 나무는 산림이 흡수한 탄소를 그대로 저장하고 있어 목재이용은 그 자체로 탄소저장고를 늘리는 일이다. 철근, 콘크리트 등 탄소집약 소재를 대체하여 이용하면 탄소배출을 줄일 수 있다. 또한, 나무가 수확된 자리에는 새로운 나무를 심어 대기 중 탄소를 흡수해 나간다. 이에 프랑스를 비롯한 주요 국가들은 자국 탄소중립과 온실가스 감축목표 달성을 위해 산림과 목재의 활용을 강화하고 있다.

## 국제적으로 인정된 산림탄소흡수원 증진 활동

그렇다면 구체적으로 어떤 산림 활동이 온실가스 감축 활동으로 인정받을 수 있을까? 온실가스 감축 실적으로 인정받기 위해서는 국제적 기준을 준용해야 한다. 유엔기후변화협약에서는 우리나라를 포함한 전 세계 국가들이 자국 온실가스 감축 실적으로 활용할 수 있는 산림 탄소흡수원 증진 활동을 규정하고 있다. 이는 크게 5가지 활동으로 구분된다.

첫째, 산림경영(Forest Management), 즉 나무심기, 숲가꾸기, 산림보호, 재해대응 등의 활동을 통해 산림을 경제적·환경적·사회적으로 지속가능하게 관리하는 활동이다. 이는 산림의 활력과 건강성을 증진하고 우량한 나무로의 성장을 촉진함으로써 산림의 탄소흡수 능력을 증진하는 것이다.

둘째, 신규·재조림(Afforestation/Reforestation)이다. 이는 산림이

아닌 토지에 나무를 식재하거나 자연적인 종자의 발아 등을 도모하여 산림을 조성하는 것이다. 신규조림은 50년 이상 산림이 아니었던 토지일 경우, 재조림은 1989년 12월 31일 기준으로 산림이 아닌 토지일 경우로 구분된다. 산림경영·신규·재조림 활동들은 교토의정서를 바탕으로 2005년 제11차 당사국총회에서 세부 인정근거가 마련되었다.

셋째, 목재제품 이용(Harvested Wood Products:HWP)이다. 앞서 언급했듯이, 나무는 산림이 흡수한 탄소를 그대로 저장하고 있다. 다만, 수입 목재를 이용하면 국산 목재와 달리 운송 과정에서 추가적인 탄소배출이 발생하게 된다. 2011년 제17차 당사국총회에서 수입 목재가 아닌 국산 목재 이용량만을 국가 탄소 저장량으로 인정하기로 합의했다.

넷째, 버려지던 미이용 산림바이오매스를, 화석 연료를 대체하는 재생에너지원으로 공급하여 탄소배출을 감축할 수 있다. 이는 유엔기후변화협약에 대한 과학적 근거 및 세부 이행지침을 지원하는 기후변화에 관한 정부간 협의체(IPCC) 2006년 가이드라인에서 인정 근거가 마련되었다.

다섯째, 산림전용 억제(REDD+)[3]이다. 이는 파리협정 제5조에서 인정하고 있는 활동으로, 개도국의 산림 전용·황폐화를 억제하고 흡수원 기능을 강화하는 사업이다. 산림 전용은 영구적 혹은 장기적으로 산림을 타 토지로 전환하는 것을 의미하며, 지속가능한 산림경영에 따른 목재수확은 이에 해당하지 않는다. IPCC 제6차 보고서에 따르면 토지이용 부문에서 배출되는 탄소량이 지구 온실가스 배출량의 약 22%를 차지한다. 무분별한 산림훼손 억제의 필요성, 개도국의 지원

---

3  REDD+ : Reducing Emissions from Deforestation and forest Degradation plus

요청 등을 고려하여 선진국이 개도국에서 사업을 수행하고 감축량을 확보할 수 있는 메커니즘이 마련되었다.

## NDC 이행과 우리나라 산림구조

우리나라는 2023년 4월, 2030년까지의 부문별·연도별 국가 온실가스 감축목표(NDC)[4]이행 로드맵을 수립하였다. 국가 단위 목표는 2030년 온실가스 배출량을 2018년 온실가스 배출량 대비 40%(2억9100만 톤 $CO_2$) 감축하는 것이다. 산림 부문은 2030년 감축목표의 11%인 3200만 톤을 위의 5가지 활동을 통해 기여하는 것이 목표이다. 현재 우리나라 산림의 연간 탄소흡수량은 약 4천만 톤 $CO_2$ 수준으로 국가 온실가스 총배출량의 약 6%를 상쇄하고 있다.

그러나, 우리나라의 산림의 흡수량은 지속적으로 감소하고 있다. 이는 산림의 특수한 나이 구조 때문이다. 우리나라 인구 구조와 마찬가지로, 산림도 중령림, 노령림 대비 유령림의 면적이 과소한 저출생 문제를 겪고 있다. 산림은 성장하는 만큼 탄소를 흡수하기 때문에 일정 연령을 지나 나이가 증가할수록 연간 흡수량은 감소하게 된다. 우리나라 숲은 대부분 1970~80년대 국토녹화를 통해 조성되고 복구되었다. 그동안 산림의 양은 빠른 속도로 증가하였지만 숲의 나이는 31~50년생에 집중되어 있는 편중된 구조를 갖게 되었다. 산림의 흡수량은 2050년까지 1400만 톤 수준으로 감소할 전망으로, 흡수량을 증가시켜 기후 위기에 대응해 나가기 위한 정책적 노력이 시급하다.

---

4 NDC : Nationally Determined Contribution, 국가결정기여, 국가 온실가스 감축목표

## 산림의 경영 및 조성으로 탄소흡수량 증진

산림의 탄소흡수 능력을 증진하기 위한 핵심적인 과제는 '나무를 심고, 가꾸고, 수확하고, 이용하는' 산림자원 순환경영을 활성화하는 것이다. 1년생부터 100년생까지 모든 연령이 고루 분포하는 건강한 나이 구조로 변모해 나갈 때 우리 숲은 늘 일정한 양의 탄소를 안정적으로 흡수할 수 있다. 산림경영은 국내 산림 면적의 약 1/3을 차지하는 경제림을 중심으로 추진하고자 한다. 백두대간 보호지역, 산림보호구역 등 생태·경관·문화적 측면을 고려하여 보호해야 할 산림을 철저하게 보전한다.

산림청에서는 경제림을 중심으로 산림경영을 확대하고, 탄소흡수와 생물다양성 등 다양한 가치를 고려하여 조림을 추진해 나간다. 숲 가꾸기는 나무의 성장단계에 맞춰 고사목을 솎아주거나 가지를 치는 등의 작업으로, 우량목재 생산량을 증가시키고 숲에 햇빛과 바람을 유입시켜 하층식생을 풍부하게 만든다. 목재를 수확할 때도 생태·경관·재해를 고려한 친환경 목재수확을 현장에 확산해 나간다. 2025년에는 친환경 목재수확에 대한 인센티브 제공을 통해 사유림 산주와 임업인의 참여를 촉구해 나가고자 한다.

2025년에는 새로운 산림 흡수원 조성을 확대해나갈 계획이다. 국내 산림 면적은 도로 개설, 산지 내 허가시설 등 토지이용 수요로 인해 매년 약 0.6%씩 감소하고 있다. 이에 산림청은 도시 바람길 숲, 학교 숲, 실내·외 정원 등 다양한 유형의 도시 숲을 조성해나가고 있다. 아울러, 유휴농지, 하천변 등 유휴공간을 활용하여 새로운 숲을 조성할 수 있다. 국토연구원에 따르면 우리나라에서는 연평균 약 7800ha

의 유휴농지가 발생하고 있으며 향후 농가·농촌 인구 감소에 따라 유휴농지가 증가할 것으로 전망된다. 2025년에는 연 1300ha 규모로 유휴공간을 대상으로 녹지공간을 조성해 나갈 계획이다.

## 친환경 탄소저장고, 국산목재

산림에서 목재를 수확하여 이용하면 탄소저장량을 증진할 수 있다. 특히, 목조건축을 조성한다면 탄소저장 효과를 극대화할 수 있다. 타용도 대비 목재를 오랜 기간 사용할 수 있으며, 구조재와 내·외장재 등으로 많은 양의 목재가 사용되기 때문이다. 그러나 현재 우리나라는 연간 산림자원 증가량의 약 19%만을 수확하여 이용하고 있다. 이는 OECD 주요국 중 최하위 수준이다. 반면, 대표적인 산림 국가인 핀란드는 1년간 산림자원이 성장한 양의 약 85%를, 스위스는 약 73%를 수확하여 이용함으로써 국가 경제발전 및 탄소중립에 기여하고 있다.

지속가능한 건축이 주목받으며 전 세계적으로 목조건축 시장이 빠르게 성장하고 있다. 세계경제포럼(WEF)에 따르면[5], 글로벌 목조건축(mass timber construction) 시장은 2031년까지 15억 달러에 도달할 것으로 평가되며 2022년에서 2031년까지 6%의 연평균 성장률을 보일 것으로 전망된다. 미국은 2023년에 지상 25층, 높이 86.6m의 세계 최고층 목조건축물 'Ascent'를 조성했으며, 일본은 「건축물 목재이용 촉진법」을 통해 국가 주도로 목조건축 적용을 확산하고 있다.

---

5  세계경제포럼에서 2023년 10월에 발간한 논문에 따른 내용으로, 근거자료 원문은 *Allied Market Research*의 "Mass Timber Construction Market Research"(2023. 4.)임

우리나라도 국산 목재를 활용한 목조건축 시장을 확대해 나가고자한다. 공공부문을 중심으로 목재친화도시 조성사업 등 다양한 마중물사업을 추진 중이며, 국내 최고(最高) 목조건축물로 설계된 7층 높이의 산림복지종합교육센터, 한국임업진흥원 청사, 국토녹화 기념관 등산림청 소속·산하기관부터 목조로 전환하고 있다. 아울러, 목조건축활성화를 위한 법적 기반을 마련하여 전·후방 산업 지원을 강화해 나갈 예정이다. 이에 2025년에는 목재부문 탄소저장량이 현 수준인 60만 톤 $CO_2$ 대비 소폭 증가할 것으로 전망된다.

한편, 미이용 산림 바이오매스 이용을 활성화하여 전환부문 감축에 기여해 나가고자 한다. 산림 바이오매스 이용 시, 탄소는 나무→(연소)→대기→(광합성)→나무로 이동하며 자연 속에서 순환한다. 반면, 화석연료는 지하에 매장되어 있던 탄소를 대기 중으로 배출함으로써 이산화탄소의 순배출이 발생한다. 산림청은 현재 약 15%에 불과한 산림사업 부산물의 수집률을 2030년까지 27%로 증대하여 미이용 산림 바이오매스의 공급을 확대하고자 한다. 2025년까지 바이오매스를 가공·유통할 수 있는 미이용 산림자원화센터를 5개소까지 조성해 나갈 계획이다.

## 전 지구적 산림황폐화 억제로 흡수원 보전

우리나라는 국내 산림뿐만 아니라, 국외 산림 파괴를 억제하여 전지구적 산림 흡수원을 보전해나가고 있다. FAO(국제연합식량농업기구)에 따르면 최근 10년간(2010~2020년) 전 세계 산림은 약 1000만ha가 순 감소한 것으로 나타났다. 실제로 1200만ha의 산림이 증가하였지만 증가분의 약 2배 수준인 2200만ha의 산림이 감소하였기 때문이다. 개도국의 산림전용 및 황폐화를 억제하고 흡수원의 기능을 강화하는 REDD+사업은 탄소 감축 실적 확보를 넘어 지구 면적의 약 1/3을 차지하는 육상생태계를 보전해 나간다는 점에서 중요하다.

2025년에는 정부 간 협력사업과 기업의 사업 참여가 확대될 것으로 전망된다. 산림청에서는 동남아, 중남미 등 전 세계를 대상으로 협력 국가를 발굴하여 대규모 REDD+ 사업을 추진해 나가고 있다. 현재 라오스 산림 약 150만ha를 대상으로 사업을 진행하고 있으며, 유엔 REDD Programme과 협력하여 '23년부터 '27년까지 사업 활성화를 위한 역량배양을 지원하고 있다. 올해 2월부터는 REDD+ 사업을 활성화하기 위한 「국외산림탄소축적증진법」이 시행되어 현재 법정 전략, 지침 등을 마련 중이다.

## 재해·생태를 고려한 기후적응 능력 증진

기후변화 대응을 위한 각국의 노력에도 불구하고 전 지구적 온도 상승이 계속되며, 산림생태계의 기후변화 적응(adaptation)이 중요해지고 있다. 산림은 기후변화 완화(mitigation)를 위한 감축 수단이면서, 기후변화에 의해 영향을 받는 육상생태계이기도 하다. 이상기후로 인해 산불, 산사태, 병해충 등 산림재난 발생이 대형화되고 빈번화되고 있다. 산림에 서식하는 동·식물 간의 상호작용을 나타내는 지표인 개화시기, 개엽시기 또한 과거와는 다른 양상을 보이며 변화하고 있다.

2025년에는 세계 최고 수준의 산림재난 대응체계가 구축될 수 있도록 대응역량을 강화하고자 한다. 「산림재난방지법」 제정으로 재난을 예방하고 피해를 복구·복원할 수 있는 통합적인 제도적 기반을 마련할 예정이다. 인공지능 기반 24시간 산불감시 ICT 플랫폼을 전국에 확대 설치하고, 산불확산정보를 국민에게 실시간으로 공유한다. 전국에 산림 유량 관측망을 설치하고 산사태 위험정보를 실시간으로 관리하여 산사태 피해 발생을 최소화하고자 한다. 재난 피해지역은 경관, 생물다양성, 자연력 등을 고려하여 체계적으로 조사·복원해나가고 있다.

산림 자체의 건강성과 회복력(resilience)을 증진시키는 것은 산림 생태계의 취약성을 완화하기 위한 가장 근원적이고도 지속가능한 방법이다. 특히, 적응능력을 제고하기 위해서는 산림생물다양성을 포함한 다양한 공익적 가치가 유지·증진되어야 한다. 2022년 12월, 생물다양성협약 제15차 당사국총회에서는 「쿤밍-몬트리올 글로벌 생물다양성 프레임워크(GBF)」를 채택하여 육상·해양 면적의 30%를 보호지역 지정 등을 통해 보전·관리하도록 전 지구적 목표를 설정했다.

우리나라는 백두대간 보호지역, 산림유전자원보호구역 등 산림보호구역을 지정하여 생태·경관·문화적으로 가치 있는 산림을 보전하고 있다. 2020년 기준 우리나라 산림의 경제적·공익적 가치는 약 420조 원에 달한다. 그중 공익적 가치는 약 259조 원으로, 국민 1인당 약 499만 원의 혜택을 제공하고 있다. 그러나, 산림을 가꿔 국민에게 막대한 규모의 혜택을 제공하고 있는 사유림 산주들은 보호구역 지정에 따른 여러 행위제한으로 인해 경제적 손실이 발생하는 상황이다. 2025년에는 산림 공익가치 보전 지불제[6]를 도입하여 산주의 손실분을 보상해줌으로써 개인 재산권을 합리적으로 보전하고 산림의 가치를

---

6  산림 공익기능 증진에 기여한 산주에 대한 보상제도로, 산림보호구역 지정 등에 따른 행위제한으로 발생하는 산주의 피해에 대해 정부가 보상해주는 것. 이를 위한 「산림보호법」 일부개정법률안이 발의됨(2024. 8. 14, 서삼석의원 대표발의)

증진해 나가고자 한다.

## 이제는 지구를 위해 변화할 때

2018 평창 동계올림픽 개최를 준비할 당시, 우리나라 또한 목조건축을 적용한 탄소중립 경기장 조성을 추진한 바 있다. 피겨·스케이팅 경기장인 아이스홀을 국산목재를 활용하여 조성하는 계획이었다. 그러나 경기장 건설에 필요한 여러 검토가 이뤄졌음에도 불구하고 가격이 비싸다는 경제 논리로 인해 이는 무산되었고, 철골 구조로 대체되었다. 왜 당시 우리는 선도적으로 행동하지 못했을까. 만약 계획이 실현되었다면 파리올림픽의 레슬링, 수영장 경기장에 앞서 평창올림픽의 목조 아이스홀이 먼저 주목받았을지 모른다. 그러나 올림픽에서는 한 발 늦었을지라도, 지구를 살리는 일에는 아직 늦지 않았다. 우리가 살고 있는 지구를 위하여, 그리고 앞으로 살아갈 미래 세대를 위하여 나무를 심고 목재를 이용하는 것은 지극히 합당한 일이다. 이제는 우리의 일상과 공간을 숲과 나무로 변화시켜 나가자.

참고문헌

관계부처 합동(2023). 탄소중립·녹색성장 국가전략 및 제1차 국가기본계획.
국토연구원(2020). 국토정책브리프 752호.
온실가스종합정보센터(2022. 2021). 국가 온실가스 인벤토리 보고서.
프랑스 농림축산식품주권부(Ministre de l'Agriculture et de la Souveraineté Alimentaire) 홈페이지.
FAO(2020). *Global Forest Resources Assessment 2020*.
IPCC(2023). 제6차 종합보고서(AR6, The Sixth Assessment Report).

# 23. 교통

## 인구 감소와 지역 불균형 대응 교통 SOC 투자

오재학 전 한국교통연구원장

2025년에는 지속되는 인구감소와 저성장 경제구조에
효과적으로 대응하고, 지역 불균형 해결에도
기여하는 도로, 철도, 공항 등 교통 SOC 투자정책에
새로운 변화가 필요한 시점이다. 거점도시들을 중심으로
하는 통합 지역경제권, 가칭 메가시티를
조성하여 활성화는 방안을 적극 검토할 필요가 있다.
수도권과 지역의 선순환적 발전을 유도하는
교통SOC 투자로의 새로운 정책 전환이 요구된다.

한국항공대학교 초빙교수, 전 한국교통연구원장(2017~2024), 전 동아시아교통학회장 (EASTS) (2019~2024), 저서 『모빌리티 대전환: 대한민국의 새로운 국가전략』(편집위원, 공저), 『Mobility Transformation』(편집위원, 공저), 『KTX 경제혁명』(편집위원, 공저), 『미래 의 교통정책』, 『전환기의 북한경제』(편집위원, 공저), 『평화와 번영의 경의선 연결』(편집위 원, 공저) 등. 국민훈장 목련장 수상(2020). 서울대학교 산업공학과 졸업, 영국 University of London 석사학위, 영국 University College London 박사학위. 오재학 (Jaehak Oh, 吳在鶴)

## 교통 SOC 투자환경 변화와 장래 전망

통계청에 따르면 우리나라의 총인구는 2024년 5175만 명 수준으로 증가한 후 감소하기 시작하여 2030년 5131만 명, 2072년에는 과거 1977년 수준인 3622만 명 수준에 이를 것으로 전망되었다.[1] 더욱이 생산연령인구가 감소하는 반면 고령인구는 증가하게 되면서 경제활력도 또한 낮아질 것으로 전망된다. 2072년을 기준으로 15~64 생산연령인구 비중은 2022년 71.1%에서 45.8%로 감소하는 반면, 고령인구 비중은 17.4%에서 47.7%로 증가할 것으로 나타났다. 이러한 고령화, 생산가능인구의 감소는 곧 경제활동인구의 감소를 의미한다. 생산과 소비, 투자의 둔화로 이어지게 되면서, 과거 빠르게 달려왔던 경제성장이 멈추고 이른바 저성장 시대로 진입하게되는 것이다.

인구감소, 저성장 등으로 인한 문제들을 직면한 최전선이 지방이라고 할 수 있다. 일본 사회학자인 마스다 히로야는 20~39세 여성인구수를 65세 이상의 고령자수로 나눈 값인 소멸위험지수를 이용해 소멸위험지역들을 진단하였다. 소멸위험지수가 0.5 미만이면 소멸위험지역으로 볼 수 있는데, 우리나라의 시군구들을 살펴보면 전체 시군구 228곳 중 105곳(46%)가 소멸위험지역으로 나타났다. 소멸위험지역에 해당하는 지역은 우리가 흔히 생각하는 지방의 중소도시뿐만 아니라 상대적으로 여건이 양호하다고 여겨지는 광역시의 일부 구 단위도 포함되어 있다. 지방의 인구 감소와 일자리 유출 현상이 더욱 가속화되고, 지역 불균형도 가속화 될 전망이다.

---

[1]  통계청 보도자료(2023. 12. 14.). 장래인구추계: 2022~2072년.

인구감소와 저성장, 그리고 지방소멸 등의 여건 변화는 교통 SOC의 투자 및 이용과 밀접하다. 교통 SOC는 결국 사람과 물류가 이동하기 위한 수단인데, 인구감소, 저성장 등의 문제는 사람과 물류가 경직되어 이동하지 않는다는 것을 의미한다. 도로와 철도 같은 교통시설이 우리 몸의 혈관이라면 자동차와 이용자, 그리고 물류는 혈액인데 고령화와 저성장으로 인해 혈액이 흐르지 않는 것이다. 경제성장은 교통 SOC에 대한 투자로 이어지고, 교통 SOC 투자는 다시 경제활동을 촉진하는 순환체계를 지니고 있는데, 이러한 선순환적인 체계가 작동하지 않게 된다.

인구구조가 변화한다는 것은 교통수요와 수요자들의 통행패턴이 달라진다는 것을 의미한다. 특히 지방의 인구감소는 수도권과 일부 지방 거점도시들을 중심으로 이동이 집중되고, 수도권과 이들 지역 간의 통행이 증가하게 된다. 결국 교통 SOC에 대한 투자전략을 이러한 장래 통행특성과 공간구조 변화에 맞추어 재고해야 할 시점이다.

## 철도투자 확대와 수도권 집중

2024년 1월, "출퇴근 30분 시대, 교통격차 해소"를 테마로 민생토론회가 개최되었다. 민생토론회의 주요 내용을 살펴보면 광역급행철도 및 광역철도 확충, 광역교통 개선, 철도·도로 지하화, 미래 모빌리티 실현, 생활밀착 서비스 확대로 구분된다. 토론회에서 제시된 구체적인 정책을 살펴보면 수도권 2기 GTX, 지방권 광역급행철도(xTX), 지방 광역·도시철도망 확충, 도로·철도 지하화, 도심항공교통 상용화, 자율주행 확대, K-pass 등이 대표적이다. 다양한 정책들을 제시하고 있으나, 문제는 이러한 정책들 대부분이 수도권의 교통혼잡 문제 해소에 집중되어 있다는 것이다.

민생토론회에서 제시된 가장 대표적인 정책이 2기 GTX이다. 2기 GTX란 1기 GTX로서 현재 계획·건설중인 GTX-A, B, C 노선을 각각 평택지제, 춘천, 동두천, 아산까지 연장하고, GTX-D, E, F 노선을 신설하는 계획이다. 기존 광역철도, GTX 등이 수도권에 한정되었다면, 춘천, 아산 등 수도권과 인접하고 있는 지역으로의 생활권 확대 등을 고려한 것이다. 문제는 2기 GTX 사업을 위한 재원조달이다. 1기 GTX 사업은 일부 재정사업 구간을 제외하고는 모두 민간투자사업으로 진행된다. 민간투자사업에 대한 정부보조금과 재정사업 구간 등을 포함했을 때, 정부와 민간에서 약 18조 원이상의 비용이 투자되는 것이다. 2기 GTX 사업 중 GTX-A, B, C 노선을 연장하는 사업은 기존선을 활용하기 때문에 대부분의 비용은 신설노선인 GTX-D, E, F에 투자된다고 볼 수 있다. 2025년에 발표될 제5차 국가철도망 구축계획에 2기 GTX 사업이 반영된다면 실제 사업추진을 위한 재원조달에 대한 부분을 고려해야 할 것이다.

2기 GTX, 광역버스 이용 편의성 제고, 광역 DRT 등의 정책들은 모두 수도권의 출퇴근 교통환경을 개선하기 위한 정책들이다. 한정된 정부 재원을 수도권과 지방에 효율적으로 배분을 해야 한다는 것에 모두가 동의한다. 그러나 수도권 인구집중과 이로 인한 출퇴근 혼잡, 신도시 교통인프라 공급 등의 현안들을 해소하기 위해 수도권에 대한 집중적인 투자가 이루어질 수밖에 없는 것이다. GTX를 비롯하여 민간투자사업들 역시 수도권에 집중되는 형태이다. 민간투자사업은 기본적으로 적정 수익률을 달성할 수 있어야 한다. 이는 이용수요가 확보되어야 한다는 의미이며, 결국 수요가 집중되어 있는 수도권이 주 대상이 될 수밖에 없다. 실제 지금까지 추진된 민자 SOC 사업들을 살펴보면 상당수가 수도권에 위치하고 있으며, 특히 철도사업의 경우 임대형 사업(Build-Transfer-Lease, BTL)과 같이 수요 리스크가 없는 사업만이 비수도권에서 시행되었다. 교통 SOC에 대한 투자는 확대되지만, 공공이든 민간이든 수도권에 집중되고 있으며, 이러한 수도권 중심의 투자는 2025년에도 지속될 것으로 예상된다.

## 지역불균형 해소와 거점도시 중심 메가시티 구축

교통 SOC 재원은 한정적이므로 인구감소, 수도권 집중 등의 문제를 완화하기 위하여 수도권과 지방 간 재원의 효율적인 배분이 필요하다. 이는 수도권 혼잡 문제와 생활권 확대에 대응한 수도권 투자와 지역불균형 해소를 위한 비수도권 투자 간의 배분의 문제라고도 할 수 있다. 앞서 언급한 GTX, M버스 등의 교통서비스 확대가 전자라면, 비수도권 메가시티 구축이 후자라고 볼 수 있다. 메가시티란 지방의 대도시를 중심으로 그 주변지역들이 하나의 광역생활권을 형성하는 것이다. 지방의 인구가 급속히 감소되는 가운데 지방에서 인구와 자본 등이 집중되어 있는 대전, 대구, 부산, 광주 등 지방의 거점도시들을 중심으로 그 주변지역들이 하나의 통합된 생활·경제권을 형성하는 것이다. 그리고 이렇게 형성된 각 지방의 메가시티들을 수도권 및 다른 메가시티들과 연결시킴으로써 국토공간구조를 개편하는 것이다.

메가시티 구축을 위한 핵심적인 사업 중 하나가 교통망 연결이다. 광역철도, BRT(Bus Rapid Transit) 등 교통망 연결을 통해 지방 거점도시와 주변지역을 하나의 생활권, 통근권으로 형성할 수 있다. 2021년에 고시된 제4차 국가철도망 구축계획에서 새롭게 포함된 비수도권 광역철도 사업들이 이러한 차원의 교통투자 정책의 일환으로 볼 수 있을 것이다. 2024년 11월에 개통예정인 대구권 광역철도는 구미~대구~경산을 연결하는 노선으로써 대표적인 사례라 할 수 있다. 대구권 광역철도가 개통될 경우 현재 무궁화를 통해 1시간 정도가 소요되는 구미~대구~경산 간 통행시간이 30분대로 줄어들게 되면서 일상적인 통근·통학이 가능하게 된다. 또한 광역철도망으로 연결된 지자체 간에는 광역철도와 버스 간 연계환승체계를 구축함으로써 주민들이 하나의 생활권처럼 이동할 수 있도록 하는 것이다. 2025년은 비수도권의 메가시티 구축을 위한 첫 시작이라고 할 수 있을 것이다.

거점도시와 인접도시 간의 연결 외에 고려해야 할 것은 수도권과 광역생활권, 광역생활권 간의 연결이다. 경부고속철도, 호남고속철도, 경부고속도로와 같이 우리나라의 핵심 교통망들은 지방을 수도권과 연결하는 역할을 하고 있다. 특히 고속철도 노선들은 대부분이 서울을 중심으로 노선망을 형성하고 있는 형태이다. 반면 철도망에서 비수도권 간의 연결은 일반철도로만 연결되어 있으며, 고속철도를 통한 메가시티 간 연결은 현재 노선에서 매우 제한적이다. 2025년에 고시 예정인 제5차 국가철도망 구축계획에서는 장래 여건변화를 고려하여 메가시티 생활권들 간의 연결방안도 함께 고려하여야 할 것이다.

메가시티 구축을 위한 광역교통망 확대, 메가시티 간 교통 네트워크 구축 등은 장래 교통 SOC 여건 변화에 따라 대비해야 할 과제이다. 문제는 비수도권에 대한 사업추진 시 수요 부족 등으로 인해 경제성 확보가 어려워 실질적인 사업추진이 어렵다는 것이다. 예를 들어

제4차 국가철도망에 반영된 대구–경북 광역철도는 비수도권 광역철도 5대 선도사업으로 2021년부터 추진되었으나, 수요부족으로 인해 경제성이 확보되지 않아 2024년에서 이르러서야 예비타당성조사 대상사업으로 선정되었다. 김천~통영을 연결하는 남부내륙선은 경제성 문제로 인해 매번 사업이 추진되지 않았으나, 2019년 예비타당성 면제사업으로 선정된 이후 사업이 추진될 수 있었다. 지역불균형 해소를 위해 교통 SOC 투자정책을 추진하고 있으나 정작 실질적인 사업추진은 경제성 부족으로 인해 추진이 어려운 실정이다.

## 2025년 교통 SOC 전망과 향후 과제

코로나19라는 초유의 상황 속에서 경제 위기를 극복하기 위해 대규모 유동성을 공급하였고 이로 인하여 고물가, 부동산가격 급등 등의 문제가 발생하였다. 한국은행에서는 이러한 경제적 문제들에 대응하여 고금리 정책을 시행하였다. 그러나 고물가, 고금리가 지속되면서 부동산 시장이 경색되고, 인건비, 자재비 증가에 따라 건설비용도 증가하여 건설투자가 급속하게 위축되었다. 여기에 더해 부동산 프로젝트 파이낸싱 부실 여파가 지속되면서 대형 건설기업마저도 PF 부실, 지방 미분양 확대, 건설원가 상승 등으로 인해 도로, 철도 등 교통 SOC 투자 또한 어려운 상황이다.

2023~2027년 국가재정운용계획에 따르면 2025년 SOC 분야의 예산은 약 26.2조 원 수준으로 2024년 26.4조 원과 유사한 수준이다. 그러나 물가상승, 금리 등을 고려했을 때 실질적인 투자 규모는 과거에 미치지 못하는 수준이다. 이러한 한계와 달리 교통 SOC에 대한 주

민과 지자체의 요구는 증가하고 있는 실정이다. 더욱이 도로, 철도 등 1980년대에 투자되었던 주요 교통 SOC가 노후화되면서 개량, 대수선 기간이 점차 도래함에 따라 신규 투자뿐만 아니라 기건설된 노후시설에 대한 개량, 정비 문제도 대두되고 있다.

장래 여건변화를 고려했을 때, 2025년 교통 SOC 투자를 위한 과제는 크게 4가지로 구분할 수 있다.

첫째, 안전·사람 중심의 도로교통체계 구축이다. 우리나라는 1970년대 급속한 경제성장을 위하여 SOC에 투자를 지속해왔다. 그 결과 도로인프라는 전국을 연결하는 촘촘한 거미줄을 형성하게 되면서 전국의 대부분을 연결하고 있다. 이로 인해 대도시 간의 통행은 고속철도의 수송분담률이 60~70%를 차지하고 있으나, 고속철도가 없는 중소도시 간 또는 중소도시와 수도권의 통행은 승용차, 버스 등이 주교통수단 역할을 하고 있다.

문제는 앞으로 고령화와 인구감소 등으로 인해 통행량이 감소할 뿐만 아니라 지방소멸이 가속화 될 경우 지방과 지방 간의 이용수요가 급격히 감소하게 될 수 있다는 것이다. 교통인프라는 일단 건설하게 되면 운영과정에서 지속적으로 비용이 발생하게 되며, 대수선 등의 투자가 계속해서 요구된다. 지자체 등의 요구에 의해 종합적인 비전과 전략 없이 교통인프라 투자를 지속하게 되면 이용하는 사람 없이 유지보수, 운영비용과 같은 매몰비용만 계속해서 발생하게 되는 것이다. 교통 SOC 투자의 속도조절이 필요한 이유이며, 따라서 교통인프라에 대한 투자전략의 근본적인 수정이 필요하다. 도로인프라는 지난 30~40년간 지속적으로 확장됨에 따라 국내 대부분의 지역을 상호연결하고 있다. 따라서 건설 중심의 신규 투자보다는 기건설된 인프라에 대한 유지·보수, 사고예방 등 안전성 강화에 중점을 두어야 할 것이다. 도로용량의 양적 확충보다는 기존 도로시설의 유지보수 관리와 안전성 강화를 통해 장기적으로 사람 중심의 교통체계 구축이 필요하다.

둘째, 철도분야에 대한 지속적인 투자 확대이다. 철도는 대표적인 친환경 교통수단으로 에너지 소비량은 도로 대비 1/22에 불과하며, 온실가스 배출량은 도로의 1/9 수준이다. 또한 버스, 승용차 등과 달리 대량 수송수단으로써 단위 시간당 보다 많은 이용수요를 처리할 수 있다. 이러한 점을 고려할 때 철도 중심의 교통인프라 투자를 통해 정부의 탄소중립 실현, 지방 메가시티 구축, 메가시티 간 연결, 수도권 교통혼잡 문제 해소 등 정책적 목표를 달성할 수 있을 것이다.

이를 보다 구체적으로 실현하기 위해서는 2025년 수립예정인 제5차 국가철도망 구축계획에서 수도권 교통혼잡, 광역생활권 연계 등의 정책적 목표를 달성할 수 있는 망계획 구축이 필요할 것이다. 예를 들어 고속화 사업을 통한 준고속철도 서비스 확대를 통해 지역균형발전에 기여할 수 있을 것이다. 문제는 철도투자는 대규모 재원이 필요한데 정부의 재정여건은 그렇게 넉넉하지 않다는 것이다. 한정된 재원을 활용해 어떻게 철도투자를 지속할 것인가에 대한 다각적인 고민이 필요하다. 대표적인 방안 중 하나가 민간투자사업의 활성화를 들 수 있을 것이다.

일반적으로 교통 SOC에 대한 민간투자사업은 총사업비의 최대 50%를 건설보조금으로 지급하고, 토지수용비를 제외한 나머지 재원을 민간자본을 활용하여 사업을 추진하게 된다. 따라서 대규모 재원이 소요되는 철도인프라를 확대하기 위해 민간투자사업을 활용할 수 있을 것이다. 정부에서 발표한 민간투자사업 대상시설 확대, 개량운영형

민자사업 등의 제도개선들이 이러한 민간투자사업 확대를 위한 여건 마련이라고 할 수 있다.

셋째, 2025년에는 부산 가덕도신공항, 제주 제2공항, 울릉신공항, 흑산공항 등을 중심으로 신공항 건설이 본격적으로 추진될 전망이다. 제주 제2공항의 경우 여전히 제주도민과 환경단체들과 사회적 갈등이 완전히 해소되지 않은 상태이나, 국토교통부 계획에 의하면 2025년에는 공항건설이 착공될 전망이다. 지방 공항의 건설과 운영은 지역민 항공교통서비스 제고, 공항 기반 지역경제 활성화에 커다란 도움이 되는 것도 사실이나, 무안공항, 양양공항 등 과거 사례에서 보여 주듯이 공항 이용수요의 저조, 항공사 운항노선의 부족, 공항 운영적자 증가 등 악순환에 빠져들 가능성이 높다. 신공항건설기본계획에 의거한 안전하고 효율적 건설과 함께 개항 이후 이용수요 확보와 지방 공항 운영 경쟁력 제고에 대한 중앙정부와 지방정부의 협력과 실행방안도 동시에 추진될 필요가 있다.

넷째, 비수도권 교통 SOC 투자를 통한 수도권-비수도권 균형발전이다. 비수도권의 인구감소는 출생률 저하와 같은 자연감소뿐만 아니라 수도권으로의 인구유출 문제 등이 복합적으로 기인한다. 일자리를 찾기 위해 자본이 집중되어 있는 수도권으로 사람들이 이동하는 것이다. 한편, 수도권에서는 지속적인 인구의 집중으로 출퇴근 시간대 혼잡문제가 심화되고 있다. 서울의 높은 주거비용 대신 경기도 외곽지역과 같이 주거비용이 저렴한 곳에 거주하면서 서울로 출퇴근하는 인구가 증가하게 되고, 출퇴근 시간대 경기·인천에서 서울로의 혼잡문제가 심화되는 것이다. 지방에서 수도권으로의 인구유출은 혼잡문제를 악화시키는데 기여한다.

그러나 수도권 혼잡을 해소하기 위하여 수도권에 대한 투자를 증가시키는 것은 비수도권과의 격차를 심화시키며, 결국 수도권으로의 인구집중을 가속화시키게 된다. 결국 수도권 혼잡문제와 지역균형발전의 문제는 개별적으로 접근해야 하는 것이 아닌 함께 풀어야 할 문제인 것이다. 수도권 혼잡문제를 해소하기 위해서는 오히려 지역균형발전을 강화하는 것이 필요하다. 지역에 대한 교통 SOC 투자는 1차적으로는 건설업 투자를 통해 지역경제활성화를 도모할 수 있으며, 2차적으로는 교통 SOC 확대를 통해 메가시티 구축과 같은 지역균형발전을 위한 기반을 조성할 수 있다. 따라서 지역균형발전을 강화함으로써 지역으로 인구와 일자리 분산을 유도하여 수도권 혼잡문제를 해결할 수 있도록 교통 SOC 투자정책 추진이 필요하다.

참고문헌

통계청 보도자료(2023. 12. 14). 장래인구추계: 2022~2072년.

제 6 편

# 문화 포용력

K-팬덤의 힘

## 24. 영화

# 2025년, SF와 오컬트 그리고 역사 영화

김소임 건국대 영어문화학과 교수

2025년 개봉 영화 중 가장 눈에 띄는 장르는
SF 영화와 오컬트 영화, 역사 영화로 전망된다.
현실과 거리를 두는 장르 특성에도 불구하고
위 세 장르는 나름의 방식으로 현실의 문제점들과
숨겨진 갈망을 짚어내 왔기 때문이다.
〈미키 17〉, 〈호프〉, 〈검은수녀들〉, 〈하얼빈〉을 통해
K-Movie의 가능성을 탐색한다.

oks 대표, 전 건국대학교 인문과학대학장, 전 한국현
대영미드라마학회 회장 등. 저서 『베케트 읽기』, 『영화로 보는 미국역사』(편집위원, 공저),
『영화로 부는 영국역사』(편집위원, 공저), 『여성, 영화의 중심에 서다』(편집위원, 공저), 『문화
로 읽는 페미니즘』(편집위원, 공저), 『퓰리처상을 통해 본 현대 미국 연극』(편집위원장, 공저),
역서 『욕망이라는 이름의 전차』, 『뜨거운 양철 지붕 위의 고양이』, 『존 왕』등. 이화여자대학
교 영어영문학과 졸업, 미국 위스콘신대학교 영문학 석사학위, 에머리대학교 박사학위.
김소임(Soim Kim, 金素任)

한국 영화는 코로나 팬데믹을 아직도 완전히 극복하지 못하고 있다. 영화관 입장권 통합전산망 제작상황판에 따르면, 2024년 8월 현재 후반작업 중인 영화는 총 50편인데 그중 촬영 종료 3, 4년이 지나도록 미개봉인 영화가 5편이나 된다. 2024년 상반기 전체 극장 매출액은 6103억 원, 관객 수 6293만 명으로 전년 대비 소폭 증가하였으나 팬데믹 이전 평균의 72.7%, 관객 수는 62.3% 수준에 달하는 수준이다. 코로나19 이후 OTT를 통해 영화를 관람하는 인구가 크게 증가했기에 매출과 관객 수는 코로나19 이전으로 회복가능하지 않을 수도 있다. 제작사, 감독, 배우들도 극장용 영화와 OTT 영화에 분산 참여하고 있어서 영화 생태계가 바뀌고 있음은 확실하다.[1]

하지만 천만 영화 달성 등 좋은 소식도 있다. 코로나 2년 동안 볼 수 없었던 천만 영화를 2022년과 2023년 〈범죄도시 2, 3〉, 〈서울의 봄〉를 통해 연이어 달성하면서 한국 영화계는 순항 중인 것으로 보인다. 2024년 전반기에도 개봉 8주차에 누적 관객수 1156만 명을 돌파한 장재현 감독의 〈파묘〉와 1150만 명을 돌파한 허명행 감독의 〈범죄도시 4〉가 천만 영화에 진입했으며 각각 133개국과 164개국에 선 판매 되는 쾌거를 이루었다. 추석에 개봉된 유승완 감독의 〈베테랑 2〉 또한 흥행 성공이 예상된다.

한국 영화계를 빈틈없이 조망하기 위해서는 최다 관객을 동원할 것 같은 블록버스터 영화, OTT 플랫폼을 통해 세계적 인기를 끌 것 같은

---

1  박찬욱 감독은 미국 HBO에서 2024년 4, 5월 방영된 〈동조자〉를 기획, 연출하였다.

영화, 아카데미상이나 칸 영화제와 같은 국제 영화제에 초청받을 것 같은 영화 등으로 나누는 것이 바람직하지만 이 글에서는 극장 개봉 대작에 집중하려 한다. 그 영화들이 한국인의 영화 사랑과 가장 밀접하게 공감하고 있기 때문이다.

## 2025년 흥행작 전망

내년도 개봉 예정 영화의 첫 번째 특징은 장르의 다양화이다. 멜로, 범죄, 미스터리 스릴러, 액션, 코미디, 공포, 판타지, 가족, SF 영화 등이 골고루 포진해 있다. 여러 장르 중에서 예산, 제작진, 출연 배우의 면면뿐 아니라 시의 적절성 등을 볼 때 가장 눈에 띄는 것은 SF 영화다. SF의 불모지였던 우리나라는 조성희 감독의 〈승리호〉(2021)와 연상호 감독의 〈정이〉(2023)로 가능성을 엿보였으나 두 작품 다 OTT를 통해서 공개된 것은 아쉬운 점이다. 강력한 비주얼과 사운드로 관객을 이끌어 가야 하는 장르 특성상 SF 영화는 극장에서 개봉하는 것이 더 큰 효과를 거둘 수 있기 때문이다.

내년에는 2편의 대형 SF 영화가 극장에서 관객을 찾아간다. 먼저 무려 1억5천만 달러의 제작비가 들어간 봉준호 감독의 〈미키 17〉이 1월 28일 개봉 예정이다. 〈미키 17〉은 미국작가 에드워드 애슈턴의 원작 소설, 『미키 7』(2022)을 바탕으로 미국 자본과 배우, 기술진을 활용하여 한국 감독이 연출했을 뿐 아니라 한국에서 첫 상영된다는 점에서 주목할 만하다. 나홍진 감독의 〈호프〉 또한 관객을 기다리고 있는데 이 영화는 SF 공포 영화로 국내 단일 영화 중 최대 제작비가 투입되었을 뿐 아니라 황정민, 조인성, 정호연 등 톱스타들이 출연한다는 점에서 주목을 끈다. 나홍진 감독은 〈추격자〉, 〈황해〉, 〈곡성〉을 통해 폭력적이며 공포스럽기도 한 극한 상황을 그려왔기에 〈호프〉를 통해 SF를 어떻게 변주해낼지 기대를 모은다.

기대를 모으는 또 다른 장르로는 오컬트가 있다. 천만 관객을 견인한 〈파묘〉의 성공으로 오컬트 영화에 대한 관심이 높아진 가운데 권혁재 감독의 〈검은 수녀들〉(2024) 또한 관심을 끈다. 이 영화는 오컬트 영화의 수작으로 꼽히는 〈검은 사제들〉(장재현 감독, 2015)과 제작사를 공유하면서 그 두 번째 이야기라고 홍보되고 있다. 한국인이 사랑하는 역사 영화 또한 관객을 기다린다. 안중근 의사의 이토 히로부미 암살을 다룬 우민호 감독의 〈하얼빈〉이 올 연말, 내년 초 개봉을 준비 중이다. 이 영화 또한 300억 원의 예산이 투입된 대작으로 안중근 의사(현빈)뿐 아니라 실존 독립투사들이 여럿 등장해 거사 과정을 박진감있게 펼쳐놓을 것으로 보인다. 글로벌 스탠스를 놓치지 않고 한국적 정서와 미학까지 보여주는 K-Movie를 이 영화들이 풍부하고 탄탄하게 해줄 것이라 기대한다.

## SF영화, 오컬트 영화, 역사 영화

감독의 역량, 예산 규모, 제작사의 글로벌 성과 등을 종합해 볼 때 가장 기대되는 개봉작으로는 봉준호의 〈미키 17〉을 들 수 있다. 〈미키 17〉 속 인류는 전쟁으로 황폐해진 지구를 떠나 몇 십 광년씩 떨어져 있는 행성들을 개척, 각자 생존을 이어간다. 주인공인 미키 반스는 39세 남자 익스펜더블로 우주 탐사에 참여하게 된다. 익스펜더블은 우주탐사 및 기지 건설 시 위험한 일을 떠맡는 복제 인간으로 사망과 복제를 반복하기에 '영혼'이 없는 존재로 간주되는 최하층민이다. 주요 등장인물로는 미키의 여자친구인 나샤와 미키를 탐사로 이끈 친구 베르토 그리고 미키를 폄하하는 사령관 마샬을 들 수 있다. 미키가 정착한 니플하임 행성에 사는 토착 동물, 크리퍼도 큰 역할을 한다. 미드가르드 행성 출신인 미키는 내기에 베팅을 잘못하여 엄청난 부채를 지고 고향을 떠나기로 결심한다.

하지만 우주탐사 시대에 잘 나가는 이과생도, 우주선 조종사도 아니고 역사책 읽기를 즐기는 문과생으로 특별한 스펙도 없는 미키가 우주선을 탈 수 있는 방법은 익스펜더블이 되는 것뿐이다. 익스펜더블은 익스펜드라는 동사의 형용사 형으로 없어도 된다는 의미이다. 상류층과 엘리트로 구성된 개척단 안에서 복제 인간인 익스펜더블은 복제를 위해 단백질이 사용되기에 부족한 식량을 축내는 존재로 간주되기 일쑤다. 소소하게는 우주 개척 시대에 이과와 문과의 차이부터 독서에 무관심한 사회, 문과생이 우주선에서 할 수 있는 일의 한계, 우주선 내의 계급, 식량 배급, 인간 복제의 윤리, 복제 인간에 대한 생체 실험, 중복 복제, 복제 인간의 영혼 유무 문제 등을 비롯하여 우주 전쟁과 식민지 개척, 토착 생명체와의 전쟁, 환경, 난민, 식량 문제, 식인 문화, 대량 살상 무기 등 우리 사회가 당면하고 있는 문제들이 제기된다.

〈설국열차〉, 〈기생충〉을 통해서 한국 사회뿐 아니라 어디서나 보편적으로 확인되는 부와 권력의 편재와 잉여 인간들의 애환을 파헤쳐온 봉준호가 소설 『미키 7』에 매력을 느낀 것은 당연하다. SF 영화는 비현실적 세팅에 기대어 현실 속 문제들을 과장하고 비틀어서 묘사함으로써 역으로 우리의 현실을 부각시킨다. 우주 개척의 역사는 멀게는 제국주의적 식민지 건설을 복기한다. 지각이 있는 토착 동물인 크리퍼를 대하는 사령관 마샬의 태도는 원주민들을 대했던 정복자들의 모습을 상기시킨다. 과거뿐 아니라 현재의 문제도 SF라는 독특한 렌즈를 통해 비춰진다. 식량 문제는 너무 심각해서 음식물 쓰레기 한 조각뿐 아니라 인간의 시신까지도 바이오 사이클러에 들어가 식량으로 재활용된다. 한편에서는 음식물 쓰레기가 처치 곤란할 정도로 배출되고 다른 한편에서는 굶어 죽어가고 있는 지구촌에서 우리는 과연 어디까지 가야 할 것인가? 진정 지구를 사랑한다면.

미키 7과 그가 사망한 것으로 오판해 복제된 미키 8 사이에서 벌어지는 정체성과 관계의 혼란은 우리에게 닥칠 AI를 통한 재현, 육체의 복제, 뇌의 다운로드 등이 초래할 문제의 전초전이다. 나와 분신의 공존은 윤리 문제도 대두시킨다. 나의 분신이 나의 애인과 동침한다면 그것은 불륜인가?『미키 7』에서 미키는 8년 동안 6번 죽은 것으로 설정되지만 〈미키 17〉에서는 11번이 추가되어 17번이 된다. 불멸은 인간을 매혹시키지만 죽음의 고통을 16번 기억하고 살아간다는 것을 불멸이라고 부를 수 있을지도 짚어볼 필요가 있다.

『미키 7』의 끝은 급작스러운 해피엔딩인데 그것을 가능하게 만든 것은 미키의 소통 능력이다. 〈기생충〉에서 소통의 부재가 큰 파국을 불러왔음을 기억한다면 봉감독이 〈미키 17〉에서도 소통의 의미를 강조할 것이 예측 가능하다. 이중 복제된 것이 들통 난 미키 7은 사령관에게 대량살상무기인 반물질을 크리퍼에게 빼앗겼으며 자신이 협상을 할 수 있는 유일한 존재라고 속여 목숨을 부지한다. 그뿐만 아니라 크리퍼가 반물질을 가지고 있다는 거짓말로 사령관으로 하여금 크리퍼 대학살을 포기하게 만든다. 미키는 크리퍼와 교감을 나누었으며 그들과 인간 간의 항구적 평화를 모색한다. 기지 전체에서 가장 천한 익스펜더블이 이런 성과를 이루었다는 것은 삶의 조건에 대한 성찰을 요구한다. 성현들이 설파했던 것처럼 진리와 사랑은 낮은 자리에 임하는 것일지도 모른다. 미키는 가장 험한 일을 했기에 행성의 토착 동물인 크리퍼가 자의식이 있으며 언어를 가지고 있음을 알 수 있었다. 비현실적인 세팅에도 불구하고 보편적인 진리를 확인시킨다는 점이 SF 영화의 힘의 원천이다.

먹고 사는 일상의 문제와는 거리가 먼 '우주, 시간, 디스토피아, 가상현실, 포스트 휴먼'을 키워드로 내세우는 SF 영화가 반복 재생산되는 까닭은 무엇일까?(박영식, 6) 미래의 우주를 배경으로 외계인과 괴물들, 최첨단 무기를 장착한 우주선과 로봇 전사가 가상현실을 넘나들고 시간 여행까지 감행하는 SF 영화는 우리 사회의 고질적 병폐와 갈등을 비추고 사회 부조리를 파헤칠 수 있는 좋은 반사경이다. SF 영화를 제대로 읽어내기 위해서는 거대한 서사 줄기를 따라 포진된 은유들을 읽어내야 한다. 서사와 은유는 낯설면서도 낯이 익다. 〈승리호〉가 우주 쓰레기를 치우는 승리호와 바닥 계층을 구성하고 있는 청소부들을 통해서 우주 정복의 시대에도 여전한 계층 문제, 불법 이민자, 비시민권자를 향한 차별과 온갖 종류의 우월주의를 보여주었으며, 〈정이〉는 복제 인간 안에도 계급이 있음을 주목했다. 〈승리호〉와 〈정이〉가 그러했듯이 〈미키 17〉의 세계는 우리의 자화상이다. 우주적 세팅과 미래 시점이라는 공간적, 시간적 거리두기는 극작가 브레히트가 제안한 소외효과처럼 관객으로 하여금 자신의 문제를 냉철하게 바라볼 수 있게 해주는 장치라고도 할 수 있다.

〈미키 17〉의 경우, 원작자가 미국인일 뿐 아니라 출연진들 중에서는 베르토 역할을 맡은 스티브 연(Steven Yeun)만이 한국인인데 과연 이런 영화를 K-Movie라고 할 수 있을까 하는의문이 든다. 〈미키 17〉은 K-Movie의 개념의 확장을 요구한다. K-Movie에서 중요한 것은 장르, 세팅, 인물, 플롯보다 그것들을 바탕으로 흐르는 한국적인 미학이다. 음악감독 정재인과 편집감독 양진모가 〈미키 17〉에 참여하는 것이 주목되는 이유가 여기에 있다. 보편적 문제를 다루면서도 한국적 정서를 놓치지 않을 때 오락은 예술이 된다.

내년에 개봉하게 되는 〈호프〉는 SF 영화를 표명하고 있는데 나홍진 감독의 성향상 오컬트적 요소를 가미했을 것으로 예측할 수 있다. 영화 홍보문에서 몇 가지 근거를 찾을 수 있다. 영화는 '고립된' 항구마을 호포항에서 '의문'의 공격이 시작되고 마을 외곽에서 '미지'의 존재가 목격된 후, 그 실체를 수색하다 마을이 '파괴'될 위기에 놓인 주민들의 '사투'를 그려낼 예정이다. 과학적, 상식적으로 설명하기 어려운 존재의 공격이 마을을 파괴시키고 인명을 살상한다는 것은 SF 영화와 오컬트 영화의 특징으로 볼 수 있다.

내년도 개봉작인 〈검은 수녀들〉에는 악령이 덮친 한 어린 소년을 구하려는 수녀들이 등장할 뿐 아니라 정신의학으로 치료할 수 있다고 믿는 정신의학과 전문의인 신부(이진욱)와 구마의식을 행하는 신부(허준호)가 갈등을 빚으면서 의학과 종교, 과학과 초자연이 충돌할 것으로 보인다. 송혜교가 강력한 악령에 사로잡힌 소년을 구하기 위해 애쓰는 수녀로 출연하면서 〈검은 사제들〉의 여성판 스핀오프로도 불리는 이 영화는 단지 희생자와 성직자의 성별이 바뀌었다는 것 외에 새로운 시각과 전망을 제공하지 못한다면 속편의 저주를 피하기 어려울 수도 있다.

AI와 더불어 살아가는 현대인에게 오컬트 영화가 어떤 의미를 갖는지 짚어보자. 오컬트(occult)는 "주술적인, 초자연적인"이란 의미를 지닌 영어 단어로 영화로는 〈엑소시스트〉(윌리엄 프리드킨 감독, 1973)가 가장 잘 알려져 있다. 오컬트 영화는 초자연적인 악령과의 대결을 넘어서 사회 부조리뿐 아니라 인간 조건의 부조리까지 짚어낸다는 점에서 매력적이다. 선한 자의 불행에 대해 합리적 설명이 불가능하고 기존 종교까지 제 기능을 다하지 못할 때 악령의 득세와 그를 쫓는 구마 의식은 신선한 해결책으로 다가올 수밖에 없다. 단일 종교권인 서구와 달리 한국에서는 무속 신앙과 신흥 종교가 불교, 기독교 등 기존 종교와 공존하면서 부조리를 들춰낼 뿐 아니라 키우고 있다. 〈파묘〉, 〈검은 사제들〉, 〈사바하〉(장재현 감독, 2019), 〈천박사 퇴마 연구소: 설경의 비밀〉(김성식 감독, 2023) 속 악령의 공격은 굴곡진 과거사의 상처뿐 아니라 한국 사회 내 다양한 이익 집단의 갈등을 들춰냈다. 〈호프〉와 〈검은 수녀들〉이 한국 사회에 숨겨진 어둠의 영역을 비춰냄으로써 K-Movie의 한 축을 담당해줄 것을 기대한다.

SF 영화와 오컬트 영화가 장르 특성을 활용해서 현실을 만화경 안에 넣어 보여준다면 역사 영화는 정공법을 쓴다. 안중근 의사의 이토 히로부미 암살을 다룬 우민호 감독의 〈하얼빈〉이 올 연말, 내년 초 개봉을 준비 중이다. 롱런 중인 뮤지컬 〈영웅〉과 윤제균 감독의 영화 〈영웅〉(2022)이 그랬듯이 〈하얼빈〉은 영웅 부재의 시대에 살신성인을 이룬 영웅의 탄생과정을 보여준다. 역대 한국 영화 관객 동원 20위까지의 순위를 보면 1위를 차지한 김한민 감독의 〈명량〉(2014)을 비롯해서 절반가량이 역사 영화다.

작년 하반기 한국 영화계를 견인한 김성수 감독의 〈서울의 봄〉

(2023) 또한 한국의 현대사를 조망한 영화이다. 어떤 영화에도 최소한의 이데올로기는 들어간다. 하지만 역사 영화가 이념에 경도되어 균형을 잃는 것은 경계할 필요가 있다. 양극화와 이념적 분열이 극심한 상황에서 인물과 사건을 단순화시키거나 희화화시키는 것은 역사의 무게감을 떨어뜨릴 뿐 아니라 양극화를 부추기는 셈이 된다. 위태로운 순간을 치열하게 살아낸 실존 인물들은 많은 경우 크리스터포 놀란 감독의 〈오펜하이머(Oppenheimer)〉(2023)에서 보듯이 영웅과 희생자의 경계인이거나 최인훈의 중편소설 『광장』(1960)의 이명준처럼 이념보다 큰 운명에 날려가 버린 존재일 수 있다. K-Movie의 발전을 위해서도 쇼비니즘은 경계되어야 한다. 한국인만의 이야기를 다루면서도 보편적 존재 조건을 포용할 때 세계 관객과 함께 할 수 있을 것이다.

〈하얼빈〉은 코로나 19이후 영화계의 생태환경을 고민하는 영화이기도 하다. 우민호 감독은 인터뷰에서 관객이 극장에서 영화를 관람하는 것은 더 이상 당연한 것이 아니며 그 타당성을 제시해야 한다며 영화인으로서의 고민을 토로한다. 그의 대답은 현장감이다. 세트가 아닌 로케이션 촬영을 하고 합성된 소리가 아닌 실제 자연의 소리를 담아낸 영화는 대형 화면과 정교한 음향 시설을 통해서 감상하는 것이 제격이라는 것이다. SF 영화나 오컬트 영화는 장르 특성상 컴퓨터 그래픽에 의존할 수밖에는 없다. 하지만 어떤 영화든지 아직까지는 사람의 모습과 소리가 큰 비중을 차지한다.

AI가 영화 제작의 여러 분야에서 큰 활약을 할 시대를 목전에 두고 실존 인물의 피눈물을 담은 역사 영화와 함께 영화계가 나가야 할 방향을 고민해야 봐야 한다. 작년 할리우드에서는 생성형 AI에게 일자리를 빼앗길 것을 우려한 작가들의 파업이 5달이나 지속되었고 이는

〈미키 17〉의 제작에도 영향을 미쳤다. 생성형 AI에게 명령어를 주어 무엇이든 만들어낼 수 있는 시대가 되었지만 관객은 늘 새로운 것을 원하니 빅데이터만으로는 안 되는 지점이 있을 것이다. 과거에 대한 복기와 현실에 대한 깊은 성찰로 K-Movie가 확장될 것을 기대한다.

## K-Movie가 가야 할 길

영화계의 가장 근본이 되는 숙제는 다양한 장르를 통해서 한국적이면서 동시에 세계적인 K-Movie를 만들어 극장으로 관객을 초대하는 것이다. 단시간에 많은 관객을 모으는 것만이 성공의 잣대는 아니다. 세월과 더불어 재평가되어 고전의 반열에 오르는 영화도 많다. 양적인 성공과 더불어 질적인 성공 또한 중요하다.

최근 몇 년 사이 K-Movie의 세계적 위상이 놀라울 정도로 격상하였으나 아쉬운 점도 발견된다. 대작 영화를 중심으로 내년도 영화계를 전망해 보면서 예산과 규모의 양극화라는 문제점과 더불어 영화제에서의 미미한 성과가 눈에 띈다. 2020년 봉준호 감독의 〈기생충〉이 아카데미 작품상을 수상한 이후 딱히 큰 성과가 없다. 아카데미상 국제영화 부문에서 2022년에는 〈헤어질 결심〉이 예비후보에 올랐으나 올해 추천된 엄태화 감독의 〈콘크리트 유토피아〉는 후보에 오르지 못했다. 칸 영화제 경쟁 부문의 경우 2022년에 〈헤어질 결심〉이 초청된 후 2023년, 24년 2년 연속 초청받지 못했다. 2024년에도 칸 영화제 비경쟁 심야 상영 부문에 〈베테랑 2〉가 초청되는데 그쳤다. 베니스 국제 영화제에도 경쟁 부문에서 12년째 초청받지 못하고 있다. 2022년과 2024년 베를린 국제 영화제에서 홍상수 감독의 〈소설가의 영화〉와 〈여행자의 필요〉가 은곰상을 수상한 것이 성과라면 성과다. 미국 박스오피스에서 관객 동원이 높은 한국 영화 20위 안에 드는 영화 중 가장 근작이 〈기생충〉인 것은 한국 영화의 높아진 위상에도 불구하고 가시적 수확은 없었음을 시사한다. 해외 배급사 '화인컷'의 서영주 대표는 인터뷰에서 한국 영화계가 "정부 지원금을 끌어서 만드는 10억 원이하 저예산 영화 또는 100억 원 넘게 들여 천만 관객을 노리는 대형 영화로 양극화"되어 있다면서 "30억~40억 원쯤 드는 중 · 저예산 영화"가 칸 영화제와 같은 국제 영화제에 갈 수 있다고 말한다(백수진).

칸 영화제 수상작의 면면을 살펴보면 물량 공세보다는 삶의 한 지점을 묵묵히, 꾸준히, 깊게 바라보는 작품들이다. 2023년 칸 영화제 남우주연상(야쿠쇼 코지)을 수상한 빔 벤더스 감독의 〈퍼펙트 데이즈〉가 그 좋은 예이다. 흥행과는 무관하게 꾸준히 작품을 발표하고 있는 홍상수 감독의 힘에 주목하고 재평가해야 하는 것도 같은 이유다. 얼마 전 로카르노 영화제에서 〈수유천〉으로 김민희가 최우수 연기상을 수상한 것도 홍감독의 힘이다. "상업적으로는 실패할 수 있다는 각오로 영화를 만드는 사람들이 경쟁 부문에 진출"할 수 있다는 서대표의 말처럼 그런 용기가 필요한 시점이다. 대작 영화의 성공이 소위 예술영화 제작의 토양 또한 풍요롭게 해주기를 기대해 본다.

김강원(2022), SF영화 〈승리호〉의 포스트휴먼 담론.《한국문예창작》, 21권 3호, 92-129.

김경애(2024), 한국 현대 오컬트의 특성과 의미: 디스토피아적 세상에서 유토피아 꿈꾸기.《현대영화연구》51호, 7-29.

김소미(2024. 1. 26). 타사 작품이지만 나도 궁금하다, 투자책임자들이 꼽은 2024 영화·드라마 기대작.《씨네 21》,
http://m.cine21.com/news/view/?mag_id=104365

박영석(2019),『21세기 SF 영화의 논점들』, 아모르 문디.

백수진(2024. 6. 19). 해외배급은 릴레이 마지막 주자, 명확한 콘셉가 '힘', [K콘텐츠 승부사들] [26] 해외 배급사 '화인컷' 서영주 대표.《조선일보》,
https://www.chosun.com/culture-life/performance-arts/2024/06/05/
LCSX5FYKLRC4DFKF5O4V4ZS3QY/

신정선(2023. 10. 11) 5년간 21편… KO 펀치보다 한 방 한 방 날려 경험치 쌓았다 [K콘텐츠 승부사들] [4] 변승민 클라이맥스 대표.《조선일보》,
https://www.chosun.com/culture-life/culture_general/2023/10/11/
GVWOKNW3GZD4JCQY5TJPLCMYZM/

신정선(2023. 11. 15.) 소셜미디어로 美 젊은 세대 공략… "기생충 아직 안 봤어?" 입소문 나더군요 [K콘텐츠 승부사들] [6] CJ ENM 영화 총괄 고경범.《조선일보》,
https://www.chosun.com/culture-life/culture_general/2024/06/19/3ZF3QMI
DGFCJNPXDAB4UAV5M2Q/

임수연(2024. 1. 12.). [인터뷰] 10월26일, 안중근, 〈하얼빈〉 우민호 감독.《씨네 21》,
http://m.cine21.com/news/view/?mag_id=104251

https://en.wikipedia.org/wiki/Science_fiction_film

https://kofic.or.kr/kofic/business/main/main.do

https://namu.wiki/w/%EC%B9%B8%20
%EC%98%81%ED%99%94%EC%A0%9C

# 25. 한류

## 한류를 키우는 힘, K-팬덤

한류는 글로벌 콘텐츠 산업 환경의 변화에 빠르게
대응하면서 지속적으로 성장해왔다.
2025년에는 영화, 드라마 등에서 거품이 빠지면서
위기론이 대두되겠지만, 한류는 굳건한 글로벌 팬덤을
기반으로 연계 산업 및 높아진 국가브랜드와 함께 서로의
발전을 견인하며 더 큰 성장을 이뤄낼 것이다.

한국문화관광연구원 선임연구위원, 일본 시즈오카현립대학 객원연구원, 일본 동경대학 사회심리학연구실 연구원, 유네스코창의도시 자문위원, 한국관광공사자문위원 등. 저서 『창조경영시대의 문화마케팅』(공저), 『韓流ハンドブック』(공저), 『엔터테인먼트 산업의 의해』(공저), 연구보고서 『한류 20년 성과와 미래전략』, 『콘텐츠산업 트렌드 2028』, 『대중문화콘텐츠가 국가브랜드 증진에 미친 영향 연구』, 『한일문화콘텐츠 교류 현황 및 활성화 방안』 등. 이화여자대학교 교육심리학과 학사 · 석사 · 박사, 미국 조지워싱턴 대학교 MBA. 채지영(Jeeyoung Chae, 蔡芝榮)

## 한류의 위기?

1990년대 말, 한류라는 단어가 처음 언급되고 우리나라 콘텐츠가 중국이나 동남아시아에 조금씩 알려지기 시작할 때부터 "한류는 곧 끝날 것이다"라는 의견이 만연했다. 일본에서 겨울연가가 히트 치고 한류 붐이 일 때도 "한류는 곧 끝날 것이다"라는 의견이 지배적이었다. 드라마와 K-pop, 영화가 세계 시장에서 의미 있는 성과를 거둘 때도 한류는 항상 위기고, 문제고, 곧 끝날 산업이었다. 하지만, 위기를 논할 때마다 보란 듯 예상을 깨고 한류는 한 단계씩 성장을 거듭하였고 지금의 위상에 올라섰다.

당시 대부분 문화연구자나 콘텐츠산업 전문가들은 현재와 같은 글로벌 한류 확산은 예측하지 못했다. 중국과 동남아에서 H.O.T가 뜨고 한국 가요와 드라마가 유행해도 콘텐츠 산업 선진국까지 진출할 것이라 기대할 수 없었던 것은, 문화콘텐츠의 흐름이 일반적으로 콘텐츠산업의 선진국에서 중진국, 후진국으로 흘러가기 때문이었다. 특히, 콘텐츠 소비는 콘텐츠 속 문화에 대한 '동경'이나 '환타지'와 같은 심리적인 기제가 상당 부분을 좌우하는데, 일본 소비자들이 과거 자신들이 지배했던 나라의 콘텐츠를 '동경과 환타지'의 대상을 볼 거란 자신감을 갖기도 어려웠다.

그만큼 문화산업의 규모가 세계 2위인 일본에 당시 10위에도 미치지 못했던 한국의 문화상품이 진입한 것은 '흐르는 강물을 거꾸로 거슬러 올라가는 것'만큼 어려운 일이었다. 하지만 K-콘텐츠는 일본 콘텐츠 산업이 놓친 틈새시장의 감성에 어필했고, 일본 소비자들의 심리적 장벽을 허물고 일본 시장에 당당히 진출했다.

일본에서의 성공에도 불구하고 아시아 마켓이 한류의 한계라는 의견이 많았다. 하지만, SM타운의 파리 공연 성공으로 한류가 서양에서도 통할 것이라는 희망이 생겼다. K-pop이 유럽의 특이한 청소년들의 하위문화고 한국 영화는 소수 엘리트가 즐기는 예술 영화라는 소극적 분위기도 싸이의 강남 스타일이 히트하면서 사그라들었고, 싸이는 정통 K-pop이 아닌 우연히 성공일 뿐이라며 애써 의미를 축소하던 사람들마저 글로벌 팬덤을 형성한 BTS와 블랙 핑크의 등장으로 침묵하게 되었다. 때마침 K-pop뿐 아니라 〈기생충〉의 아카데미상 수상, 〈오징어 게임〉의 넷플릭스 글로벌 순위 1위, 그 뒤를 잇는 수많은 한국 영상 콘텐츠들의 히트로 한류는 마이너 집단의 문화에서 명실공히 트렌디한 글로벌 팝 문화의 하나로 격상되었다.

하지만 역사상 전례 없이 한국의 문화가 전 세계로 확산되고 있는 현재에도 한류 위기론은 여전하다. 최근에는 K-pop 아이돌 음악의 한계나 영화 투자 및 제작의 감소 등으로 한류가 위기를 맞고 있다는 주장이 고개를 들고 있다. 하지만, 20여 년의 한류 역사를 돌이켜보면, 이 정도의 위기가 없었던 적이 없었고, 그 위기는 "잘 될거야"라는 무작정 긍정이 아니라, 매우 구체적이고 적극적인 대응으로 해결되었다. 위기 속에서, 위기를 극복하며 한류는 성장했고 지금에 이른 것이다.

## K-컬쳐의 스필 오버 이펙트(spill-over-effect)

콘텐츠산업 수출액 그래프만으로도 지난 20여 년간 한국 콘텐츠의 해외 진출이 얼마나 활성화됐는지 한눈에 파악할 수 있다. 2005년 13억 달러에 불과했던 콘텐츠 수출액은 2022년에는 132억 달러를 넘어

서면서 10배 이상 성장하였다. 특히 음악산업은 2005년부터 2022년까지 연평균 성장률 24.5%를 기록하며 전 장르 중 가장 빠르게 성장하였으며, 방송산업 역시 연평균 12.8%의 급속한 성장률을 보여, 두 콘텐츠의 성장이 한류를 견인하였음을 보여주고 있다. 최근에는 웹툰을 포함한 만화산업이 새로운 한류 장르로 떠오르면서 2020년 대비 2021년 31.3%의 성장률을 기록하였다. 지난 20여 년간 중국의 한한령이나 이명박 대통령의 독도발언에 대한 일본 우익의 반대 등 한류를 위협하는 크고 작은 사건에도 불구하고, 콘텐츠 수출액은 꾸준히 우상향하였다.

콘텐츠 수출의 양적인 성장은 한국과 한국 상품을 바라보는 해외 소비자의 시선에 커다란 변화를 가져왔다. 콘텐츠 수출의 가장 큰 장점은 콘텐츠의 판매가 그것으로 종결되지 않고 관련 상품에까지 긍정적인 영향을 전이시키는 이른바 스필 오버 이펙트(spill-over-effect)를 생성한다는 점이다. 초기 한류로 동남아시아, 중국, 일본 등에서 한국화장품이나 의류 소비가 늘고 관광객이 급증했던 것처럼, 최근의 스필 오버 이펙트는 유럽과 미국 등 한류가 새롭게 유행하고 있는 국가를 중심으로 확산하며, 화장품이나 한식, 관광 등 한류의 영향이 닿는 상품에 대한 관심과 구매를 촉진시키고 있다. 콘텐츠는 국가 이미지도 긍정적으로 변화시켰고, 이는 다시 한국 콘텐츠와 관련 상품에 긍정적인 피드백을 주고 있다. 한번 궤도에 오른 한류는 관련 상품, 국가 브랜드와 서로 상호작용 하면서 '한국'을 마케팅하고 있다.

　한류 성장의 효과가 가장 빠르게 전이된 산업은 화장품 산업이다. 한류가 동남아와 중국을 강타하면서 한류 스타를 매개로 한 화장품에 해외 소비자들의 관심이 집중되자, 아모레퍼시픽이나 LG생활건강 등 대형 화장품 기업들은 K-드라마의 주인공인 이영애, 전지현, 송혜교 등 한류 스타를 모델로 기용하였고, 그것은 곧 매출 급증으로 이어졌다. 한국 콘텐츠가 알려진 국가에서 한국 화장품이 동반 인기를 얻게 되면서 2000년 이후부터 화장품 수출이 눈에 띄게 증가하였고, 2014년 드디어 한국 화장품 수출과 수입의 역전현상이 일어났다. 2014년은 우리 화장품의 수출액이 일본 화장품 수출을 처음으로 넘어선 해이기도 하다. 중국에서의 한국 화장품 붐은 對중국 수출액 점유율을 53%로 끌어올리며(2021년) 한국 화장품 산업 성장을 견인하였다. 일본에서의 한국 콘텐츠의 인기 역시 한국 화장품 소비를 촉진시키며 연 21%의 성장을 지속하고 있다.[1]

　수년 전부터 중국이 화장품업체의 설비 투자 증가와 자체 브랜드 개발에 집중하면서 對중국 수출이 2021년에 피크아웃하며 급감하였고, 이는 곧 2022년 한국 화장품 산업의 위기로 다가왔다. 하지만, 중국보다 뒤늦게 한국 콘텐츠에 노출된 미국 소비자들을 중심으로 한국 화장품 소비가 급증하면서 화장품 수출에 구조적 변화가 발생하였다. 2024년 아마존 뷰티 카테고리 1위 품목에 한국 중소기업이 만든 쿠션 제품이 오르는 등, 중소기업 화장품이 약진하면서 중국 시장의 부진을

---

[1]　관세청 수출입무역통계(https://tradedata.go.kr) 참조

만회하고 있다.

2010년대에는 아모레 퍼시픽과 LG생활건강 등 화장품 대기업이 수출의 80~90%를 차지하며 화장품 수출을 이끌었다면, 최근에는 두 회사를 제외한 인디 브랜드의 수출이 70% 이상을 차지하며 수출을 견인하고 있다. 과거 오프라인 매장 한 구석을 차지하기도 어려웠던 중소기업 제품들이 콘텐츠를 매개로 인지도를 높이고, 한류 스타 모델과 인플루언서를 활용한 적극적인 홍보를 전개하며, 온라인 유통망을 통해 글로벌 소비자에게 직접 제품을 공급하면서 나타난 변화이다. 콘텐츠와 중소화장품 기업이 연계하고 다양한 해외 소비자 니즈에 맞춘 상품을 빠르게 공급하면서, 화장품 산업은 저물어가는 중국 시장을 뒤로하고 더 큰 소비시장을 개척하고 있다.

## 정통 한식보다는 힙한 K-푸드

한류 콘텐츠는 식품 수출에도 큰 영향을 미쳤다. 정부는 한류 초기에 한식을 널리 알리고자 2010년 '한식재단'을 설립하고 한식의 세계 진출에 대한 정책적 지원을 본격화하였다. 당시 〈대장금〉의 영향으로 정통 한식, 고급 한식에 초점을 맞추어 한식을 홍보했으나, 결과는 그리 신통치 않았다. 해외 소비자들은 값비싼 정통 한식보다 콘텐츠를 통해 자주 접한 치킨이나 떡볶이, 라면, 김밥 등 생활 속 한식에 더 큰 관심과 호감을 갖고 있었다. 〈별에서 온 그대〉를 통해 치맥이, 〈기생충〉을 통해 짜파구리가 알려지고, 한류 스타들이 즐겨 먹는 길거리 음식과 분식 등 가벼운 일상의 먹거리에 친숙함이 증가하자 한국 식품의 수출에도 변화가 생겼다. 2023년 한국 농식품 수출은 99.2억 달러를 달성, 사상 최고치를 경신하였으며 2024년 상반기 냉동김밥을 포함한 쌀 가공식품의 수출액은 1억3700만 달러로 전년 동기 대비 41.4% 증가, 라면 수출액은 32.3% 증가하였다.

수출의 증가와 함께 한식을 바라보는 외국인들의 시선은 더욱 극적으로 변화하고 있다. Trader Joe's의 냉동김밥은 비건을 위한 건강식으로 포지셔닝 되고, 매운 불닭볶음면은 글로벌 MZ 세대의 재미있는 도전이 되었다. 떡의 찐득한 식감이 싫다던 외국인들이 떡볶기를 즐기며, 뉴욕에서는 한국의 기사식당과 퓨전 한식 레스토랑이 공존하며 인기를 얻고 있다. 프랑스에 한국 프렌차이즈 제과점이 성업 중이며, '김치 소스'는 각국의 다양한 음식에 맛의 풍미를 더한다. 뉴욕의 Shack Shack Burger는 Korean Style Fired Chicken, Korean BBQ Burger, Spicy Korean BBQ Fires 등 다양한 한국 스타일의 메뉴를 선보였고[2], 해외 대형 마트에서 한국 식품 팝업스토어의 인기는 나날이 높아지고 있다. 단발성 화젯거리로 알려지던 한식의 성공사례들이 끊이지 않고 이어지자, 한식이 새롭고 트렌디한 식문화로서 지구촌에 수용되고 해외 소비자의 생활 속으로 파고들고 있음을 부정할 수 없게 되었다.

면세점 관광에서 생활 속 찐 로컬 체험 관광으로

한류는 한국의 관광지형도 크게 변화시켰다. 초기 한국 콘텐츠가 중국과 일본, 동남아의 관광객들에게 새로운 관광지로 한국을 알렸다

---

2 Shake Shack 홈페이지, https://shakeshack.com/blog/our-food/team-swicy-vs-team-umami-the-choice-is-yours#/

면, 현재의 한류는 전 세계인에게 흥미로운 체험이 가능한 매력 장소로 한국을 포지셔닝시킨다. 코로나와 사드 사태 등으로 방한 관광객 수는 크게 출렁였지만, 코로나 시기 동안 한국 콘텐츠에 푹 빠진 소비자들 덕분에 한국이 코로나 이후 "꼭 방문하고 싶은 나라"로 급부상하였고, 이후 방한 관광은 빠르게 재정립되고 있다. 특히 젊은 관광객들은 인터넷이나 앱을 통해 관광 정보를 직접 찾아다니며 독특한 관광행태를 보이고 있다. 이들은 기존 유명 관광지 방문보다 한류를 통해 접한 한국 생활 문화를 직접 체험하고 싶어 한다.

찐 로컬의 감성을 맛보기 위해, 한강에서 라면을 먹고, 시장 음식이나 길거리 음식을 즐기고, 올리브 영에서 화장품을 고르며 피부미용실에 가는 것이 면세점이나 유명 관광지 방문보다 우선한다. K-팝과 영상 콘텐츠의 영향으로 아이돌 메이크업 후 사진 촬영하기, 뮤직비디오 촬영장소 방문하기, 한국 MZ들의 성지인 성수의 팝업스토어 방문기를 인스타에 올리기, 유명 카페 방문하기, 드라마에 나온 음식 시식하기 등 콘텐츠에서 접한 K-life를 즐기며 한국을 차별화된 생활 체험 관광지로 만들어가고 있다.

BC카드가 코로나 이전 2019년에 발생한 외국인 결제 데이터를 2023년 결제 데이터와 비교한 결과[3], 관광객 방문지에 실질적인 변화가 발견되었다. 면세점이 위치한 소공동(-90%)이나 잠실 3동(-88%), 장충동(-77%)의 매출 건수는 급감한 반면, 성수동(973%)이나 여의도동(479%), 한남동(429%) 등 한국 젊은이들에게 핫한 지역으로 알려진 곳의 매출 건수는 급증하고 있어, 방한 관광객들의 방문지 선택이나

---

3 Insight Korea(2023. 8. 16). 「BC카드 "외국인 관광객 2000만 달성… 관건은 '개인 여행자' 유치"」.

쇼핑 행태의 변화를 증명한다. K 컬쳐를 경험한 개별 관광객들이 SNS를 활용해 구석구석 로컬 감성을 찾아 나서자 한국의 관광 패턴이 변하였고, 도시는 매력이 넘치는 체험 장소로 재탄생하고 있다.

## K-팬덤이 이끄는 한국 국가브랜드

한류의 확산과 한류 관련 산업의 세계화는 산업적 발전뿐 아니라 한국 자체에 대한 외국인들의 시각을 바꾸고 있다. 해외문화홍보원에서 실시하는 〈국가이미지조사〉[4]나 한국국제문화교류진흥원에서 실시하는 〈해외한류실태조사〉[5] 분석을 통해 한류의 유행이 확산되는 시점부터 한국을 바라보는 시각이 변하는 것이 파악되었다. 한국에 대한 부정적 이미지에 정체되어 있던 서양 국가들도 코로나 이후 한국 콘텐츠의 소비가 크게 증가하면서 과거 이미지에서 벗어나기 시작했다. 불과 3~4년 전만 해도 이들 국가들은 한국의 모습을 한국전쟁이나 남북관계, 독재, 경제적 성과 등으로 인식했으나, 이제는 K-pop과 한국 음식, 드라마, 영화 등 밝고 세련된 문화이미지로 한국을 떠올리게 되었다.

한류 팬들의 인식 변화는 곧 한국의 소프트 파워로 작동하고 있다. **Brand Finance Global Soft Power Index**[6]는 한국의 소프트 파워를

---

4  해외문화홍보원에서는 한국에 대한 세계인의 인식을 파악하고자 2018년부터 세계 주요 국가를 대상으로 1년 단위로 국가이미지 설문조사를 수행하고 있음

5  한국국제문화교류진흥원은 국가별 한류 문화콘텐츠 소비 현황과 확산 수준을 비교할 수 있는 기초자료를 수집하고자 2012년부터 해외한류실태조사를 매년 진행하고 있음

6  영국의 브랜드 파이낸스(Brand Finance)사에서 발표하는 소프트파워 순위로, 2020년부터 매년 국가별 소프트파워 경쟁력 순위를 발표하고 있음

2020년 14위, 2021년 11월, 2022년 12위로 발표하였으나, 소항목인 대중문화 항목은 2020년 10위, 2022년 8위에 랭크시켜, 대중문화가 한국 소프트파워 순위를 견인하고 있음을 보여주었다. 영국 시사잡지 《Monocle》이 발표하는 Monocle Soft Power Index에서는 한국의 소프트파워 순위가 2017년 17위, 2019년에는 15위에 그쳤으나, 2020년에 2위로 급상승하였다. 《Monocle》은 한국 순위의 급상승 이유를 영화, K-pop 등 엔터테인먼트 분야 약진의 결과로 평가하였다.

2005년 프랑스 문화비평가 기소르망은 "한국의 위기는 단순한 경제 문제가 아니라 세계에 내세울 만한 한국만의 문화적 이미지가 없다는 데서 비롯됐다"고 주장하였다.[7] 오랫동안 우리 정부는 많은 비용과 정치적·외교적·정책적 노력을 들여 국가브랜드를 구축하고자 애썼지만, 한류 확산 이전에는 나라를 대표할만한 문화적 이미지조차 만들지 못했던 것이 사실이다. 하지만 전 세계인들이 인지하고 호감을 갖는 문화콘텐츠를 보유한 지금, 수십 년 동안 큰 변화가 없었던 한국 이미지는 단기간에 긍정적으로 바뀌고 있고, 한류는 이전의 어떤 국가적 사업보다 더 큰 영향력을 발휘하며 국가브랜드를 제고하고 있다.

## 한류의 위기는 한류의 기회

한류의 위기는 한류의 탄생과 함께 시작되었고, 전 세계로 문화콘텐츠를 수출하고 있는 지금도 현재 진행형이다. 최근 제작비 상승과 투자 축소로 영상콘텐츠의 제작 편수가 급감하고, 대형 기획사 운영

---

7  Sormak, Guy(2005. 10. 28). 「미래는 문화에 있다」, 국립중앙박물관 개관 기념 국제심포지엄.

시스템의 후진성이 곳곳에서 문제를 야기시키고 있음을 근거로, 다수의 산업계 전문가들은 곧 한류에 위기가 닥칠 것이라고 경고하고 있다. 조만간 콘텐츠 산업에서 거품이 빠지는 위기가 현실화될 가능성도 높다.

하지만 이런 논의는 세계화된 한류가 이룩한 몇 가지의 성취를 간과한 것이다. 첫째, 한국 콘텐츠가 이미 세계 소비자들의 심리적 장벽을 넘어섰다는 것이다. 한국 콘텐츠에 '문간에 발 들여 놓기(foot in the door)'를 한 소비자들은 한국 콘텐츠의 단발성 소비조차 꺼려하던 과거의 소비자들과는 완전히 다르다. 이들은 입소문만으로도 언제든 소비가 가능한 '고려 상품군(Consideration Set)'에 한국 콘텐츠를 포지셔닝 시켜놓고 재미있는 콘텐츠가 나오기를 고대하고 있다. 아이돌의 경우 강력한 글로벌 팬덤을 기반으로 팬덤문화와 팬덤경제(fandom economy)를 형성하면서 한류 성장의 든든한 기반이 되고 있다.

둘째, 콘텐츠 산업 환경 변화에 빠르게 대처하는 한류의 적응 능력이다. 인터넷, SNS 중심의 환경 변화는 전세계에 동일하게 다가왔으나, 한국 콘텐츠 산업은 이를 해외 소비자와의 접점 확대의 기회로 십분 활용하였다. 영상콘텐츠 유통이 글로벌 OTT 중심으로 개편되면서 대부분 국가들은 자국 콘텐츠 시장을 잠식당했으나, 한류는 그동안 진출이 어려웠던 국가들에 우리 콘텐츠를 진출시키는 기회로 활용하였다. 영상콘텐츠 제작비 급등과 투자 감소라는 현재의 위기도 예능이나 웹툰과 같은 신규 장르를 부각시키고, 중동이나 미국의 새로운 투자처를 모색하는 기회가 될 수 있다. 콘텐츠 파워를 손에 쥐고 있는 한, 위기의 시간 동안 우리만의 생존법을 빠르게 익힐 것이다.

스피디한 대응 능력은 한류의 영향력을 받고 있는 관련 산업에서도 마찬가지이다. 움직임이 가벼운 중소 화장품 기업이 대형 화장품 기업을 제치고 세계 시장에서 도약하고, 스토리텔링이 가미된 다양한 식문화가 확산되며, 면세점의 부진은 각종 체험 관광으로 대체되고 있다. 우리의 '빨리 빨리' DNA는 급변하는 산업 환경의 변화에 최적의 대응을 이끌며, 콘텐츠 수출 성공의 효과를 관련 산업으로 빠르게 전이시키고 있다.

한류의 발전은 항상 위기 경고와 함께 했다. 2025년에도 한류는 몇몇 장르에서 부침이 있겠지만, 힙한 글로벌 문화로서의 트렌드를 계속 다져나갈 것이다. 한류는 관련 산업들과 상호 작용하며 시너지를 발휘할 것이며, 향상된 국가브랜드는 한류와 관련 산업에 긍정적인 피드백을 주며 서로의 발전을 견인할 것이다.

한류의 위기는 항상 한류의 기회였다.

참고문헌

농림축산식품부 보도자료(2024. 7. 3). 「24년 상반기 K-Food+ 수출 62.1억불 달성(전년比 5.2%↑)」.

채지영 외(2022). 『대중문화콘텐츠가 국가브랜드 증진에 미친 영향 연구』, 한국 문화관광연구원.

한국농수산식품유통공사(2020). 『가공식품 세분시장 현황: 쌀가공식품』.

Insight Korea(2023. 8. 16). 「BC카드 "외국인 관광객 2000만 달성… 관건은 '개인 여행자' 유치"」.

Portland(2019). "The Soft Power30 Report 2019".

Sormak, Guy(2005. 10. 28). 「미래는 문화에 있다」, 국립중앙박물관 개관 기념 국제심포지엄.

관세청 수출입무역통계, https://tradedata.go.kr

관광지식정보시스템, https://know.tour.go.kr/stat/tourStatSearchDis19Re.do

농식품수출정보, https://www.kati.net/statistics/periodPerformance.do

모노클 웹페이지, https://monocle.com

한국무역협회 K-stat, https://stat.kita.net/stat/cstat/anal/AnaCtrRanks.screen

KOSIS, https://kosis.kr

Shake Shack 웹페이지, https://shakeshack.com/blog/our-food/team-swicy-vs-team-umami-the-choice-is-yours#/

# 26. 문화

## 사회 문제에 대한 문화적 처방이 강조되다

윤소영 한국문화관광연구원 선임연구위원

복잡하고 다양한 현대 사회에는 문화 활동이
사회적 관계망을 넓히는데
매우 유용하며 자기 자신을 확인하고 조직 내 소속감을
갖게 해 외로움이나 우울감을 줄여준다는
사회적 효과가 더욱 강조되고 있다.
다양한 사회문제에 대해 문화가 마주하는
방식은 무엇인가를 살펴보면서
미래 대한민국의 문화의 힘을 기대해 본다.

한국문화관광연구원 선임연구위원, 여가친화인증위원회 위원(문화체육관광부), 서울시 균형
발전위원회 위원, 전 지역문화협력위원회 민간위원(문화체육관광부), 전 재정정책자문회의
민간위원(기획재정부), 전 문화도시심의위원회(문화체육관광부), 『가족문화, 변화를 읽다』,
『사회문제와 문화예술정책』, 『가족정책론』, 『여가 그리고 정책』, 문화체육관광부장관 표창,
이화여자대학교 가정학사, 가정학석사, 문학박사(가정관리 및 경제 전공).
윤소영(Soyoung Yoon, 尹昭暎)

흔히 문화는 사회를 담는 그릇에 비유된다. 즉 삶의 양식이라는 개념에서 볼 때 사회 구성원들이 살아가는 방식이 그 사회의 문화라는 것이다. 법률적으로도 문화는 그 사회구성원의 삶의 양식을 담는 총체로 정의된다. 「문화기본법」제3조에 따르면 "문화"란 문화예술, 생활양식, 공동체적 삶의 방식, 가치 체계, 전통 및 신념 등을 포함하는 사회나 사회 구성원의 고유한 정신적·물질적·지적·감성적 특성의 총체이다.

이런 측면에서 보면 한 사회를 읽는 방법 중 하나가 문화적 역량이나 문화의 역할을 제대로 이해하는 것이다. 예를 들어 사회적 자본이 많은 사회일수록 더 행복한 것으로 나타나는데(양현미, 2007), 특히 삶의 만족도가 높은 나라는 시민들이 사회적 자본을 주로 문화활동이나 스포츠활동, 그리고 종교활동 등에서 얻는 것으로 나타났다(New Economics Foundation, 2006). 사회의 행복 수준을 측정할 때 그 사회 구성원들의 문화적 경험이나 활동 수준을 측정하는 이유도 그 때문이다. 이와 같이 문화는 사회적 가치를 통해 사회적 영향력을 입증한다. 여기서 드는 의문점 하나는 "문화는 구체적으로 사회를 위해 어떠한 역할을 하는가?", "우리 사회는 현재, 그리고 앞으로 문화를 통해 무엇을 기대하는가?" 등이다.

아래 원고에는 문화의 사회적 가치에 대한 내용을 구체적으로 제시할 것이다. 특히 오늘날 제기되는 다양한 사회 문제들과 연관지어 문화의 역할과 영향력을 제시할 것이다. 이러한 논의는 문화를 통해 앞으로 사회가 얻고자 하는 방향을 전망하는데 도움이 될 것이기 때문이다.

코로나19 사태가 한창인 2020년 초 유럽에서는 '발코니 콘서트' 장면을 연출하면서, 이 영상을 보는 이들마저 감동을 자아내게 한 적이 있다. 특정한 약속 시간에 주민 여러 명이 발코니에 나와 노래를 부르거나 퍼포먼스를 보여주는 '플래시몹'부터 전문 뮤지션들의 콘서트까지 다양한 형식으로 시작하여, 이웃의 안녕을 확인하고 거리두기로 힘들어하는 서로를 위로하고 소통하는 방식으로 인상깊은 장면을 연출한 것이다. 혼자서 또는 집에만 머물러 있는 시간이 길어지고, 사람들과 만나서 교제를 하는 기회가 적어지면서 사람들은 외로움과 고독감을 호소하게 되었으며, 사람들과 만나서 같이 활동하는 것이 얼마나 중요한 것인지 깨닫게 된 것이다. 그리고 이러한 경험을 통해 문화예술이 인간의 삶에서 얼마나 중요한 소통의 방식이며, 삶의 문제들을 치유하는데 얼마나 유용한지를 몸소 체험하게 된 것이다.

문화는 구체적인 활동을 통해 보여진다. 즉 그림을 그리고, 노래를 부르고, 악기를 다루고, 도자기를 굽는 등의 활동은 혼자서 즐기기도 하지만, 같은 취미를 가진 사람들과 만나고 교류하면서 오랫동안 지속될 동력을 갖게 된다. 그림을 그리고 싶은 사람들은 학원에 등록하기도 하고 전문가의 도움을 받게 되기도 하며, 또 어느 정도 시간이 지나면 자신이 그린 그림을 가족들이나 친구들에게 자랑하고 싶어지고, 전시하고 싶기도 한다. 이와 같이 문화적 활동을 하게 되면 즐겁고 재미난 시간을 보낼 수 있을 뿐만 아니라, 무수히 많은 사람들을 만나고 소통하고 교류하는 기회도 갖게 된다. 따라서 문화활동에 참여하는 과정을 통해 사회와 소통하는 힘을 갖도록 하는 사회 운동이나 사업들이 무수히 많다. 이미 널리 알려진 베네수엘라의 '엘 시스테마' 운동이나 영국의 '사회적 처방' 사업이 대표적이다.

1975년 베네수엘라에서는 소외된 상황에서 사회적 배제문제를 해결하기 위해 클래식 음악교육 프로그램을 제공하기 위한 '엘 시스테마(El Sistema)' 프로그램이 시작되었다. 오케스트라의 일원이 되는 것은 공동체와 소속의 행위이며 엘 시스테마의 목표는 음악 그 자체만이 아니라 타인에 대한 존중과 규율에 있었다(Allan, 2010).

한편, 영국 국립보건서비스(National Health Service, NHS)는 2006년부터 정신건강 케어 서비스를 약물 위주의 치료로부터 대화와 지역사회 활동으로 연결되는 '사회적 처방'(social prescribing) 사업으로 전환하여 추진하고 있다. 친교 모임, 예술이나 체육활동 등과 같은 여가 형태의 사회적 처방이 사람들의 신체와 정신건강에 효과적이라는 사실을 발견하고, 영국 사회의 외로움 문제를 대처하기 위한 전략으로 박물관, 미술관, 도서관과 같은 문화예술기관을 연계한 프로그램을 추진하는 것이다(정보람·윤소영·노영순, 2022). 영국의 사회적 처방의 핵심적 작동 방식은 지역자원을 잘 알고 있는 매개 인력(link-connector)이 상담을 통해 환자가 특정 활동에 참여하도록 제안하고 연결하는 역할을 담당하는 것이다.

이러한 문화를 통한 사회적 처방은 앞으로도 지속될 예정이다. 영국예술위원회(Arts Council England, ACE)는 '문화와 창의성으로 변화하는 국가'의 목표를 제시하여 2030년까지 문화와 의료분야의 협력관계를 통해 「창의적 건강 & 웰빙 (Creative Health & Wellbeing)」을 이루겠다는 계획을 발표한 바 있다(Arts Council England, 2022). 이를 통해 국립보건서비스(NHS)와 협업으로 영국 국민의 웰빙과 건강을 향상시킬 수 있는 여러 문화 프로젝트를 제공하기 위해 노력하고 있다.

우리나라는 2022년부터 '문화로 사회연대' 사업이 추진 중이다. 이 사업은 외로움과 사회적 고립감을 느끼는 지역주민을 대상으로 다양한 지역자원 및 인문 상담을 연결하여 정서적 안정감을 고취하고 문화적 치유와 연대로 사회통합에 기여하고자 하는 사업이다. 외로움은 누구나 느낄 수 있는 보편적 감정으로 예방적 정책 추진을 통해 국민의 사회적 관계를 증진하고 일상 회복을 지원하도록 다양한 프로그램을 지원하는 방식이며, 이 사업은 지역 단위의 거점을 형성해서 사회적 처방을 통합적으로 지원하는 시스템을 만들어 가고 있다. 이 사업은 2022년 시범단계를 거쳐, 지역거점을 점차 확대해서 2023년 지역 5개소, 2024년 지역 9개소의 거점을 통해 지원하고 있으며, 2025년에는 더 많은 지역 거점을 통해 확산될 예정이다.

특히 우리나라의 고독사 사망자 수가 꾸준히 증가추세에 있는 현재 시점에 이러한 사회적 운동은 매우 시사하는 바가 크다. 2022년 한국 사회의 고독사 발생 현황에 따르면 고독사 사망자 수는 2021년 한 해 동안 3378명이며, 이는 과거 5년 전의 2412명에서 꾸준히 증가추세라고 한다. 2021년 청년의 사회적 고립실태를 조사한 연구에서는 18~34세 청년 중 13.4%가 '스스로 고립되어 있다고 느끼며', 16.6%는 '세상에 홀로 있는 듯한 외로움을 느낀다'고 하였다. 2023년 인구주택총조사에 따르면 우리나라 가구 중 1인 가구의 비율이 35.5%에 이르며, 이들 1인 가구의 13.6%가 사회적으로 고립되어 있다고 발표되고 있다.

앞으로 1인 가구 수는 계속 증가할 것이며, 청년들의 사회적 고립은 확대되어 가고, 혼자서 쓸쓸히 죽어가는 인구가 계속 늘어난다고 할 때 한국 사회도 외로움과 사회적 고립 문제를 해결하기 위한 다양한 방법이 제안된다. 혼자 외로운 삶에서 누군가와 함께하는 즐거운 활동을 늘려나가고, 그러한 활동에 참여하는 것 자체가 사회와 연결되어 문화를 통해 정서적 안정을 찾을 수 있는 다양한 공동체 활동이 증가하게 될 것은 자명하다. 취미동아리 활동 중심의 원데이 클래스나 취미·여가 커뮤니티가 급증하는 것도 그러한 맥락에서 이해된다. 최근에는 유료 서비스 기반의 온라인 여가 큐레이션 서비스 플랫폼도 생겨나고 있어서, 앞으로 이러한 비즈니스 모델이 성장할 것으로 예측된다.

대한민국 미래 전망 연구(여영준 외, 2023)에 따르면, 2050년도 한국 사회의 관계 영역에서 주요한 요인은 '사회적 고립도'이며, 이러한 사회적 고립도에 영향을 주는 변수로는 사회적 관계망 여건이다. 결국 이러한 사회적 관계망 여건이 악화되어 사회적 고립도가 높아지면, 제도에 대한 신뢰도나 대인에 대한 신뢰도가 낮아질 수 있으며 이는 시민의식과 집단 간 소통과 협력에 영향을 줄 수 있다는 것이다. 따라서 현재 시점에서 한국 사회의 사회적 관계망 여건을 변화시킬 수 있는 요인들을 찾는 것이 급선무인데, 실제 인구구조의 변화를 단시간에 변화시키기는 어렵더라도 문화 활동을 통한 관계성 회복이나 커뮤니티 활동을 활성화하는 방안이 당장 접근할 수 있는 방안으로 급부상하고 있다.


## 문화, 지역 재생 처방

현재 우리 사회의 가장 뜨거운 이슈 중 하나는 저출생 고령화와 인구소멸의 문제이다. 2024년 현재 우리나라 고령인구는 전체 인구의

19.2%에 이르러 인구 5명 중 한 명이 65세 이상 고령자이며, 2023년 우리나라 합계출산율이 0.72명으로 노인 인구 200명이 자녀 70명으로, 그리고 손자녀 대에는 25명으로 줄어드는 결과가 예측된다. 더욱이 한국 사회의 수도권 인구는 지난 50년간 184.4% 증가한 반면 비수도권 인구는 11.7% 증가하여, 2050년에는 수도권 1983만 명, 비수도권은 1799만 명 수준으로 예측되고 있다. 그 결과 2022년에는 소멸위험지역이 전국의 절반으로 나타나 전국 시군구 2곳 중 1곳은 소멸위험 지역(한국고용정보원, 2022)으로 분류되고 있다.

이러한 모든 수치는 인구가 점차 줄어들어 전체 인구에서 고령자의 비율만 증가하게 되고, 도시집중으로 일부 지역은 없어질 것이라는 미래를 예측하는데 사용된다. 따라서 지역의 가장 큰 관심사는 '어떻게 하면 우리 지역의 인구를 늘릴 것인가'인데, 사실 이것은 불가능하다. 제한된 인구에서 하나의 지역에 인구가 늘어난다는 것은 다른 지역의 인구가 감소하는 것이기 때문이다.

따라서 최근 지역문제에 대한 접근은 '우리 지역의 독특함과 특색을 어떻게 살릴 것인가?'에 집중되어 있다. 인구수가 늘어나지 않는다면, 우리 지역의 매력을 발산하여 다른 지역의 사람들이 더 많이 찾고 방문해서 지역을 활성화시키겠다는 전략이다. 다시 말해 관계 인구나 생활 인구의 개념으로 그 지역에 관계를 맺는 사람들의 수를 늘리겠다는 것이다. 여기서 가장 중요한 지점이 '우리 지역의 매력을 무엇으로 발산하는가?'이다. 이때 관심을 갖게 되는 것이 문화의 역할이다. 즉 문화를 통해 지역의 매력을 찾고 지역의 정체성을 회복할 수 있다는 생각이다.

실제 문화는 새로운 기반 시설과 새로운 형태의 공간을 형성시킴으로써 지역 이미지를 긍정적으로 개선하고 지역 방문을 촉진하는 등 지역을 발전시키는데 중요한 역할을 하고 있다. 대표적으로 문화 기반인 '유럽 문화수도 프로젝트'는 지역사회 내 방문을 촉진하고 도시 이미지를 새롭게 형성시켰는데, 리버풀 유럽문화수도의 경우 2008년 문화수도 지정을 계기로 도시에 대한 긍정적인 보도, 도시 방문객 증가 등의 성과를 거두었다. 방문객의 77%가 도시가 안전하다고 느꼈고 영국 기업의 68%가 유럽문화수도 프로그램이 도시 이미지에 긍정적인 영향을 미쳤다고 응답하는 등 문화 기반 지역 프로젝트는 도시에 대한 사람들의 인식을 바꾸는데 도움이 된다(Garcia, Cox and Melville, 2010). 또한, Community Matters 사례에서는 지역 예술가 및 창의적인 자원과 연계하여 사람들을 하나로 모으고 공간의 활성화를 지속하는 것에 대한 중요성을 인식하고 지역사회에서 예술 창작을 장려하여 이웃 간 관계 형성에 성과를 거둔 바 있다(Charlton et al. 2013).

우리나라에서 추진되어 왔던 '문화도시'나 '로컬100' 사업이 이러한 문화로 지역 매력 찾기의 대표적인 사례이다. 예를 들어 문화도시 사업을 추진 중인 춘천은 그동안 '호반의 도시'로 불리웠던 낭만이 그 안에 살고 있는 28만 인구에게는 전혀 실감되지 않는다는 점을 깨닫고 "AWAKE: 도시를 깨우는 즐거운 상상" 프로젝트를 시작했다. 춘천이라는 터전에서 삶을 살아온 사람들이 쌓아온 춘천만의 정체성을 찾기 위해 춘천의 대표적인 호수환경을 예술로 재해석하고 춘천의 미래 콘텐츠로, 그리고 수변을 활용한 도시 특성화 전략으로, 그리고 도시문화의 상징으로 브랜딩하며 사람들을 모이도록 했다.

그 결과 춘천 원도심을 중심으로 이웃과 소통하고 나누는 시민문화 커뮤니티 공간인 '모두의 살롱'을 곳곳에 만들고, 예술가 시민 활동공간인 '전환가게'를 통해 예술의 가치를 확장하는 실험을 해왔으며, 춘천시민들이 일상에서 즐거움을 찾도록 '딴짓'에 백만원을 지원하는 '일당백 리턴즈' 프로젝트로 시민들의 일상적 삶을 변화시키고, 시민들의 창작과 영감을 찾아보는 '생각의 탄생' 등 실천하는 프로젝트가 무수히 시도되었다. 이러한 프로젝트들은 법정 문화도시 지정이 완료되는 2025년 하반기까지 지속하여, 춘천을 '10분 문화안전망', '모두가 인정하는 문화도시 춘천'으로 탈바꿈하겠다는 것이 목표이다. 이러한 과정은 법정 문화도시 지정이 끝난 뒤에도 계속될 전망이다.

또한 전라북도 완주군에서는 개인의 문제와 관심사는 물론 지역사회의 문제를 발굴하고 이를 해결하기 위해 혁신적인 창의성과 지역사회의 각 영역과 협력·협업 파트너십에 기초하여 문제를 해결해 가는 능력을 우선하는 문제 해결자를 길러내는 일에 집중했다. 이렇게 시작된 완주 '컬쳐메이커사관학교'는 지역사회 내 문제를 지역 주민을 통해 발굴하기 위해 교육을 바탕으로 '비즈니스 모델' 방식을 도입하여 브레인스토밍과 전담 멘토의 맨투맨 형식의 멘토링을 통해 이론과 실습을 병행하였다. 이 과정에서 '아리아리공동체'를 결성하여 정신장애인 만성질환자들이 사진활동이나 염색, 수채화, 라디오 작가나 DJ 활동 등을 통해 지역사회의 주민들과 소통하고 장애인들의 자기 결정권을 높이고 만족도를 높여 모두 다 함께하는 지역의 모델로 만들어가고 있다. 이러한 과정에서 지역의 문화 내력을 찾아내고 지역문화의 가치를 널리 알리기 위해 지역의 명소, 콘텐츠, 명인들을 모아 '로컬100(지역문화매력100선)'을 선정하여 알리는 작업도 병행 중이다.

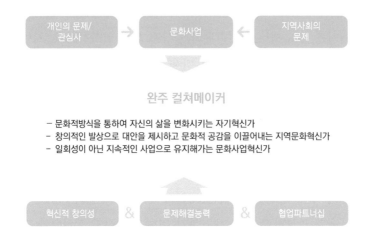

그림 1_ **완주 컬쳐메이커 운영체계**

* 자료: 완주군 문화도시지원센터 제공

　결국 지역의 문제를 정체성과 매력 찾기라는 방법으로 접근하는데 문화의 힘이 절대적으로 필요하다. 그리고 이러한 문화는 그 지역 주민들의 생활양식이라는 점을 근거로 할 때, 외부인이나 외지인들을 끌어들이기 위해 매력을 만들어간다는 것이 아니라, 그 지역 주민들이 스스로의 문제들을 스스로 찾고 해결하고 정체성을 찾아가는 과정에서 만들어진다는 점도 분명하다. 세계적으로 유명한 축제들도 그 지역 주민들이 먼저 즐기고 스스로 만들어 가는 과정에서 재미와 즐거움이 소문이 나서 외부 관광객들이 찾아드는 것과 같은 이치일 것이다.

　2020년 〈기생충〉이 아카데미 시상식에서 작품상을 포함한 4관왕을 차지하고, 그 다음 해인 2021년 〈미나리〉작품으로 여우 조연상을 수상했을 때 많은 사람들은 문화의 힘이 국력이라는 점을 눈으로 확인했다. K-pop, K-drama에 이어 K-movie에 이르기까지 문화 콘텐츠가 국민들의 일상에 자극제가 되었다.

　그러나 문화는 우리의 일상적인 삶에서 더 많은 자극제가 된다. 앞서 언급한 대로 외로움과 고독의 문제나 고령화 지역소멸의 문제를 해결하는데 처방제로 사용된다는 것을 알게 되었다. 더욱이 우리 사회가 더욱 복잡해지고 개인화되면서 다양한 사회의 문제들을 개인이 떠맡게 되었다. 오래 살게 되어 좋지만 건강하고 행복하게 살기 위해 개인이 노력해야 하며, 1인 가구로 살아가면서 혼자서 여러 가지 문제들을 극복하거나 외로움에 시달리고, 지역에 청년들이 없어서 나이든 고령층이 지역사회의 모든 일들을 해결해야 하는데 앞장서고 있는 것이 현실이다.

　그리고 이러한 일은 2025년에도 계속될 것이며, 더욱 가속화 될 것이다. 그렇다면 이러한 사회문제, 그리고 개인이 이러한 사회구조에서 겪어야 하는 개인적인 문제들을 완전히 해결하는 것은 불가능하다고 볼 때, 새로운 처방이 절실히 요구되는 시점이다. 여기서 문화적 역할, 즉 문화적 처방이 강조되는 것이다. 2025년에 사회문제를 바라보는 시각이나 해결하려는 접근에서 문화적 처방을 중요하게 다루어지는 것이 자명해졌다.

## 참고문헌

양현미(2007).『문화의 사회적 가치: 행복연구의 정책적 함의를 중심으로』. 한국
　　문화관광연구원.

여영준 · 박성원 · 박상훈 · 이승환 · 이효림(2023).『대한민국 미래전망 연구: 개
　　인의 삶 관점 미래 사회 전망』. 국회미래연구원.

윤소영(2019).『여가행복지수 적용 및 활용 연구』. 한국문화관광연구원.

윤소영(2020).『문화안전망 구축을 위한 정책방안 연구』. 한국문화관광연구원.

윤소영 · 김윤경(2023).『고령층 문화누림 분석 및 정책방안 연구』. 한국문화관
　　광연구원.

정보람 · 윤소영 · 노영순(2022).『사회문제와 문화예술정책』. 한국문화관광연구원.

정보람 · 윤소영 · 이성우(2022).『문화예술기반 사회적 치유 정책연구』. 한국문
　　화관광연구원.

Arts Council England(2022). Creative Health & Wellbeing.

Garcia, B., Cox, T., Melville, R.(2010). Creating an Impact: Liverpool's
　　Experience as European Capital of Culture. *Impacts 08: European Capital of
　　Culture Research Programme*. University of Liverpool.

New Economics Foundation(2006). The (un)Happy Planet Index: an Index of
　　Human *Wellbeing and Environmental Impact*. New Economics Foundation.

제 7 편

# 2025, 부동산 향방?

## 27. 부동산 시장

## 금리인하와 공급부족이 불붙인 집값 상승의 향방

**차학봉** 땅집고 미디어본부장, 전 조선일보 기자

고금리로 침체가 예상됐던 주택시장의
분위기가 180도 바뀌었다. 주택시장 부양책을
내놓던 정부가 집값 잡기 대책을 연이어 내놓고 있다.
한국만 그런 것은 아니다. 글로벌 주택시장이 단기 조정
후에 상승세로 돌아서고 있다. 금리 인하, 경기회복
기대감과 공급부족이 겹쳐 2025년 주택시장은
글로벌 금융위기와 같은 돌발변수가 없다면 상승세가
지속될 전망이다.

조선미디어 그룹 부동산 전문매체 땅집고 미디어본부장, 전 조선일보 부동산전문기자, 총괄부국장, 산업부장, 도쿄 특파원. 『일본에서 배우는 고령화시대 국토 주택정책』, 『부자들만 아는 부동산 시장의 법칙』. 서울대 언론정보학과, 건국대 부동산 대학원석사

## 침체 전망 무색하게 만든 서울 집값 과열

주택관련 연구소들은 2024년 주택 시장이 전국적으로 하락세를 유지하는 가운데 서울은 보합세 정도를 보일 것으로 전망했다. 2020~2021년의 집값 폭등, 지나치게 높은 PIR(소득 대비 집값 배율, 서울 22.6배), 고금리와 부동산 PF위기 등을 감안한 전망이었다. 건설산업연구원은 전국 3% 하락, 수도권 1% 하락을 전망했고, 주택산업연구원은 전국 1.5%, 수도권 0.3% 하락을 전망했다. 다만 서울은 주택 공급부족 등을 감안해 1% 상승을 예상했다.

이런 전망처럼 2024년 초반만 해도 집값 하락과 부동산 PF 위기 우려가 커졌다. 2021년 1만7천 가구로 줄었던 미분양 아파트가 2023년 말 6만2천 가구까지 늘었다. 16위 태영건설이 자금난으로 워크아웃에 돌입하면서 자칫하면 건설업체 연쇄 파산 가능성까지 거론됐다. 이 때문에 정부는 2024년 1월 재건축과 재개발 관련 규제 완화, 신축 오피스텔·빌라·지방 미분양 주택 구입에 대한 세제 혜택, 부동산 PF 지원대책 등을 담은 '1.10부동산 대책'을 내놓았다.

정부와 전문 연구기관들의 예상과는 달리, 서울 집값이 하반기 들면서 본격적으로 과열되기 시작했다. 한국부동산원의 2024년 '7월 전국주택가격동향조사'에 따르면 서울 주택(아파트·연립·단독주택) 매매가격지수는 전월 대비 0.76% 상승했다. 상승 폭은 2019년 12월(0.86%) 이후 최대치다. 특히 서울 아파트 평균 거래가격은 6월 12억 4천만 원을 돌파, 사상 최고가 기록을 경신했다. 결국 윤석열 정부는 주택공급 확대를 통한 집값을 잡겠다는 '8.8대책(국민 주거안정을 위한 주택공급 확대방안)'을 내놓았다. 그린벨트 해제를 통한 수도권에 8만 가구의 주택공급, 재건축 재개발 절차 단축 및 용적률 확대, 서울 매입임대주택 무제한 구입 등으로 통해 주택공급을 확대, 집값을 잡겠다는 내용이다.

그런데 재미있는 것은 집값 상승이 한국만의 현상이 아니라는 점이다. 영국 경제 주간지 《이코노미스트》는 2024년 6월 "전 세계 집값이 다시 치솟고 있다"는 특집기사까지 내보냈다. 《이코노미스트》에 따르면 2024년 1~4월 중국을 제외한 전 세계 주택가격지수는 전년 동기 대비 3% 이상 상승했다. 미국 집값은 1년 전보다 6.5% 올랐고, 호주 집값은 5% 올랐다. 미국의 경우, 2020년 2%대로 떨어졌던 모기지 금리가 6~7%까지 치솟았지만, 오히려 집값은 사상 최고치 기록을 경신했다.

당초 2024년 집값 하락을 예상했던 가장 큰 요인은 금리였다. 영국 경제주간지 《이코노미스트》는 "2021년 저점이었던 미국 주택담보대출 금리는 현재 약 4% 포인트 상승한 7% 수준인데 이에 따라 명목 주택 가격은 30~50% 하락할 것으로 예측하던 전문가들도 많았다"고 전했다.

## 빠르고 싸게 집 짓는 시대의 종언, 만성적 공급 부족의 시대

그렇다면 고금리에도 집값이 다시 오르는 이유는 뭘까.

첫째, '집값 상승=공급 증가'라는 전통적 이론의 붕괴이다. 보통 집값이 치솟으면 건설사들이 공급을 늘린다. 어느 정도 시간이 지나면 공급이 수요를 초과하면서 집값이 하락 사이클을 그린다. 그런데 코로나로 인한 국경 봉쇄, 우크라이나 전쟁으로 인한 초인플레이션이 터지면서 집값 상승기에도 주택 공급이 과거 호황기처럼 크게 늘지 않았다. 한국의 경우, 특히 2023년 주택공급(인허가)이 전국 39만 가구로, 10년 평균의 31%가 줄었다. 특히 서울은 2만5천 가구로 10년 평균의 65%가 줄었다.

규제 완화를 통해 5년간 270만 가구를 공급하겠다고 공약한 윤석열 정부가 문재인 정부보다 공급이 대폭 줄어든 것이다. 원자재·인건비 급등과 함께 문재인 정부에서 도입한 「중대재해처벌등에관한법률」, 52시간 근무제 등으로 과거와 같은 저렴하고 빠른 주택 건설 자체가 불가능해졌다. 종부세 중과세, 전세 사기극 등으로 서민 주택생태계인 빌라 시장이 사실상 붕괴한 것도 공급 감소 원인 중 하나이다.

둘째, 경기회복과 소득 증가이다. 주택 가격의 급락은 대부분 경제위기를 동반하는 경우가 많다. 리먼쇼크 때도 금융위기로 인해 대량 실업이 발생하면서 주택수요가 위축됐다. 그런데 2024년이후 한국의 경제는 본격적 회복기로 접어들고 있다는 분석이 나온다. KDI는 2024년 경제성장률 전망치를 당초 2.2%(2월)에서 2.6%(5월)로 올렸다. 2023년 경제성장률이 1.4%로 추락했던 점을 감안하면 경제 회복에 대한 기대감을 높인다. 외국도 사정은 마찬가지다. 미국의 집값이 사상 최고치 기록 행진을 하는 것도 경기의 회복과 무관하지 않다. 다만 미국은 3%대로 떨어졌던 실업률이 2024년 7월 4.7%까지 오르는 등 경기침체 가능성이 제기되는 점이 변수다.

## 공급대책 효과는 10년, 금리인하 효과는 즉각적

그렇다면 2025년 주택시장은 어떻게 될까.

주택 가격은 수요와 공급에 의해 결정된다. 공급은 '8.8대책'에도 상당 기간 효과를 낼 수가 없다. 재건축도 빨라도 7~8년이다. 신도시 건설도 10년 이상이 걸린다. 정부는 "향후 6년간 수도권에 43만 가구를 공급, 국민들에게 안정적 주택공급에 대한 확신을 줄 것"이라고 했지만, 공급에 대한 국민들의 신뢰가 살아날지 의문이다. 오히려 정부가 공급 대책을 발표하면, 국민들은 정부가 주택 부족을 인정했고 집값은 더 상승할 것이라는 신호로 해석한다. 과거 공급 대책이후 집값이 더 오른 경험들이 많기 때문이다. 특히 '8.8대책'에서 재건축·재개발의 추가적 규제 완화는 집값에 즉각적인 호재일 수 있어, 일부에서는 '투기 촉진책'이라는 비판까지 나온다.

수요를 억제할 수 있는 규제는 세금 중과세, 투기과열지구 확대 지정, 대출 규제 등인데, 한두달 반짝 효과는 있을 수 있지만, 오히려 시장을 왜곡시킬 수 있다. 문재인 정부의 규제 정책을 비판하면서 집권한 윤 정부가 이런 식의 규제 정책을 다시 동원하는 것도 쉽지 않다. 특히 2025년에는 금리 인하로 매수세 유입을 자극할 가능성이 높다. 이창용 한은총재가 2024년 8월 금리를 동결하면서 금리가 내릴 경우, 부동산 시장 과열 우려가 있다고 밝히기도 했다. 초고금리를 초래했던 초인플레이션이 정상화되면서 2025년은 전 세계적인 금리 인하가 본격화될 것이 확실하다. 이 총재의 발언은 향후 금리를 내릴 것이니 정부가 주택 가격 상승에 대비하라는 의미로 보인다.

## 1) 효과 있는 대출 규제, 너무 강력하면 부작용 커

다만, 정부가 이를 감안해서 대출 규제 정책을 강화하고 있다. 집값 상승에 제동을 거는 검증된 가장 강력한 수단이 대출 규제이다. 그런데 대출 규제가 너무 강하면 집값 자체를 붕괴시키는 등 돌이킬 수 없는 부작용을 낳는다. 일본 90년대 버블 붕괴의 도화선을 당긴 것이 부동산 대출 총량 규제라는 주장도 있다. 치솟던 중국의 부동산 시장을 돌이킬수 없는 침체로 몰아넣은 것도 강력한 대출 규제가 역할을 했다.

규제 정책에 부정적인 윤석열 정부는 대출 규제도 제한적으로만 활용할 가능성이 높다. 서울의 집값이 과열되고 있지만, 지방은 여전히 침체가 지속되고 미분양도 해소되지 않고 있다. 한 언론사 칼럼니스트가 윤석열 정부에 대해 "떨어지는 집값도 못잡은 정부"라고 비판했다. 그러나 가격을 못 잡는 것이 아니라 방치한 측면도 있다.

서울 집값이 지나치게 과열되는 것도 곤란하지만, 어느 정도 올라야 시차를 두고 지방 집값에도 온기가 퍼진다는 점을 감안하면 정부 입장에서는 서울의 완만한 상승이 가장 이상적이다. 집값을 안정시키겠다고 내놓은 '8.8대책'이 투기 촉진책이라는 비판을 받는 공급 대책이라는 점도 사실상 집값 상승을 어느 정도 용인하겠다는 것 아니냐는 관측이 나온다.

다만 경기침체가 발생하면 집값 상승에 제동을 걸 수 있다. 2024년 전 세계 집값이 반등세를 보이고 있지만 독일과 홍콩 등에서 하락세가 강하게 나타나고 있다. 경기침체, 실업률 증가 등으로 주택수요가 줄어든 나라이다. 주택 가격이 오른다는 것은 경제학적으로 부정적인 것은 아니다. 적어도 집을 살 정도로 미래를 긍정적으로 보는 국민이 많다는 의미이다. 다만 지나친 가격 급등은 빈부격차 확대, 가계부채 증가로 이어지며, 결국은 부동산 버블 붕괴와 금융위기를 초래할 수도 있다.

집값의 상승과 하락을 정부가 마음대로 통제하는 것은 불가능하다.

금리와 대출 등을 동원할 수도 있지만, 예상치 못한 부작용이 경제에 치명타를 줄 수 있다. 그래서 미국, 영국 등 OECD 국가들에서도 집 값 과열이 정치 사회적 문제가 되지만, 정부도, 정치권도 집값 하락을 정책 목표로 내세우지 않는다. 집값이 정부 정책으로 결정되는 것이 아니기 때문이다. 이들 나라들은 장기적으로 주택공급을 늘려서 대응한다. 그린벨트의 발상지인 영국조차도 주택공급 부족을 해소하기 위해 그린벨트 해제를 하고 있다. 미국, 뉴질랜드 등도 건축규제 완화를 통한 주택공급 확대를 추진하고 있다.

### 2) 한국만 잘나가는 오피스 시장과 하이브리드 근무

상가는 인터넷 쇼핑의 활성화로 계속 침체 국면을 벗어나지 못하고 있다. 한국부동산원의 중대형상가 공실률 조사에 따르면 2024년 2분기 13.8%로 2013년 조사이후 사상 최고치를 기록했다. 소규모 상가 공실률도 8%로 역시 사상 최고치이다.

그러나 오피스 시장은 오히려 활황 국면이다. 코로나19 엔데믹 이후 재택근무를 폐지하거나 축소하는 기업들이 늘어난 탓이다. 한국부동산원에 따르면 2024년 2분기 전국 오피스 공실률은 8.6%로 낮아졌다. 특히 서울은 공실률이 5.4%로, 조사를 시작한 2013년 1분기 이후 최저치이다.

미국, 유럽 등은 '하이브리드 근무' 정착으로 오피스 공실률이 치솟고 있다. 코로나 시기를 거치면서 재택과 일부 출근이라는 하이브리드 근무가 보편적 형태로 자리잡아가고 있기 때문이다. 하이브리드 근무가 늘면서 좀 더 넓은 주택, 쾌적한 교외주택에 대한 수요가 늘고 있다. 미국 집값의 지속적 상승 요인 중 하나가 하이브리드 근무로 인한 주택 수요 증가라는 분석도 있다.

오피스 출근자의 급감은 오피스 공실률을 높이면서 이른바 '좀비빌딩'을 양산하고 있다. 미국 주요 도시들의 사무실 공간 점유율이 코로나 이전 수준에서 약 40% 급감했다. 점유율이 낮다는 것은 계약기간 만료가 도래하면 사무실을 축소하는 계약으로 전환할 것이라는 의미이다.

2024년 1분기 미국의 오피스 공실률이 19.8%인데, 시간이 지나면 지날수록 공실률이 더 높아질 수 있다. '도시 쇠퇴 악순환(Urban Doom Loop) 가설'이라는 것도 등장했다. 콜롬비아대의 스틴 반 니우베르버그(Stijn Van Nieuwerburgh)교수가 "The Remote Work Revolution: Impact on Real Estate Values and the Urban Environment" 등의 논문을 통해 제기한 가설이다. 오피스의 수요 감소는 도심 출퇴근자를 줄이고 이는 도시 상업시설의 쇠퇴를 초래한다. 인터넷 쇼핑으로 타격을 받은 도시 상업시설이 하이브리드 근무로 더 위축된다. 오피스 감소, 상업시설의 쇠퇴는 도심인구 감소와 세수 감소로 이어지면서, 지방 자치단체의 서비스 질 저하, 도심 범죄 증가를 초래해 도심 쇠퇴의 악순환이 발생할 수 있다.

하이브리드 근무로 인해 도심 쇠퇴 조짐이 나타나고 있지만, 이를 극복하려는 노력도 있다. 뉴욕 등 미국의 대도시에서 오피스 빌딩을 부족한 주거용 건물로 바꾸는 공사가 한창이다. 워싱턴DC는 도심 거주 인구를 1만5천 명 늘린다는 목표 아래 사무실을 주거용으로 전환하는 계획을 추진하고 있다. 뉴욕시도 오피스 빌딩의 주거용 건물 전환을 추진하고 있다.

미국과 달리, 한국은 대기업을 중심으로 오피스 근무가 오히려 더 강화되면서 오피스가 호황 국면에 접어들고 있다. 그러나 한국만 채택 근무 사각지대로 존재할 리는 없다. 서구의 하이브리드 근무는 생산성 향상 효과가 입증됐고 한국도 결국 시차를 두고 근무 형태가 바뀔 것이다. 한국의 오피스 전성시대도 머지않아 큰 변화가 찾아올 것이다.

## 28. 민생 주택

## 2025, NEXT 세대를 위한 '반값 100만호' 공공분양주택 뉴딜(New Deal) 시점

**이영한** 서울과학기술대 건축학부 명예교수, 전 주택도시대학원 원장

영끌은 현재도 문제지만, 중장기적으로 더 큰 난제다.
그 핵심은 부담가능하지 않은 주담대다.
부담가능한 범위는 DSR 40% · 시중금리 4% · 상환기간 30년 ·
LTV 50% 이하일 것이다. NEXT 세대의 합계출산율
1.3명을 목표로 3억 원 정도의 공공분양주택을
대량 공급해야 한다. 10여 년 지속되고 있는 초저성장
경제가 반등하기 위해서도 고사 직전인 건설업 경기 활성화가
중요하다. 100만 호 뉴딜을 검토할 시점이다.

서울과학기술대 건축학부 명예교수(주택도시대학원장, 기획실장), 지속가능과학회장, 케이북스(주) 대표이사, 우리도시건축사사무소 대표, 전 EBS 사외이사, 서비스산업총연합회 초대 운영위원장 겸 총무 부회장, 최고위건축개발과정 CADO 초대 책임교수, 건축적 리더십 아카데미 AAL 초대 위원장, 『전환기 한국 지속가능발전 종합전략』, 『포스트 코로나 대한민국』, 『2023 대한민국 대전망』, 『2024 대한민국 대전망』, 『주거론』, 『주택디자인』, 『공동주택 디자인』 집필위원장 겸 대표 저자, 국민포장 수상, 서울대 공학사 · 공학석사 · 공학박사(건축학과), 한국방송통신대 문학사(중어중문학과, 일본학과), 이영한(Younghan Lee, 李榮漢)

실거래가를 실시간 반영하는 한국공인중개사협회의 주택 통계 발표로 2025년 주택시장은 좀 투명해질 것이다.

현재는 주택 가격과 추세를 제대로 파악하기가 힘든 상황이다. 주택가격은 호가와 실거래가 그리고 공인중개사가 스스로 판단하는 시세의 3개가 있다. 여기에 사기인 가짜 거래 신고(후에 미등기, 취소)까지 합해져서 주택 시장은 그야말로 카오스다. 또한 주택가격 동향을 발표하는 기관마다 그 조사 및 분석 과정에 차이가 있어, 전문가가 아니면 그 차이를 분간하기가 무척 힘들다.

팩트에 근거한 주택가격은 실거래가다. 한 주택의 실거래가는 하나뿐이며, 여러 개가 있을 수 없다. 그러나 한 주택의 호가는 집주인의 희망 사항이고, 시세는 발표하는 기관마다 기준이 달라서 서로 차이가 날 수 있고 또한 부동산중개인에 따라서 서로 차이가 있을 수 있다. 즉 한 주택의 호가나 시세는 여러 개 있을 수 있다. 과학적 엄밀성을 가지는 주택가격은 실거래가일 것이다.

최근까지, 실거래가에 의한 주택가격 통계를 작성하는 기관은 없었다. 아마도 많은 사람들은 이 사실에 이해가 가지 않을 것이다. 그만큼 주택 시장과 주택 정책은 과학적이지 못하고, 주먹구구인 것이 현실이다. 공식적인 주택가격 통계 발표 기관인 한국부동산원도 그렇다. 한국부동산원은 실거래가와 부동산중개인이 판단하는 시세를 데이터로 해서 주택 동향을 분석한다. 리치고 김기원 대표 등 일부 민간 부동산 전문가들이 실거래가를 근거로 주택가격 동향을 분석하고 있다. 가상한 일이다.

다행히, 올 8월에 한국공인중개사협회가 구축한 「부동산 통합지수

시스템」이 공개되었다. 이 시스템은 공인중개사들이 아파트 매매계약 체결 즉시 거래 정보를 실시간으로 업데이트하여 아파트 가격의 동향을 현재 가장 빠르고 정확하게 공개하기 시작했다. 이 발표에 따르면, 2024년 8월 서울은 서초구, 강남구, 송파구 등에서 하락하는 등 전월 대비 4.5% 하락, 수도권은 4.4% 하락한 것으로 발표했다. 우리가 언론을 통해서 알고 있던 '서울 집값 상승세'와는 정반대다. 한국부동산원은 2024년 8월 서울과 수도권의 주택가격이 전월 대비 모두 상승했다고 발표했다. 민간에서 이렇게 하고 있는데, 과연 공기관이나 정부는 무엇을 하고 있는지? 궁금할 뿐이다. 2025년에는 한국공인중개사협회의 주택가격 동향 발표에 의해서 주택 시장의 혼란이 일부 진정될 수 있을 것이다.

## 부담가능한 주담대, DSR 40%·시중금리 4%·상환기간 30년·LTV 50%

같이 일하던 A 대리와 B 과장은 2021년, 2022년에 4억 원~5억 원 주담대(LTV 70~80%)를 받아서 의왕시, 고양시 삼송에 7억, 8억짜리 아파트를 샀다고 한다. 이들 얘기에 의하면, 주변의 친구들도 대부분 4억 원~5억 원의 대출을 대출받고 있다고 한다. 30년 만기 상환, 금리 5%의 5억 원 주담대 경우, 매월 원리금 상환액은 268만 원이다. 이는 실수령 월급의 반에 육박하는 큰 액수다. 애정 어린 눈으로 젊은 세대를 보면서, 안타깝게 느껴진다. 영끌의 부담가능하지 않은 부채는 싱크홀이다. 한번 빠지면 헤쳐 나오기 힘들다.

현 정부는 젊은이들을 위한 부담가능한 주택 공급 정책에서 손을 놓았다. 약간 공급된 공공분양주택마저도 많게는 거의 10억 원에 육박하니, 결코 부담가능하지 않다. 그 대신 금융 상품을 대량 공급하여, '돈을 빌려 집을 사라' 했다. 시중 일반 금리보다는 낮은 금리의 주담대 상품으로 LTV 80%까지 대출해 주었다. LTV 80%는 결국 젊은이들에게 너무 무거운 짐을 지우는 것이다. 주택 버블 상황에서는 LTV 80%는 그야말로 폭탄이다. 버블 주택은 반값으로 추락할 수 있기 때문이다. 올해도 세종시, 대구시, 인천시 그리고 수도권 일부 지역과 서울 일부 지역에서 이 폭탄이 터졌다. 주택 가격의 80%를 대출해서 매입한 집이 반값이 되면 어떻게 되는 것인가? 정부도 그 책임에서 자유로울 수 없을 것이다. 2030년이 지나면 지속적인 주택 공급과 인구 감소에 의하여 주택보급률이 급격히 상승하여 110%를 넘어설 것이다. 앞으로 10년 후 '빈집 쓰나미'가 지방에서 수도권 그리고 서울로 밀려오게 되어 있다.

부담가능한 주택(Affordable Housing)이란 동원 가능한 자산과 상환 가능한 주담대를 합한 가격 이하의 주택을 말한다. 문재인 정부 이후 주택가격이 급격히 상승하여, 부동산과 금융 등 자산만으로는 주택 구입이 매우 어렵게 되었다. 결국 주담대에 의지할 수밖에 없다. 상환 가능한 주담대의 범위는 어느 정도일까? 그 범위는 DSR 40% 이하, 시중 금리 4% 이하, 상환기간 30년 이하, LTV 50% 이하 정도다. 특히 서울 등 주택가격이 급등한 지역에서는 '부담가능성'에 유념해야 한다. 최근 정부에서 실시하고 있는 "스트레스 DSR"은 너무 늦은 감이 있지만, 부담가능성을 위한 실효적 조치라고 평가할 수 있다. 금융권이 부담가능한 주담대 상품을 만들도록 유도하는 것은 정부의 역할이며 책임이다.

"출산율과 집값은 반비례다"는 상식이다. 젊은이들은 결혼하기도 힘들고 더구나 아이를 낳아 키우기도 힘든데, 그 제1 원인은 높은 집값이라고 한다. 올해 윤석열 정부는 합계출산율 0.72명을 반등시키고자 인구전략기획부 신설 등 특단의 대책으로 분주하다. 그동안 역대 정부마다 저출생의 문제를 해결하고자 천문학적 재정 투자를 해왔다. 그러나 결과는 한결같이 실패였다. 2001년 합계출산율(현재 0.7명)을 중장기적 목표로 세우고 젊은이를 위한 부담가능한 '반값' 주택의 대량 공급 정책을 적극적으로 검토하여, 국가적 역량을 집중해야 한다. 출산율과 집값은 반비례한다 하니, 반값 주택에 결혼해서 살게 되면 합계출산율은 2배로 뛰지 않겠는가!

반값 공공분양주택 100만 호 건설 뉴딜을 추진할 시점이다. 40%는 기존 공공임대주택의 재건축으로, 나머지 60%는 수도권 1기 신도시 재건축과 3기 신도시 계획의 용적율 상향 그리고 그린벨트 해제 등 할 수 있다.

현재 노후화된 공공임대주택을 용적률 300~400%의 고밀도 최신식 공공분양주택으로 재건축할 필요가 있다. 현재 재고 공공임대주택 물량의 30%를 재건축하면 40만 호 이상의 공공분양주택을 분양할 수 있다. 서울시는 신규 공공 분양 택지를 개발하거나 확보할 필요가 있다. 최근 그린벨트 해제의 윤곽을 발표했는데, 이들 용지의 많은 부분을 공공분양주택 택지로 개발하는 것이 공공의 선을 위해서 중요하다. 그린벨트의 취지가 훼손된 나대지를 과감히 그린벨트에서 해제하여 저가로 공공분양주택 택지를 개발하는 것이 필요하다. 물론 환경이 매우 중요하지만, 합계출산율 0.7을 반등시켜야 하지 않겠는가!

건설업은 경기 부양 효과가 매우 크다. 2024년 1분기 경제성장률이 반등하고 2분기 경제성장률이 마이너스 성장한 이유 중 큰 요인이 건설업 경기였다. 최근 건설업계는 혹독한 경기 침체 상태인데, 올해 2분기부터 그 결과가 나타나고 있는 것이다. 지방은 공급 과잉으로 미분양의 무덤이 누적되고 있어 신규 건설이 막혔다. 서울은 정비사업에서 공사비 증액을 두고 조합원과 시공사 간의 분쟁으로 인해 사업이 중지된 상태이고, 많은 PF 사업들도 사업성이 떨어져 존폐의 위기에서 있다. 보통, 건설 사업은 중지되면 사업 재개하는데 많게는 10년이 걸리는 일이 흔하다. 이 중지된 사업들이 단기간 안에 재개될 가능성은 그리 많지 않다.

지속되고 있는 한국 경제의 초저성장률을 반등시키기 위해서는 수출 증대가 중요하지만, 건설 경기 활성화를 통한 내수진작도 중요하다. 공공분양주택의 대량 공급 프로젝트는 NEXT 세대 주거 문제 해결, 건설 경기 진작 효과 그리고 합계출산율 반등, 경제성장률 제고의 '1석4조'를 최소한의 재정 투자로 잡을 수 있는, 다중 위기의 최고 해법이 될 수 있다. 2025년은 '반값 100만 호 공공분양주택 뉴딜(New Deal)'을 검토할 시점이다.